武藤秀太郎
Shutaro Muto

中国・朝鮮人の関東大震災

共助・虐殺・独立運動

慶應義塾大学出版会

はじめに

海を越えた関東大震災

一九二三年九月一日午前一一時五八分、神奈川県西部の相模湾を震源としたマグニチュード七・九の巨大地震が発生した。この地震は日本の首都圏を直撃し、一瞬のうちに一〇万棟を超える家屋を倒壊させた。ちょうどお昼時であり、台所で火を使っていたところも少なくなかった。折悪しく南関東地方では、秩父付近に低気圧が生じ、強風が吹いていた。消し切れなかった火は、またたく間に燃え広がった。全壊・焼失した家屋の数は、約三〇万棟にものぼった。

震災の死者・行方不明者は、一府六県（東京・神奈川・千葉・埼玉・山梨・静岡・茨城）におよんだ。その数は、およそ一〇万五四〇〇人と推計されている。これは、二〇一一年三月の東日本大震災における死者・行方不明者（一万八四〇〇人）の約五・七倍にあたる。とくに、東京市と横浜市の被害が著しく、家屋の焼失および犠牲者の実に九割が両市に集中した。中央政府や皇居が鎮座する東京市と、日本随一の国際貿易港を有する横浜市。この日本の心臓部というべき東京・横浜が一夜にして壊滅状態へと陥ったのである。

関東大震災は、近代化した首都圏を襲った人類史上はじめての震災であった。その衝撃は日本本土にとどまらず、またたく間に海を越えて広がった。もっとも強く余波をうけたのが、日本をとりまく東アジア地域であったことはいうまでもない。東アジアに居住した中国人や朝鮮人は、関東大震災をいかにうけとめ、どのように反応したのか。本書は、この中国人と朝鮮人からみた関東大震災、「中国・朝鮮人の関東大震災」をテーマとする。

二〇世紀に起きた世界の大震災

二〇世紀、世界でもっとも多くの犠牲者を出した震災はいつ、どこで起こったか。

本書をひもといた読者ならば、こう問われて関東大震災を思い浮かべるかもしれない。正解は関東大震災でなく、一九七六年七月二八日に中国河北省唐山市で発生した唐山大地震である。未明に襲った地震の規模はマグニチュード七・八。犠牲者は公式発表で二四万二七〇〇人あまりとされる。一説には、その倍以上の犠牲者があったのではないかともいわれる。

当時、中国は文化大革命の最中にあった。地震が発生する約半年前の一月八日、中国共産党のナンバー2である総理の周恩来がこの世を去った。毛沢東も病床の身にあり、地震から一ヶ月あまり経った九月九日に亡くなった。こうした社会的混乱、権力の真空が犠牲者の増大に拍車をかけたといえる。

今日でも、唐山の地名を聞いて中国人、あるいは中国に関心がある者が真っ先にイメージするのは、この大地震であろう。二〇一〇年七月には、馮小剛監督の映画『唐山大地震』が公開上映された。張翎の小説『余震』を原作とし、被災した家族愛を描いた本作は、中国映画歴代最高の興行収入をたたき出す大ヒットとなった（ほどなく、一二月に封切られた姜文監督・主演の『さらば復讐の狼たちよ［讓子弾飛］』に抜かれてしまったが）。

今でこそ、あれこれと語られる唐山大地震であるが、外国人の立ち入りが長らく制限されるなど、その実態は中国政府により伏せられた。筆者は数年前、唐山を訪れたことがある。市内には、震災にまつわるモニュメントや記念館、震災遺構が点在していた（図0―1）。他方、街を歩く先々で高層ビルが建設されており、ところ狭しとそびえたっていた。かつてここで大地震が起こったとは思えないほどである。

図0－1　唐山抗震紀念碑（筆者撮影）

唐山大地震と変わらぬ多くの犠牲者が出たのが、一九二〇年一二月一六日に中国甘粛省海原県で起きた海原大地震である。現在の寧夏回族自治区にあたる。地震の規模はマグニチュード八・五と推定される。極寒の中、中国内陸部で発生した震災であり、救援活動は困難をきわめた。当時、統一された統計手法が整っておらず、震災関連資料も散逸してしまっており、犠牲者の正確な数を把握することは難しい。震災直後におこなわれた実地調査では、犠牲者が二三万四〇〇〇人となっている。近年は、これよりも多く二七～二八万人にのぼったとの指摘がある。そうだとすれば、唐山大地震の公式犠牲者数を上回ることになろう。甘粛省では一九三二年一二月にも、七万人あまりの遭難者を出した昌馬地震が起きている。

日本の関東大震災は、これら唐山大地震と海原大地震につぎ、一〇万五三〇〇人の犠牲者をもたらした。

このように、二〇世紀における世界の震災を犠牲者数順に並べると、中国と日本がワースト3を占めている。日本では、関東大震災のほかにも一九二七年三月の北丹後地震、三三年三月の昭和三陸地震、四八年六月の福井地震、九五年一月の阪神淡路大震災など、二〇世紀に大きな地震が発生した。二一世紀に入っても、二〇〇四年一〇月の新潟県中越地震、一一年三月の東日本大震災、一六年四月の熊本地震と、各地が甚大な震災被害をうけたことは記憶に新しい。台湾では一九九九年九月に中部地方を襲ったいわゆる九二一大地震、中国大陸でも二〇〇八年五月の四川大地震、一〇年四月の青海地震と、二〇~二一世紀転換期に巨大地震がたてつづけに起こった。朝鮮半島のようにあまり地震がみられないところもあるが、東アジアは世界でも有数の大地震頻発地域である。

唐山大地震、海原大地震、関東大震災が犠牲者数でワースト3であるものの、その数は唐山大地震と海原大地震が突出しており、関東大震災の二倍以上にのぼる。しかし、震災がもたらした社会的・国際的インパクトを考えると、関東大震災は唐山大地震と海原大地震に劣らない。見方によっては、唐山大地震と海原大地震をはるかに上回る世界史的事件であった。

さきにふれたように、唐山大地震勃発時、中国は文革のただ中にあった。改革開放路線へと舵を切る前のことであり、外国人の入国・居住は大きく制限されていた。被害をうけた外国人は、日本人をふくめて少数にすぎなかった。中国政府は震災直後より、きびしい情報統制を布《し》いた。震災からの「自力更生」をうたい、国際援助の申し出をことごとく断った。唐山大地震の状況が対外的にはじめて公にされたのは、発生から三年以上が経った一九七九年一一月のことであった。

海原大地震も、交通が不便な時代に中国大陸の奥地で起こったために、外国人の被害はほとんどなかった。通信手段が未整備であり、被災地の状況把握もままならず、中央政府からの救援活動が滞ったことは、すでに述べた通りである。海原大地震と同じ年の夏に華北地方で発生した大旱魃に際しては、日本の実業家らが「北支救済特別委員会」を結成し、寄付や救済にあたるなど、積極的に動いた。他方で、海原大地震では、日本をはじめとする海外諸国が支援をおこなった記録はわずかにすぎない。海原大地震は、外界から途絶された中で発生した惨事であった。

こうした唐山大地震と海原大地震に対し、関東大震災は近代史上、首都圏を直撃したはじめての震災であった。日本の新政府が半世紀かけて築き上げた帝都・東京と、幕末開港から一大国際貿易港へと変貌した横浜が、一瞬にして灰燼《かいじん》に帰した。日本近代化の象徴というべき東京・横浜一帯の壊滅は、世界に大きな衝撃を与えた。

一八九九年七月、日本政府は念願の条約改正を実現し、治外法権を撤廃した。これにともない、開港地に設けられた外国人居留地が廃止され、条約相手国民は日本国内を自由に行き来できるようになった。横浜はもちろん、東京も国際都市としての歩みを進めていった。関東大震災は、そうした在日外国人や各国の大使館・領事館にも否応なしに襲いかかった。

自国民が被害をうけた諸外国は、当然ながらこの状況を座視しえない。関東大震災では、海外から多くの支援が寄せられた。国家機関だけでなく、さまざまな慈善組織や宗教団体が手を差し伸べた。日本側もその対応に追われた。関東大震災が起こった一九二三年は、まさに世界史上の「国際的な震災支援元年」であったといいうる。

関東大震災を語る上で、朝鮮人および中国人の虐殺問題は避けて通れない。正確な数は分からないものの、朝鮮人は四桁、中国人は三桁の犠牲者があったと推定される。ただ、これも裏を返せば、それ相応の数の朝鮮人・中国人が日本列島で生活していなければ起こりえない事件であった。日本（内地）に渡ってくる朝鮮人と中国人の数は、一九二〇年前後を境として急激に増加した。関東大震災の前年である一九二二年時点で、在留朝鮮人は約六万人、在留中国人は一万七〇〇〇人にのぼった。関東大震災は、本格的に国際化を始めた日本社会が直面した最初の試練であった。

このように、関東大震災は唐山大地震と海原大地震に比べ、世界に与えたインパクトは格段に大きかった。また、国際社会との結びつきも強くみられた。その意味で、関東大震災は、二〇世紀における世界最大の震災であったといっても過言ではない。とりわけ、東アジアにとって画期となった歴史的出来事であった。

東日本大震災と関東大震災

日本における世界史的な震災というと、今日の我々がまず思い浮かべるのは、東日本大震災であろう。二〇一一年三月一一日午後二時四六分、三陸沖の宮城県牡鹿半島東南東一三〇キロメートル付近を震源とするマグニチュード九・〇の地震が発生した。これは国内観測史上最大の規模であり、二〇世紀以降の世界で四番目の規模にあたる地震であった。震源地に近い宮城県北部の栗原市で最大震度七を記録したのをはじめ、東北・関東八県（岩手・宮城・福島・茨城・千葉・栃木・群馬・埼玉）で震度六以上を観測した。

この太平洋沖で発生した地震につづいて日本列島を襲ったのが、巨大津波であった。岩手・宮城・福島の三県を中心に太平洋沿岸部が津波にそっくり飲み込まれた。津波の高さは、福島県相馬市で九・三メートル以上が観測された。宮城県女川漁港では、一四・八メートルの津波痕跡も確認されている。津波による浸水範囲は、青森・岩手・宮城・福島・茨城・千葉の六県で五六一平方キロメートルにおよんだ。これは、おおよそ淡路島の面積に相当する。震災犠牲者のうち、死因の九〇％以上が津波に巻き込まれたことによる溺死《できし》であった。

さらに地震・津波をうけ、福島第一原子力発電所の事故が発生した。被災した福島第一原発では、原子炉の核燃料が溶け落ちるメルトダウンが起き、大量の放射性物質が放出された。これにより、多くの人々が被ばくし、農畜水産物に甚大な被害が出た。政府は、福島原発から半径二〇キロメートル圏内に避難指示を出し、警戒区域として原則的に立ち入り禁止とした。半径二〇キロメートル圏外の一部地域も、計画的避難区域に設定されるなど、ピーク時に一六万人を超える住民が避難を余儀なくされた。

　地震発生時、私は日本を離れ、留学先であった中国の上海で暮らしていた。震災の第一報をうけたのは、東京に住む母親からの国際電話であった。地震発生より一時間後くらいのことであっただろう。それから、急いで中国の大手動画サイトである優酷（YOUKU）網にアクセスしたところ、特別番組がトップページに設けられており、震災の模様をリアルタイムで報じていた。その日の夜に聞いたラジオ番組も、東日本大震災のニュースで持ち切りであった。

　日本の被災状況は、翌日以降も中国のメディアで大々的に報道された。日本では、オイルショックや新型コロナウイルス感染拡大など、海外から巨大な危機が襲来すると、しばしばトイレットペーパーの買い占め騒動が起こる。中国でこのトイレットペーパーにあたるのが、食塩である。東日本大震災直後にも、人々が食塩を求めてスーパーに殺到し、中国各地でパニックが発生した。また、中国でも揺れを観測したなどと、不安をあおるようなデマが飛び交った。

　他方で、こうした社会的影響とともに強く印象づけられたのが、震災に同情し、手を差し伸べようとする世論の動きであった。震災前、尖閣諸島（釣魚島）の沖合で発生した海上保安庁巡視船と中国漁船の衝突事件をめぐり、日本と中国の双方で抗議デモが起こるなど、両国関係は険悪なムードにあった。それが一転、これまでの確執《かくしつ》を解き、日本を支援すべしとの声が広がった。中国国家地震局所属の救援隊一五人が日本の被災地に入ったのは、地震発生から二日後の三月一三日のことである。上海の街中でも、大学生らによる震災義援への募金活動がおこなわれた。私自身も多くの中国人から、支援の申し出やはげましの声をうけた。震災の特別番組で解説を担当した元留日学生が、感極まって泣き崩れた様子は、今でも鮮明に目に焼きついている。

東日本大震災復興構想会議が二〇一一年六月二五日にとりまとめた『復興への提言――悲惨の中の希望』では、「世界に開かれた復興」としてつぎのような提言が示されている。

> 今回の大震災においては、米軍をはじめとする国際的支援が大きな役割を果たし、われわれは大きな感謝の念を抱いた。このような世界から示された共感を基盤に、わが国は、力強いすみやかな復興を進め、さらに魅力的な国として再生しなければならない。震災により、国際的な供給網（サプライチェーン）が大きく傷ついたことは、わが国と世界との深いつながりを内外の人々にあらためて気づかせた。そこで、わが国は、国際社会との絆を強化し、内向きでない、世界に開かれた復興を目指さなければならない(1)。
>
> 震災がおよぼした国際的影響や、世界各国から届いた人道支援。これらは、日本と世界の強い絆を再認識させてくれた。復興は、こうした世界との「共感」を基礎とし、さらに深めるものでなければならない。

この提言内容は、当時の雰囲気をよく表していよう。私も海外にいて、東日本大震災が日本一国にとどまらない世界規模の災害であったことを、身をもって感じることができた。

この東日本大震災と比べ、その八八年前に起こった関東大震災の際には、まだあらゆる面で国際化が進んでいなかったことはいうまでもない。さきにふれたように、在日外国人がこれまでとテンポを変えて増えだした矢先のことであった。それでも、関東大震災は東日本大震災に劣らないほどのインパクトを世界に与えた。援助供与国はアメリカ、中国、イギリス、フランスをはじめ、未修好国をふくむ四〇カ国（植民地・自治領をのぞく）におよんだ。赤十字社や救世軍といった国際機関からも支援があった。内務省社会局が編纂した『大正震災志』（一九二六）は、この「諸外国の同情」をこう記していた。

世界の隅々に亘《わた》り、国々に及び、元首・政府・公共団体及民衆を通じて、何《いず》れも衷情《ちゅうじょう》を披《ひら》き、赤誠を籠《こ》めて、敏速且《かつ》適切なる慰籍救護の方途を講じ、以《もっ》て克《よ》く国際共助・四海同胞の大義を実現し、人類相愛の為《た》めには国境もなく繫争もなきの慨を遺憾なきまでに発揮し、世界史にも国際史にも未だ曾《かつ》て見ざるほどの美はしき活動を示して、我当局に力強き援助を与へたことは、啻《ただ》に直接其の好意に浴した罹災民のみならず、畏《おそれ》多けれど 皇室の御満足は云《い》ふも更なり、国民一同の深く感銘して已まぬ所である。而《しか》も尚之《これ》に依つて我邦と諸友邦とは、互に一段の諒解を得、親善を加へ、延いては平和を確保する上にも尠《すくな》からざる力を得たことは疑ふべきでないのであつて、之は災厄に伴ふ一つの図らざる収穫とでも謂《い》ふべきであらう。(2)

「共助」の精神は国境を越え、世界中から日本に多大な援助がもたらされた。これは、震災における一つの「収穫」である。今後、諸外国と親善をはかり、平和を構築してゆく縁《よすが》となるであろう。関東大震災でも、東日本大震災と同じく世界との絆が実感され、それを将来に活かすことが提言されたのである。

しかし、日本は関東大震災後、国際社会との絆を強固なものにすることができなかった。それどころか、手厚い援助をうけたアメリカ、中国、イギリス、フランスとは、反対に関係が悪化し、一九三〇～四〇年代に入ると戦争を交えるにいたった。なぜ、関東大震災の「収穫」を活かせなかったのか。これは歴史の教訓として検討に値する課題であろう。

関東大震災については百周年を迎える今日、すでに膨大な先行研究・著作が存在する。しかし、グローバルな視点から関東大震災をとらえたものは、わずかにすぎない[3]。一国史的な叙述をのりこえる必要性が説かれながらも、いまだ掛け声にとどまっているのが現状である。他方で近年、中国と韓国では、関東大震災に関する注目すべき研究や資料が公にされている。そうした動向は、残念ながら日本でほとんど知られていない。

日本の高等学校では、二〇二二年度より新しい歴史科目「歴史総合」が始まった。この歴史総合は、「近現代の歴史の変化に関わる諸事象について、世界とその中の日本を広く相互的な視野から捉え、現代的な諸課題の形成に関わる近現代の歴史を理解するとともに、諸資料から歴史に関する様々な情報を適切かつ効果的に調べまとめる技能を身に付けるようにする」科目である[4]。従来の日本史、世界史の垣根を越えて、近現代の諸事象をさまざまな資料を駆使して、総合的に把握・考察する。関東大震災こそ、何よりも「歴史総合」が求められるテーマにほかならない。

本書はこうした問題意識にたち、関東大震災をあらためて東アジアの枠組みからとらえなおしてゆくことにしたい。

目次

凡例

一、引用文について、漢字は原則として通用の字体とし、歴史的仮名遣いを適宜現代仮名遣いに改めた。また、法令の条文などのカタカナをひらがなに変更し、句読点、濁点、ルビを適宜補った。

二、外国語の文献は、紹介・引用に際し、日本語に翻訳した。また、すでに翻訳がある場合には、基本的にそれを用いたが、適宜改変をくわえている。

三、（ ）は、とくに断らないかぎり、原文のままである。…は引用文中の省略を示し、原文に文法上の誤りなどがある場合には、ママと付した。

四、参照した日本の外交文書について、アジア歴史資料センター（JASCAR）のデジタルアーカイブに収録されているものは、そのレファレンスコードおよび画像範囲を、デジタルアーカイブで公開されていないものは、外務省外交史料館の分類番号をそれぞれ注記した。

五、当時の王朝・国家名に則さずに、一般に「中国（人）」・「朝鮮（人）」の名称を用いた。

六、主要な人物について、初出の際にルビおよび生没年を記した。なお、今日の慣例にしたがい、中国人名については日本語読み、朝鮮人名についてはハングル読みのルビをそれぞれ付した。

第一部　中華圏と関東大震災

第一章　菩薩と呼ばれた中国人
――王一亭の震災支援と幽冥鐘

王一亭とは何者か

　ＪＲ両国駅前にたちならぶ両国国技館と江戸東京博物館。この東京を代表する二つの施設はいずれも一九八〇年代に旧国鉄用地が買いとられ、建設されたものである。両国国技館の総工費は約一五〇億円。江戸東京博物館にいたっては、五九〇億円もの大金が投じられた。周囲を圧倒する両施設の立派な造りは、着工されたバブル時代の雰囲気を感じさせてくれる。

　こうした駅前とは対照的に、両国国技館と江戸東京博物館の北側には、旧安田庭園と横網《よこあみ》町公園という二つの緑地がある。旧安田庭園は、西側を流れる隅田川から水を引いた汐入《しおいり》回遊式庭園である。もともと元禄年間（一六八八―一七〇四）に築造されたといわれる。明治維新後、旧岡山藩主である池田章政の邸宅となった。これを安田財閥の祖である安田善次郎が買いとったのが一九〇一年のこと。一九二一年九月に亡くなった安田の遺志にもとづき、庭園は東京市に寄贈された。第二次世界大戦後、東京都から墨田区に移管され、今日にいたっている。

図１－１　震災後の被服廠跡の絵葉書（筆者所蔵）

旧安田庭園の斜《はす》向いに位置する横網町公園の一帯は、かつて御竹《おたけ》蔵《ぐら》と呼ばれた幕府の御材木蔵跡地にあたる。明治に入ると陸軍省用地となり、一八九〇年に軍服などを製造する陸軍被服本廠《ひふくほんしょう》が建てられた。陸軍被服本廠は一九一九年、被服倉庫があった赤羽台へと移転した。その跡地は払い下げられ、東京市が一九二二年三月に公園用地として一部を買収した。敷地面積にして約二万平方メートルで、現在の横網町公園とほぼ合致する。一九二三年九月一日に大地震が発生した際、公園用地をふくめた約六万七〇〇〇平方メートルの被服本廠跡は、さら地に近い状態にあった。

地震で被災した付近の住民たちが、避難場所としてこの被服本廠跡を想起したのは、ごく自然のことといえよう。周囲で火の手が上がり、隅田川にかかる橋が通行不能となるなど、移動が大きく制限される中、住民らはこぞって被服本廠跡へと逃げこんだ。その数にして約四万人。六万七〇〇〇（平方メートル）÷四万（人）と単純計算すれば、一人あたり一・六七五平方メートルとなり、およそたたみ一畳分に相当する。加えて衣類や布団など家財道具も持ち込まれ、うず高く積み上げられた。当初は昼飯を広げ、酒盛りをはじめたり、カルピスを売り歩いたりする者もおり、比較的のんびりした状況であったという[1]。

この状況を一変させたのが、火災旋風の来襲である。午後四時頃、被服本廠跡の全方位から火災が押し寄せた。火は家財道具に燃え広がって勢いを増し、人々は逃げ場を失った。そこに火災旋風が襲い、すし詰め状態となった現場は火の海と化した。これにより、避難者の九五％にあたる約三万八〇〇〇人の命が失われた。東京市全体の死亡者数が五万八〇〇〇人あまりであり、被服本廠跡の惨劇がいかに甚大なものであったかが分かる（図1―1）。

図1－2　被服廠跡で焼かれた犠牲者の骨の山の絵葉書（筆者所蔵）

　九月はじめのまだ暑い季節であり、積み重なった死体の処理が急がれた。付近から運び込まれた亡骸《なきがら》をふくめ、計四万四〇三〇人が被服廠跡で火葬に付された（図1―2）。このうち、男女の区別がつかない者が三万九二七七人にのぼったという[2]。火葬された遺骨は、現在の横網町公園のあたりに堆積され、三メートルほどの山となった。一〇月に入ると、仮納骨堂の建造がおこなわれ、東京の他所で火葬されたものと合わせ、五万八六〇〇人あまりの遺骨が安置された。

　仏教の四十九日法要にあたる一〇月一九日、被服廠跡で東京府と東京市共催の追悼会が催された。震災から一年後の一九二四年九月一日にも、府市合同による震災殃死《おうし》者一周年祭がいとなまれている。こうして被服廠跡は、震災を記念し、犠牲者を追悼する象徴的な場となったのである。

　東京市が買収した公園用地に、恒久的な施設となる震災記念堂を設置する。――これを目的にかかげた東京震災記念事業協会が、震

図1－3　東京都慰霊堂（著者撮影）

図1－4　東京都慰霊堂入り口。「二〇二三年　関東大震災一〇〇年」の幕が張られている（筆者撮影）

災殃死者一周年祭に合わせて発足した。東京市長が協会の会長をつとめ、各方面から集められた寄付金をもとに、震災記念堂の建設、庭園の造営が進められた。紆余曲折を経て震災記念堂が落成し、横網町公園が開園したのが、震災から七周年となる一九三〇年九月一日である。震災記念堂はその後、一九四五年三月一〇日の東京大空襲による遭難者を合葬し、東京都慰霊堂と名称を改めている（図1―3、4）。

横網町公園を管理する東京都慰霊協会は、毎年九月一日に秋季慰霊大法要をとりおこなっており、多くの遺族や関係者が参拝に訪れる。当日はまた、慰霊堂横にある関東大震災朝鮮人犠牲者追悼碑の前で、市民団体による朝鮮人犠牲者追悼式典がおこなわれる。近年は、朝鮮人虐殺に否定的な立場をとる団体が、傍らで追悼碑の撤去を求める集会を開いたり、双方の団体が自らの主張を記したプラカードをかかげ、路上で対峙したりするなど、公園内とその周辺は物々しい雰囲気につつまれる。

これらイベントが一段落しようとする正午前、公園内で犠牲者を追悼する鐘の音が静かに打ち鳴らされる。打ちはじめの正確な時刻は一一時五八分。そう、一九二三年九月一日に地震の第一波が観測された時刻である。この鐘「幽冥鐘《ゆうめいしょう》」は、正門から慰霊堂に通じる参道わきの小高い場所にある鐘楼《しょうろう》に安置されている（図1―5）。

鐘楼前に設置された案内板には、その由来がつぎのように記されている。

> この梵鐘は、関東大震災により遭難した死者を追悼するため、中国仏教徒から寄贈されたものです。
>
> 震災の悲惨な凶報が伝わった中国では、杭州西湖の招賢寺及び上海麦根路の玉仏寺で、それぞれ念仏法要が営まれ、中国在留の同胞に対しても参拝を促しました。
>
> また、各方面の回向《えこう》が終わった後は、「幽冥鐘一隻を鋳造して、之《こ》れを日本の災区に送って長年に亘《わた》って撃撞し、此の鐘声の功徳に依って永らく幽都の苦を免れしめむ」と宣言しました。
>
> その後、中国国内で鋳造し、杭州から上海、横浜

図1－5　2022年9月1日の幽冥鐘打鐘の様子（筆者撮影）

図1－6　復興記念館の絵葉書（筆者所蔵）

経由で大正一四（一九二五）年一一月一日、記念堂建設地（横網町公園）に運ばれました。

この鐘を安置する鐘楼は、昭和五（一九三〇）年八月三一日に現在地に完成し、同年一〇月一日「梵鐘《ぼんしょう》初撞式」を行いました。なお、これら一連の事業にあたっては、上海の王一亭氏の特段のご尽力がありました。

右の説明にあるように、幽冥鐘は関東大震災の犠牲者を供養しようと、中国の仏教普済日災会が東京震災事業協会に寄贈したものであった。中でも、主導的な役割を担ったのが、王震《おうしん》（号・一亭《いってい》、一八六七—一九三八）という人物である。

鐘楼は、震災記念堂の落成・横網町公園開園の前日に竣工した。その一ヶ月後の一〇月一日に始撞式がおこなわれ、以来毎年九月一日の一一時五八分に合わせて撞打されている。現在は、日本で生活する王一亭の子孫が撞打の任にあたる。

横網町公園にはこのほか、正門から右手に東京都復興記念館がある。震災の記憶を後世に伝えるべく、遺留品などを収集・展示する。そうした理念のもと、当初は震災記念堂内に記念品陳列室が設けられる予定であった。

しかし、各方面から陳列室に収まりきらないほど、多くの震災関連資料が寄せられた。また、一九二九年一〇月から一一月にわたりおこなわれた帝都復興展覧会でも、一三〇〇点あまりの出品物を保存すべしとの声が高まった。そのため、計画を変更し、震災記念堂とは独立した形で陳列室を設けることとなった。(3)こうして一九三一年八月に開館したのが、復興記念館である（図1―6）。

現在、復興記念館の展示室には、徳永柳洲《とくながりゅうしゅう》（一八七一―一九三六）や有島生馬《ありしまいくま》（一八八二―一九七四）が描いた関東大震災の絵画が多く展示されている。そうした絵画の中で異彩をはなっているのが、寒山《かんざん》大師、拾得《じっとく》大師、蝦蟇《がま》仙人、鉄拐《てっかい》仙人をそれぞれ描いた四幅の文人画である。これは王一亭が揮毫《きごう》し、寄贈したものである。またその傍らには、王一亭の胸像があり、その台座に「王一亭先生　恩義永遠不忘記（恩義は永遠に忘れない）　宇都宮徳馬日中友好協会会長」と刻まれている（図1―7）。これはもともと一九八三年一〇月、江蘇省蘇州市にあった王一亭の墓前に建てられた碑であった。

図1－7　復興記念館の王一亭胸像（筆者撮影）

このように関東大震災に際し、幽冥鐘や文人画を寄贈し、「恩義は永遠に忘れない」と称えられた王一亭。しかし、王については今日、名前すらほとんど知られていないのではないか。王について記した日本語の文章も、管見の限りほとんどなく、「恩義は永遠に忘れない」という言葉がいささか寂しく聞こえる。(4)

王一亭が日本におこなった災害支援は、たしかに「恩義は永遠に忘れない」と記すに値するものであった。本章では、関東大震災につくした王の事績をあらためてとりあげたい。そもそも、王はなぜ、日本の関東大震災に手を差し伸べたのか。この問題を考えるにあたり、まずは王の生い立ちを日本との関わりを中心にみてゆくことにしたい。

日本との機縁

王一亭は一八六七年一二月四日、上海浦東の周浦鎮に生まれた。王の家は代々、浙江省の呉興（現在の湖州市）で農業をいとなんでいた。その一族の生活を一変させることとなったのが、一八五一年より始まった太平天国の乱である。

キリスト教から啓示をえた洪秀全率いる太平天国は、広西省金田村で武装蜂起し、清朝の軍隊と戦闘を開始した。太平軍は北上し、長江をくだる形で勢力を広げてゆき、一八五三年三月に南京を占領した。南京は「天京」と改称され、王府がかまえられた。

その後長期にわたった戦禍は、南京から二〇〇キロメートル以上離れた呉興にもおよんだ。一八六二年、呉興は太平軍により攻略され、王一亭の父である王馥棠は命からがら上海へと逃げのびた。いっしょに呉興を脱出した実兄とも途中で生き別れとなってしまった。王馥棠は生活の糧をえるために、周浦鎮の衣服店で働きはじめた。そこで三年間、まじめに勤務したところ、店主の蔣紫雯が王の人となりをみとめ、娘を嫁がせた。こうして二人の間に生まれたのが、王一亭である。

王一亭の幼少・青年期については、文献資料や先行研究により年月がちがっていたり、経歴の順序が前後していたりと、不明な点が少なくない(5)。数え年で一四―五歳頃、小港李家が経営する慎余銭庄《せんそう》の見習いとなったのが、王が実業家として踏み出した第一歩であったようだ。小港李家は、寧波鎮海出身の李也亭（一八〇七―一八六八）により基礎が築かれた名門商家（商幫）である。海運業で巨万の富をなし、銭庄にも手を広げた。銭庄は、通貨の両替や為替の発行業務などを担った伝統的な金融機関である。王はまた、慎余銭庄での仕事のかたわら、清朝政府が設立した外国語学校である上海広方言館に通い、英語（一説には日本語）を学んだという。(6)

慎余銭庄で三年間修行に励んだ後、王一亭は李家の紹介をうけ、ひきつづき恒泰銭庄で働いた。その働きぶりが評価されたのであろう。数え年で二〇歳となった一八八六年、王一亭は李家から天余沙船号の経営をまかされた。李家の基幹産業たる海運業が、血縁関係のない王に託されたのである。王は期待にそむかず実力を発揮し、ほどなく経理となった。海運業のみならず、不動産や保険などの業務にもたずさわり、実業経験を積んでいった（図1―8）。

図1-8　若き日の王一亭（右から2番目）と家族
（『王一亭年譜長編』）

このようにトントン拍子で出世した王一亭が、さらに飛躍するきっかけとなったのが、大阪商船の買弁《ばいべん》就任である。

一八九六年七月、日清戦争の講和条約である下関条約にもとづき、日清通商航海条約が締結された。この通商航海条約により、日本は長江の航行権を獲得した。これをうけ、大阪商船は一八九八年一月、上海―漢口線を開設し、漢口に支店を置いた。(7)当初、日本郵船に代理店を委託していた上海にも、一九〇二年一月に支店が設置された。支店長となった堀啓次郎（一八六七―一九四四）は、王一亭を買弁として雇い入れた。(8)

買弁（comprador）は、外国の商社や銀行が中国で手続きをおこなったり、中国人と取引したりするにあたり、代理業務を請け負った中国人を指している。外国人にとって、言葉や慣行が大きく異なる中国で、商売をおこなうのは容易でない。買弁は手数料（コミッション）をうけとり、そうした手続き・取引を、責任を持っておこなった。いわば外国人と現地中国人との仲介役である。

実のところ、買弁という言葉には「列強による経済的侵略の手先」、「資本主義に寄食した売国奴」といったようなネガティブな意味合いがつきまとう。しかし、中国でビジネスを円滑におこなう上で、買弁は必要不可欠な存在であった。(9) たとえていうならば、買弁のはたした役割は、今日中国最大のオンラインモールである淘宝網《タオバオ》のそれに相当する。

今でこそネット通販大国の中国であるが、はじめは商品が正しく届かなかったり、代金が支払われなかったりとトラブルが絶えなかった。これらの問題を解決したのが、淘宝網の「支付宝（alipay）」という機能である。買い手はまず、購入したい商品を注文し、代金を支付宝にチャージした電子マネーで支払う。これをうけ、売り手は期限内にその商品を発送する。買い手は届いた商品を確認した上で、支付宝にキープされた代金の支払いを最終的に確定させる。こうして支付宝が買い手と売り手の間の仲介役を担うことで、中国のネット取引は安定化し、急速に拡大していった。買弁も双方の機会主義的行動をふせぎ、取引コストを低減させた点で、支付宝と同様の働きをなしたといえる。

中国の大動脈である長江航路には、大阪商船のほか、大東汽船、湖南汽船、日本郵船が進出をはかった。これら日本の水運会社が参入する以前、長江航路はおもに中国資本の輪船招商局とイギリス資本のバターフィールド・スワイヤ商会（太古洋行）、ジャーデン・マセソン商会（怡和洋行）により担われていた。新参者の日本が、すでに実績があり、優れた船舶や陸上設備を有する三社の牙城を突き崩すのは容易でなく、共倒れが懸念された。そこで一九〇七年三月、日本政府の働きかけのもと、大阪商船、大東汽船、湖南汽船、日本郵船がそれぞれ現物出資し、合同する形で設立されたのが、日清汽船である[10]（図1―9）。日清汽船の創立委員長は、湖南汽船の取締役であった渋沢栄一（一八四〇―一九三一）がつとめた。王一亭は日清汽船でも、ひきつづき買弁として働いた。

日清汽船はきびしい競争にさらされながらも、徐々に貨物運賃収入を増加させていった。とくに一九一一年一〇月に起こった辛亥革命により、他社航路が不定期化する中、日清汽船は定期航路の維持をはかり、確固たる地位を築くにいたった[11]。この短期的な経営拡大には、手厚い補助金支給など、何より日本政府の後押しがあった。他方で、買弁である王一亭の貢献も小さくなかったであろう。

図1－9　日清汽船上海支店（『日清汽船株式会社三十年史及追補』）

王一亭は日清汽船の買弁として固定給与のほか、貨物輸送費の五％を報酬としてうけとった[12]。また、売買取引を仲介した際、売値と買値が異なれば、その差額が王の懐にはいる。さらに、運賃収入はいったん買弁が領収したのち、季節ごとに一括して清算されたために、その間に銭庄などにあずけ、利息をえることができた。こうした王の所得が、日清汽船の興隆とともに、莫大な額にのぼったのは想像に難くない。王は徐乾麟、虞洽卿とともに、上海三大買弁の一人と称されるようになった[13]。

革命運動への参加

王一亭は、一九〇四年に張謇《ちょうけん》（一八五三―一九二六）が創業した上海大達内河輪船公司に投資し、董事兼経理をつとめるなど、買弁以外にもさまざまなビジネスに関わった。一九〇〇年代に役職についた企業だけでも、上海大達内河輪船のほか天一墾務有限公司（董事、一九〇四年就任）、信成商業儲蓄銀行（董事、一九〇五年）、業成公司（経理、一九〇五年）、上海華成経保火険有限公司（総董、一九〇八年）、内地自来水公司（董事、一九〇九年）、中大麵粉廠（董事、一九〇九年）がある。銀行から不動産、保険、水道、麵製造とじつに多彩である。王が実際、どの程度これらの企業に関与していたかは分からないが、各方面から役職を任されるほど、信望が高かったといえよう。

王一亭はこの間、企業経営だけでなく、上海で拡充しつつあった商工業者団体にも積極的に参与し、要職をつとめた。時系列的に主な経歴を挙げれば、一九〇四年五月に上海商業会議公所から改組した上海商務総会の会員となったのをはじめ、一九〇六年一〇月には新たに設置された滬南商務分会の総理に就任した[14]。また一九〇九年八月、王は上海出品所の総幹事長に抜擢されている。

上海出品所は、一九一〇年六月より南京で開かれる南洋勧業会への出品準備のために設立されたものである。南洋勧業会は、中国が日本の内国勧業博覧会をモデルに企てた最初の全国的な博覧会であった[15]（図1―10）。近年、二〇一〇年に開かれた中国初の万国博覧会である上海万博のちょうど一〇〇年前にあたるイベントとして再注目された。南洋勧業会は半官半民方式でおこなわれ、上海商務総会が民間資金の大部分を拠出した。王一亭は総幹事長として、上海からの出品物を集め、それらを南京まで輸送する任務を遂行した[16]。

南洋勧業会に対しては、日本の実業家たちも強い関心を寄せた。現地を視察しようと、日本郵船社長・日清汽船取締役の近藤廉平（一八四八—一九二一）や日清汽船専務取締役の白岩龍平（一八七〇—一九四二）ら商工業者の団員一二人、随員二人からなる観光実業団が組織された。観光実業団は一九一〇年五月五日に北九州の門司港を出発し、朝鮮半島を経由して奉天（現在の遼寧省瀋陽市）、大連、旅順、営口、天津、北京、漢口を回り、六月一一日に南京へ到着した。南洋勧業会を視察した一行は、滬寧《こねい》鉄道に乗り上海へ移動し、二四日に現地で解散した。

図1-10　南洋勧業会の様子（『南洋勧業会図説』）

観光実業団は訪れた先々の都市で、現地の領袖《りょうしゅう》や実業家と交流した。上海でも連日、盛大な歓迎会が催された。この表立った行事とは別に六月二〇日、団長をつとめた近藤廉平と白岩龍平、川崎造船所社長の松方幸次郎（一八六六—一九五〇）、そして上海総領事の有吉明（一八七六—一九三七）が、上海総務商会総理の周金箴、王一亭、李平書と私邸で秘密会談をおこなった。[17] 船舶会社の重鎮からなる日本側の面子《めんつ》から察するに、王がその場をコーディネートしたのであろう。会談では、今回の訪問で深められた友好関係を永続的なものとするために、日中両国起業家の連絡機関を設置することで一致をみたという。[18]

当時は、一九〇八年に起きた辰丸《たつまる》事件などにより、日中関係が険悪化していた。辰丸事件は、日本船の第二辰丸が武器密輸で、清朝の巡視船に拿捕《だほ》されたことに端を発する。日本政府は武器密輸を棚に上げ、清朝に第二辰丸の無条件釈放のみならず、損害賠償と謝罪を求めた。日本の砲艦外交をうけ、清朝がこの要求に屈すると、中国各地で大規模な日貨排斥（日本製品ボイコット）運動が起こった。

実のところ、観光実業団はもともと、南洋勧業会に関わりなく一九〇九年前半に中国訪問を予定していた。しかし、中国の新聞各紙に歓迎しない旨の記事が出るなど、反日感情が強く、延期を余儀なくされた[19]。両国起業家の連絡機関設置に、こうした日中関係を改善しようとする意図があったのはいうまでもない。具体的には、同方会と名づけられた親睦組織と、中国各産業の調査・投資を目的とした日中合弁による中華五星実業公司の創設が企画されていた。

結局、これらの事業は辛亥革命により立ち消えとなった。ただ、日中合弁事業の試みは中華民国が成立した後も、渋沢栄一と国民党の指導者である孫文（一八六六—一九二五）の間で模索された。それが一九一三年六月に設立された中国興業公司（株式会社）である。渋沢と孫文の連名で出された中国興業の設立主旨には、日中両国の有力な実業家が連携し、経済的結びつきを緊密にすることがうたわれていた。

中華五星実業と中国興業の間に直接的なつながりはないものの、出資方式や業務内容を見る限り、後者の設立が前者の計画をもとに進められたことがうかがえる。日中合弁事業のアイデアは、もともと渋沢が二月に来日した孫文と会談し、もちかけたものであった[20]。観光実業団の中国派遣にあたっても、渋沢が主導的な役割をはたしていた[21]。

中国興業の資本金は五〇〇万で、日中両国がそれぞれ半額をひきうけるとされた。一株が一〇〇円であったので、二万五〇〇〇株ずつとなる。ここで注目したいのが、王一亭が創立時に三四〇〇株と大株主に名を連ね、中国側取締役の一人に選ばれている点である。

有吉総領事は外務大臣に宛てた一九一三年八月九日付の報告書で、王一亭についてつぎのように書き送っていた。

王は日清汽船会社の買弁たること多年にして、上海殊に南市方面に於《お》ける有力なる紳商として、相当の信用あり。現に今回の事変発生迄《まで》は、上海商総会協理（上海支那商業会議所副会頭）及《および》上海国民党支部長、其他《そのた》各種の公共団体に関係せしが、今回の事変に依り同人が国民党に関係ありとの点より一部商人の批難を受けたるに付、日清汽船支店長の注意等に依り、已《すで》に商会協理及国民党支部長を辞職し、其旨を新聞にも広告し居《お》れり。(22)

日清汽船の買弁を長年つとめた王一亭には、厚い信頼がある。しかし、「今回の事変」で国民党に関わったことにより、商人らから批判をうけているというのである。

これは、王一亭ら中国側出資者の信用についての政府からの諮問《しもん》への回答である。渋沢と孫文の会談からほどなく、国民党代理理事長の宋教仁（一八八二―一九一三）が暗殺された。この報に接した孫文は帰国し、暗殺の黒幕とされる臨時大総統・袁世凱（一八五九―一九一六）の打倒を決意した。こうして一九一三年七月、江西省を皮切りに中国南部の各都市で武装蜂起が起こった。いわゆる第二革命である。右の引用文にある「今回の事変」とは、第二革命を指している。日本政府は中国興業が創立早々、暗礁に乗り上げてしまわないか憂慮したのであろう。実際、王一亭は第二革命に関わり、窮地に陥っていた。

正確な時期は分からないが、王一亭は辛亥革命前、孫文率いる中国同盟会に加入していた。(23) 一九一〇年

図1-11　陳其美（『中華民国歴史図片檔案』第1巻）

一〇月に上海で創刊された同盟会の機関紙的メディア『民立報』に出資するなど、同盟会の革命活動に多額の資金援助をおこなったといわれる。一九一一年一〇月一〇日、湖北省武昌で革命軍が武装蜂起《ほうき》し、辛亥革命の火蓋《ひぶた》が切られた。革命軍がうちたてた湖北軍政府が清朝からの独立を宣言すると、周辺地域もこれに呼応していった。

上海での蜂起を担った中心人物が、陳其美《ちんきび》（字・英士、一八七八—一九一六）である（図1—11）。陳と王一亭の長男である孟南は日本に留学し、交友関係にあった。また、王と陳の父はいずれも呉興出身であった。そうした縁があり、王は陳を積極的に支援した。陳が上海商工業界から支持をえられたのも、王の存在が大きかったであろう(24)。

一一月三日、蜂起した上海の革命軍は、ほとんど戦闘せずに上海県城内外を制圧した。しかし、清朝側最大の軍事拠点である江南製造局の攻略に苦しみ、陳其美が清朝軍に拘束されてしまった。王一亭らが釈放の交渉にあたったものの、拒否された。清の援軍が上海に向かったとの情報が流れ、苦境にたたされる中、王が座して死を待つより戦って死すべしと「反攻令」を起草し、仲間をふるいたたせたという(25)。翌四日、革命軍はふたたび江南製造局を攻撃し、陥落させた。陳も無事救出され、上海独立をはたした。革命軍に参加した上海商団公会の一員であった朱堯卿は、上海独立にあたり王の力がとりわけ大きかったと語っている(26)。

一一月六日、滬《こ》軍都督府が成立した。陳其美が都督となり、王一亭は交通部長に選任された。王はほどなく、農工商務総長へと転任しているが、一九一二年二月にその職を辞することを願い出ていた。王としてはこれ以上、政治活動に深入りしたくなかったのであろう[27]。しかし、中国同盟会を中心に国民党が結党され、一二月に国民党上海支部が設立されると、王は支部長に任ぜられた。

一九一二年二月、上海商務総会が発展解消する形で、上海総商会が設立された。王一亭は五月におこなわれた選挙で、組織のナンバー2にあたる協理に選ばれた。こうして王は政治・経済の両面で、上海の顔といえる存在となっていった。

宋教仁が殺害された際、王一亭は国民党上海支部長として葬儀をとりもった。上海に葬られた宋の墓の造営をてがけたのも、王である。王はまた、支部長の身分で袁世凱に綱紀粛正を求める電報を送った[28]。

一九一三年七月一八日、陳其美が上海の独立を宣言し、上海討袁軍を組織した。南北軍が一触即発となる中、上海総商会は戦乱を避け、和平を呼びかける書簡を公開した[29]。王一亭は上海独立の支持を唱えたものの、表決で退けられたという。辛亥革命時と異なり、大部分の実業家たちは、武力衝突を望まなかったのである。上海総商会では、国民党に肩入れする王を批判する声が上がった[30]。

上海総商会の勧告もむなしく七月二三日、陳其美は戦闘を開始し、上海は戦火につつまれた。その日、国民党と上海総商会の間で板挟みとなった王一亭は、国民党からの離党および上海総商会協理の辞職願を提出した[31]。さきに引用した有吉の報告書にあるように、日清汽船からの働きかけもあったであろう。公開された離党・辞職願には、自らの調停が身を結ばず、戦乱を引き起こしたことへの悔悟《かいご》の念がつづられていた。

結局、上海戦は外国領事館の干渉を招くなどし、ほどなく停戦となった。第二革命は失敗に終わり、陳其美は日本へ亡命した。上海追放をまぬかれた王一亭も、革命運動から身を引くこととなったのである。

呉昌碩との出会い

政治・経済の表舞台から退き、失意にあった王一亭。その彼を支える心のよりどころとなったと考えられるのが、呉昌碩《ごしょうせき》（一八四四—一九二七）との交流である。

呉昌碩は「中国最後の文人」と称される清末・民国初期を代表する芸術家である。文人がたしなんだ芸術として、詩を詠むこと、文字や絵を揮毫《きごう》すること、印を刻むこと（篆刻《てんこく》）がある。呉はこの詩・書・画・印の四分野いずれにも精通し、卓越した技倆を発揮した。それゆえ、「四絶」ともいわれる。とくに篆刻に優れ、犬養毅や内藤湖南が呉の印を愛用した。今日でも、日中両国で高く評価されている人物である。

呉昌碩の出身地は、王一亭の祖籍に近い江蘇省の孝豊（現在の湖州市）である。呉は王との交わりを「辛亥秋」、すなわち一九一一年の秋と述べている[32]。実際には、一九〇九年頃には、二人は出会っていたようだ[33]。

呉昌碩は、上海を拠点に活動した芸術家たちを指す「海上派」の領袖と目されている。ただ、呉が上海に居をかまえたのは遅く、数え年で六八歳となった一九一一年夏のことであった。一九一三年には、王一亭の紹介で上海閘北《こうほく》にある石庫門造りの家屋へと移った。この呉にとって終《つい》の住処となった家は、王の親族が建造したものとされる。第二革命後、王と呉はそこで親交を結んだのであろう。

一説には、王一亭が呉昌碩に私淑し、弟子入りしたといわれる[34]。ただ、王はこの時、書画家としてすでに名が知られた存在であり、海上派の代表的な一人と目されていた。王によれば、彼は一二、三歳の時分より、好んで絵を描くようになった[35]。塾講師の目を盗んでは、こっそり作画していたという。

こうした王一亭の絵心を買ってであろう、小港李家は王一亭に恒泰銭庄への働き口を紹介した際、画家の徐小倉に会うように勧めた。徐は清末の海上派を代表する人物で、花鳥画を得意とした。王のもっとも早い作品の一つである「橘中二叟」（一八八四）は、徐のもとで学んだ時期のものと推定される（図1―12）。

王一亭はさらに、徐小倉の師匠にあたる任伯年（一八四〇―一八九六）からも教えをうけていた。伯は人物・山水・花鳥のいずれにも秀でた文人画家である。伝統的技法にならいつつ、生命力あふれる写実的な画を描き、独特な海上派のスタイルを確立した。呉昌碩、虚谷、蒲華とともに、海上派の「四傑」と呼ばれる。

王一亭と任伯年が出会ったのは、上海の有名な画箋紙《がせんし》店である怡春堂であった。王がそこで働いていたのか、あるいは出入りしていただけなのか、また両者が具体的にいつ、どのように出会ったのかについては、諸説ありよく分からない[36]。いずれにしても、任は怡春堂を通じて王の画才を見出し、弟子としてうけいれ、指導をおこなった。一人前となった王の作品は、任の画風を色濃くうけついでいるといわれる[37]。

このように、王はもともと商売のかたわら、絵画にいそしんでいた。それが第二革命の挫折、および呉昌碩との交流を機に、ますます絵画へと傾倒していったのである。

画に関しては、呉昌碩も任伯年に師事したことがあった。ただ、呉は人物・山水画が得意でなく、呉の作品には、王がそれらを代筆したものが少なくない[38]。日本人も王が画を描き、呉が讃《さん》を入れた書画を好んでいた。一九一九年一月、

図1-12　「橘中二叟（1884）」
（蕭芬琪『王一亭』）

西園寺公望《さいおんじきんもち》（一八四九―一九四〇）が主席全権としてパリ講和会議に赴く際、上海へと立ち寄り、王と呉に面会した。その時も、王が西園寺を描き、呉が篆書《てんしょ》で讃した一幅が贈られた。(39) 王と呉は師弟であるとともに、創作上のパートナーであった。

西園寺との会談からほどない一九一九年六月、画家の石井柏亭《いしいはくてい》（一八八二―一九五八）が王一亭のもとを訪れた。石井は日清汽船会社にあった王の部屋の様子を、つぎのように描いている。

バンドの日清汽船の二階の一室で私達が王氏に会つたのは、恰度《ちょうど》氏が幾人かの女弟子等の作品を添削して居る時であつた。…室の周囲には骨董品《こっとうひん》が一ぱいに置いてある。氏自身の画きさしの紙本も幾枚か壁に懸けられて居た。合作をしやうと曰《い》はれて先づ私が七つ葉を画いたら、氏はそれに添ゆるに石と小鳥とを以《もっ》てされた。幾年となく持ち古した太い禿筆から其《その》豪健な緑や点苔《てんたい》は生れる。絵具は凡《すべ》て深い皿と云《い》ふよりは碗に近いものへ沢山に入れられて居るが、其石緑や石青は膠ぬきをせらることが無いもののやうに思はれる。私は其使用方法を質問することを忘れた。枠張りの絹本などは滅多に画かないのだから画はすべて立つたままデスクの上で描かれる。此《この》室のなかで異彩をなして居るのはバスケ氏の贈つた模糊たる水彩画の額面である。

日清汽船の買弁である氏にとつて画は余戯のやうなものであるが、それにも拘らず氏は上海有数の画人であると云へやう。(40)

この部屋は本来、いうまでもなく王一亭が買弁として執務するためのものである。右の引用文から察するに、王が画を描いたり、指導したりするアトリエと化していたことがみてとれよう。

海上派にみられる特徴の一つとして、自らの書画を販売し、それで収入をえていた点が挙げられる。伝統的な文人は、あくまで趣味の一環で芸術活動にとりくみ、その作品を他人にゆずるにしても、金銭のやりとりを前提としていなかった。これに対し、国際港湾都市となった上海には、芸術品に対する巨大な消費市場が生まれた。その需要に応じ、販売を生業《なりわい》とする職業芸術家の一群が形成されたのである。

図1-13　王一亭（右）と呉昌碩（『書道グラフ』第38巻第4号、1993年4月）

呉昌碩の画が売れ出したのも、上海に移ってからのことであり、とくに日本人が大口の顧客となった。その背景には、日本と強いつながりがあった王一亭の存在が無視できない。王は呉のパトロン役を担ったであろう(41)。王の作品も呉に劣らず、日本で人気を博した。さきに述べたように、王の画に呉の讃が入った作品が好まれるなど、二人は日本における海上派の双璧というべき存在であった（図1―13）。

画を売り、報酬をえた海上派は、それを潔《いさぎよ》しとしない本来の文人のあり方からすれば、商業主義に堕したとみなされかねない。しかし、ここで注目したいのは、王一亭が売画による収入を、自然災害への義援金などにあてていた点である。上海の新聞『申報』には、王一亭が金潤卿とともに、一八八七年四月より書画を販売し、その売り上げを義援したことを示す記事が掲載されている(42)。

王が弱冠二一歳の時であり、確認できるもっとも早い彼の義援活動である。
王一亭に限らず、海上派は作品販売を通じた慈善事業を積極的に推進した。一九〇九年に豫園《よえん》書画善会、一九一一年に題襟館金石書画会と、二つの書画慈善団体が上海に設立された。当時、中国各地では水害、干害《かんがい》、地震など大規模な自然災害が頻繁に起きていた。豫園書画善会と題襟館金石書画会は、そのたびごとに展覧会などを開き、書画購入を通じた寄付を募った。王もこの両団体に設立初期から関わり、中心的な役割を担っていた。

慈善活動と日中美術交流

王一亭の慈善活動は、売画だけにとどまらない。たとえば、王は一九〇六年、李平書らと共同で、上海に孤児院を設立した。これは、多い時で五〇〇人あまりの孤児を収容した上海最大の孤児院となり、王が三〇年以上にわたり資金・運営面で支えた。王は祖籍である湖州の孤児院設立にも、発起人の一人として尽力した[43]。

一九一二年三月、王一亭と凌紀椿の主導のもと、上海慈善団が組織された。辛亥革命後、それまで慈善事業を担ってきた伝統的な民間団体である善堂が機能不全におちいった。慈善団はこうした善堂を糾合し、統一的な事業を実施することをめざしたものであった[44]。慈善団が関わった事業には、貧民習芸所といった貧困男性の保護・教化施設の運営など、善堂の活動になかったものもふくまれていた。

女性・児童の救済については一九一三年二月、上海総商会が主体となり中国救済婦孺会が設立された。救済婦孺会は誘拐されたり、家を追われたりした婦人と子供を保護することを目的とした慈善団体である[45]。王一亭は徐乾麟、虞洽卿とともに総幹事となり、救済婦孺会の屋台骨を支えた。この三人は、さきに述べたように上海三大買弁と称されたが、慈善事業にも非常に熱心であった。

また、王一亭は一九一六年一〇月に創設された中国済生会の会長を長きにわたりつとめた。済生会は、集雲軒という仏教系の民間団体が発展・改組したものである。慈善事業の実施により中国の公益を増進させることを宗旨とし、困窮者への医療・施粥や自然災害の救援活動、貧民学校の運営など、広範囲にわたる活動をおこなった[46]。上海で最大規模の慈善団体の一つであった。

以上、清末から民国初期にわたり、王一亭がたずさわった主要な慈善事業を列挙したが、さらに規模の小さいものをふくめると、把握しきれない数にのぼる。上海における大方の慈善事業に何らかの形で関与していたといっても過言ではない。王は一九二〇年に開業した浦東医院や、一九二一年開業の上海中国紅十字（赤十字）会時疫医院にも発起人として参与し、両医院の院長をつとめていた。

今も昔も、巨万の富を築いた実業家が慈善事業にとりくむことは珍しくない。ただ、王一亭の場合は、駆け出しの若い頃から熱心で、その度合が突出している。王をこれほどまでに慈善活動へと突き動かしたものは何であるのか。王の生い立ちを見るに、重要な精神的要因として挙げられるのが、彼の仏教信仰である[47]。

王一亭の母と祖母は、信仰心の厚い仏教徒であった。王は二人の影響をうけ、幼い頃より仏教への信心を深めていった[48]。人や世の中のために功徳を積むという仏教の教えも、自ずと身についたであろう。五〇歳となった一九一六年、王は正式に仏門に帰依し、居士《こじ》となった。その後は素食をつらぬき、毎日仏画を一幅描くことを日課としたという。王が会長をつとめた中国済生会の活動も、仏教の教義にもとづいたものであった。

大阪商船の上海支店に勤務していた村田省蔵（一八七八—一九五七、図1—14）は、もっとも印象深かった中国人の一人に王一亭を挙げ、その人となりをこう語っていた。


王一亭という人は、学者でしかも書画に巧みで、この方面において名をなしていました。いまなら文化人です。熱心な仏教信者で菜食主義で一生を通しました。いわゆる買弁として外国人に雇われ商売をするような性格の人ではなく、実にりっぱな人格者でした。

この人はのちに何回も日本へきたが日本の政界、財界に交友が多く、とくに西園寺公の信用が厚かったのです。日本と中国の親交には非常に尽した人です。(49)

図1-14 村田省蔵(『村田省蔵追想録』)

買弁らしからぬ文化人。ここで描かれているのは、居士となった後の王一亭であろう。西園寺公望とは、さきに述べた一九一九年一月の対面以来、交流がつづいたようである。

村田がいうように、王一亭はこの時期より、日本と中国の親交にもさまざまな形で力をつくした。ここでは、その一例として美術交流をとりあげたい。

一九一〇年代以降、日本人が王一亭や呉昌碩の書画を求めて上海を訪れるなど、両国美術関係者の往来が盛んとなっていた。こうした状況のもと、さらなる交流を進めようと企画されたのが、日中合同の美術展覧会である。この企画はもともと、日本画家の渡辺晨畝《わたなべしんぽ》(一八六七—一九三八)が一九一八年一二月に北京を訪問し、書画家の金紹城（一八七八―一九二六）らと会談したことにはじまる。[50]金は王一亭と同じく浙江省呉興の出身で、王や呉昌碩と親交のあった人物であった。

一九一九年五月に五四運動が起き、反日感情が高まったため、美術展覧会開催はいったん中断を余儀なくされた。ふたたび企画を実現しようと、日中両国の人士からなる中日美術協会が組織されたのが、一九二〇年四月のことである。中日美術協会は、「中日両国芸術家の提携親和を謀《はか》り、互《たがい》に両国美術の向上発達を期する」ことを目的にかかげ、事務所を上海にかまえた。[51]会長には康有為、副会長に東京上野美術学校長の正木直彦と上海美術専門学校長の劉海粟が就任した。王一亭は張継、黒田清輝、伊集院彦吉とともに顧問となっている。

中日美術協会は、美術展覧会開催のほか、中日美術会館の建設を計画した。計画案では、美術図書館や研究所、陳列所、宿泊所を設置するなど、かなり大掛かりなものであった。結局、美術会館建設は実現にいたらなかったが、王一亭は黒田清輝とともに、建設顧問として尽力した。

中日美術会館建設と類似した試みとしては、ほかに一九二三年四月に設立された西湖有美書画社がある。西湖有美書画社は、上海を訪れた美術史家の大村西崖《おおむらせいがい》（一八六八―一九二七）からの提案をうけ、王一亭や呉昌碩が発起したものであった。[52]その社屋は、風光明媚な浙江省杭州の西湖に建てられ、日中両国の美術家が交流する拠点の一つとなった。

一九二一年一一月、日中合同の美術展覧会「日華連合絵画展覧会」が北京の欧美同学会で開催された（図1―15、16）。日本画六九点、中国画一四二点を出品した日華連合絵画展覧会は、八日間の会期中に数万人の観客を集めるなど、好評を博した。[53]翌月には天津を巡回し、ここでも入場者が七日間で二万人に達する盛況ぶりであった。

図１-15　第１回日華連合絵画展覧会の様子（『中日美術』第３巻 第６号、1924 年６月）

図１-16　第１回日華連合絵画展覧会記念写真（『中日美術』第３巻第６号）

この成功をうけて一九二二年五月、東京の商工奨励館で第二回展覧会が開かれた(54)。これは、日本に中国現代絵画を紹介した初の本格的な展覧会となった。その後、一九二四年四月から五月にわたり北京と上海で第三回、一九二六年六―七月に東京と大阪で第四回展覧会と、中国と日本で交互に開催された。いずれも成功裏に終わり、回を重ねるにつれ、両国政府の後援がつくなど、規模が拡大していった。

そして第五回展覧会開催が日中両国で協議される中、中国側でトラブルが起こった。展覧会の運営をとりしきっていた金紹城が第四回展覧会を終えてほどなく病死し、その後の主導権をめぐり、金の息子である開藩と周肇祥の間で対立が生じたのである。日本側は渡辺晨畝らが両者の仲裁にあたったものの、溝が埋まらなかった。そこで、中国側の実質的な窓口として白羽の矢がたてられたのが、王一亭であった。

この大任をうけた王一亭は、日本まで出向き折衝を重ねるなど、展覧会実現のために奔走した。蚊帳の外に置かれた周肇祥グループからは、王が自分勝手に行動し、日本から金銭をうけとっているなどと、ネガティブ・キャンペーンをうけた(55)。王としてはまったく損な役回りであっただろう。王は自らの立場に苦悩しつつも、使命を遂行した。

第五回展覧会は、一九二九年一一月一日より二週間にわたり上海の徐園で開催された。王一亭は展覧会の開会式で、こう挨拶の辞を述べていた。

> 今日、中日両国の現代絵画展覧会が上海徐園で開かれます。両国芸術界の精英が集まり、一堂に会したことは、まことに盛挙であります。このたびの出品物は、流派により違いはあるものの、その源流は一致します。なぜなら、中日両国の画法は、いずれも書字を根本としているからです。およそ画の優れたものとは、筆を用いた書法を意味しています。両国の文字は同じであり、この根源が同じであることが重要なのです。…私が今日さらに望むことは、この会の後に両国画界が一つの東方画風をなし、画界で優良かつもっとも高尚な流派を形づくることです(56)。

同文である日中両国は互いに手をたずさえ、一つになることが望ましい。既述の内紛に加え、第五回展覧会は、山東省済南に居留する日本人が死傷した済南事件（一九二八・五）、およびそれをうけた山東出兵の影響で開催が危ぶまれていた。この辞は日中関係に暗雲がたちこめる中、王一亭の偽らざる思いであったにちがいない。

上海閉会後、展覧会は大連、奉天を巡回した。王一亭の尽力により、一度は頓挫《とんざ》しかけた第五回展覧会は予想以上の成功をおさめた。戦前の日中美術交流における一つのハイライトというべき出来事であった。

図１-17　王一亭書画展覧会大阪会場（『一亭近画』）

関東大震災への支援

一九二二年三月、高島屋呉服店美術部の主催により、王一亭の書画展覧会が東京と大阪で開かれた（図1―17）。これは、日本で最初に開催された王の個展である。高島屋はその前月、呉昌碩の個展も開いていた。いわば海上派の双璧として、王と呉の連続展覧会が企画されたのであろう。さきに述べたように、五月には、第二回日華連合絵画展覧会が東京でおこなわれた。これに先立つ形で、二人の個展が披露されたのである。

実のところ、一九二四年四―五月に実施された第三回日華連合絵画展覧会は、当初一九二三年の秋に開催する予定であった。準備が進められていたものの、九月に起こった関東大震災のために順延を余儀なくされた[57]。王一亭は上海開催の準備を担うとともに、中日美術会館の建設計画など、日中の美術交流推進のために奔走した。一九二三年八月には、中日美術会館の代替物ともいうべき西湖有美書画社の社屋がほぼ竣工し、落成式が開かれようとしていた[58]。このように関東大震災前、王は中国美術界の重鎮として、日本との友好関係構築にあたっていた。

他方でこの時期、王一亭は買弁として、日本と中国のはざまで板挟みになっていた。その原因となったのが、旅順・大連回収運動である。一九一五年、日本はいわゆる対華二一カ条要求を北京政府につきつけ、一九二三年三月で期限の切れる旅順・大連の租借、および南満洲鉄道・安奉鉄道の権利を、さらに九九年延長することを受諾させていた。これに対し、対華二一カ条要求を無効とし、以前の租借期限をもって旅順と大連の返還を求める動きが起こった。この旅順・大連回収運動は、上海、武漢、長沙など長江中流域で盛んであった。日本との「経済絶交」が唱えられ、日本製品のボイコットだけでなく、日清汽船をはじめとした日本の汽船会社を利用することもやめるよう呼びかけられたのである。実際、日清汽船は乗客が下船する際に「売国奴」という印を衣服に捺《お》されるなど、さまざまな妨害行為をうけ、大きな経済的損失をこうむっていた(59)。

こうした日清汽船の苦しい状況をさらに悪化させたのが、長沙での発泡事件である(60)。六月一日朝、長沙に入港した日清汽船の武陵丸に対し、乗客に妨害を加えようと、学生や労働者が船着き場に待ちかまえていた。すると、警戒にあたっていた日本の水兵との間で衝突が起きた。衝突は日清汽船の構内にまで波及し、武装した陸戦隊員が出動する事態へと発展した。結局、実力行使に出た陸戦隊員が実弾を発泡し、中国人二人が亡くなる惨劇を招いた。

この長沙事件は、大きな波紋を呼び起こし、旅順・大連回収運動に拍車をかけることとなった。当然ながら、事件の舞台となった日清汽船に関係する中国人への風当たりも強かった。とくに創業以来、日清汽船の買弁である王一亭に対しては、日本に媚びて国を誤らせ、偽りの仁義で国民を欺いているなどと、強い非難が浴びせられた(61)。日本と美術交流を推し進めていることも、仇《あだ》となってしまったのである。

日本で大地震が発生したのは、こうした最中の出来事であった。王一亭の立場からすれば、下手に動くと、また日本に媚を売っていると批判されかねなかったであろう。しかし、王は地震の第一報に接すると、そのような懸念をよそに積極的に支援へと動いた。

図1-18　中国協済日災義賑会記念撮影。写真中央が王一亭（鳥居観音蔵）

　上海総商会は九月四日、関東大震災への対応を協議するために臨時会議を開いた。王一亭も出席したこの臨時会議では、小麦粉一万袋と米三〇〇〇袋を、北京政府が派遣を命じた招商局の「新銘号」で日本に送ること、その購入費用としてさしあたり六万一〇〇〇元を用立てることが決議された[62]。六日には、中国紅十字会や中国救済婦孺会、中国済生会など、王と関わりのあるものをはじめ、計四二の団体が糾合し、中国協済日災義賑会が結成された（図1―18）。その会長には朱葆三（一八四八―一九二六）、副会長に王一亭と盛竹書（一八六〇―一九二七）がそれぞれ就任した[63]。この三人はいずれも、上海実業界で実績をなした総商会の人間である。中国協済日災義賑会の実質的な業務は、王がとりしきった。

　中国協済日災義賑会はさしあたり、上海総商会の六万一〇〇〇元のほか、参加団体からの供出金をもとに、総商会の決議よりも多い小麦粉二万袋と米五九五〇袋、さらに木炭一六〇〇俵、じゃがいも、干し魚などを購入した。そして、これらの生活必需品を、九月八日に上海を出港した新銘号へと積み込んだ。この新銘号が神戸港に着いたのは九月一二日である[64]（図1―19）。海外から届いた最初の救援物資であった。

　なお、大地震発生時、王一亭の次男である叔賢は、製紙工場を視察する目的で来日していた。幸い、関

図１−19　新銘号の入港を伝える新聞記事（『大阪朝日新聞』1923年９月13日夕刊）

西に滞在していたために、直接的な被災をうけずにすんだ(65)。王はくわしい被害状況を把握しようと、叔賢に現地の調査をおこなうように命じていた。

中国協済日災義賑会は、新銘号で救援物資を送った後も、新聞広告や電報を通じ、各方面に広く震災への義援金をうったえた。これをうけ、多くの組織や個人が義援に応じた。たとえば、上海書業公会商務印書館が五五〇〇元、上海華商紗布交易所が一万元、張謇が二四〇〇元と空豆一二〇〇袋の寄付を、それぞれ中国協済日災義賑会に申し出たのが確認できる(66)。

先行研究によれば、一九二三年九月一二日から翌年一月二九日にわたり、中国協済日災義賑会が『申報』に掲載した義援に対する感謝広告は一二五回、そこで挙げられた団体は六五〇、個人一三九五人におよんだ(67)。義援金の合計は大洋銭（銀銭）で一八万四〇〇三・九五元、制銭（銅銭）一八万三三三〇文に達したという。これらの義援をもとに、協済日災義賑会はふたたび一〇月二三日と二五日に、上海総領事の矢田七太郎へ救援物資を寄贈していた。

王一亭による関東大震災への取り組みは、こうした物質的支援にとどまらない。信仰心のあつい仏教徒であった王は、仲間の信徒とともに、関東大震災で犠牲となった死者の精霊を弔《とむら》おうと、仏教普済日災会を組織した(68)。この仏教普済日災会の呼びかけにより、峨眉山、九華山、五台山、普陀山にある中国の四大霊場で、それぞれ四九日間にわたる水陸普利道場と称する法要がおこなわれた。また、上海の玉仏寺では一〇月六日より一週間、震災の犠牲者を追悼する大会が開かれた。王も参加した初日には、矢田総領事ら日本人一〇〇人あまりをふくめ、六〜七〇〇人が集った(69)。杭州の招賢寺でも一〇月二〇日より四九日間の法要がいとなまれるとともに、一〇〇日におよぶ昼夜不絶の念仏が唱えられた。王はまた、被災地を慰問するために、仏教普済日災会の名義で顕陰法師と包承志を日本へと派遣した。

こうして仏教普済日災会による主導のもと、中国全体でおこなわれた各種の功徳は、つぎの通りとなったという。

- 念仏　二二二二万五五四二声（仏および菩薩の名をふくむ）
- 呪文　一五一万五九〇七遍（往生呪および諸呪をふくむ）
- 踊経　二三万八四〇五部（華厳・法華その他諸経をふくむ）
- 礼拝　一八万五五八八拝（諸仏および弥陀拝をふくむ）
- 道場　四五壇（一壇を七日とする）(70)

以上のような震災犠牲者への手厚い供養の最終結願《けちがん》として着手されたのが、ほかならぬ幽冥鐘の鋳造であった。

幽冥鐘の寄贈

仏教普済日災会は一一月、外務大臣の伊集院彦吉に宛て一通の書簡を送った。その書簡では、仏教普済日災会が醵金をもとに梵鐘を鋳造し、日本に寄贈したい旨が記されていた[71]。この梵鐘を犠牲者納骨の地など、しかるべき場所に安置し、永年にわたり撞打して霊を慰めたいというのである。

図１-20　幽冥鐘（筆者撮影）

これに対し、日本側は謝意を表するとともに、梵鐘を安置する体制を整えた上で、厚意に沿いたいと回答した。震災からまだ日が浅く、震災記念堂の計画がもちあがる前のことであった。仏教普済日災会の申し出をありがたく思いつつも、それをうけいれる余裕がなかったのである。

他方、仏教普済日災会はこの回答をうけると、すぐに幽冥鐘の鋳造を開始した。鋳造を手がけたのは、杭州で名の知れた鋳物師の顔錦泰であった。黄銅製で高さが一・六九メートル、口径一・二一メートル、重さは一・五六トンにのぼった（図1―20）。

幽冥鐘には、王一亭による書が鋳込まれた。この銘文は全三五二文字。「若人欲了知三世一切仏　応観法界性　一切唯心造（若し人三世一切の仏を了知せんと欲せば　応に法界の性を観ずべし　一切唯心造なり）」の破地獄偈《はじごくげ》や、「衆生無辺誓願度　煩悩無尽誓願断　法門無量

誓願学　仏道無上誓願成（衆生は無辺なれども誓って度せんことを願う　煩悩は無尽なれども誓って断ぜんことを願う　法門は無量なれども誓って学ばんことを願う　仏道は無上なれども誓って成ぜんことを願う）」の四弘誓願文《しぐせいがんもん》、仏の名前、呪文などのほか、つぎのような句が刻まれていた。

願此鐘声超法界　願はくは此の鐘声　法界を超え
鉄圍幽暗悉皆聞　鉄圍の幽暗　悉く皆聞かん
聞塵清浄証圓通　聞塵清浄にして　圓通を証し
一切衆生成正覚　一切の衆生　正覚を成す

聞鐘声煩悩軽　鐘声を聞きて　煩悩は軽く
智慧長菩提増　智慧長じて　菩提増す
離地獄出火坑　地獄を離れ　火坑を出で
願成仏度衆生　願はくは仏と成りて衆生を度せん

幽冥鐘の音色が、生きとし生けるものの悟りを開き、迷いから救い出すことが願われていよう。日中両国でよくみられる偈文・鐘銘である。隠元隆琦《いんげんりゅうき》（一五九二―一六七三）が説いた『黄檗《おうばく》清規』にも、「聞鐘」としてほぼ同一の字句がみられる。隠元は、いわゆる鎖国体制成立後の一六五四年に来日し、日本黄檗宗の開祖となった人物である。

幽冥鐘は震災記念堂の事業計画が確定した一九二五年一〇月、鋳造地の杭州から上海経由で横浜へと輸送され、記念堂建設予定地に設けられた仮安置所におかれた。幽冥鐘の趣旨にかんがみ、上海—横浜間の輸送は日本郵船会社の阿蘇丸が無料で担った[72]。また、外務省の要請により、税関も無検査で通していた。

震災記念堂の建設にあたっては一九二四年一二月、設計案がコンペにはかられた。応募件数は二二〇件に達し、前田健二郎（一八九二—一九七五）の案（図1—21）が一等となった。前田案は鉄筋コンクリート造の建物で、地下に安置した納骨室の上に、白大理石製の霊体をおき、礼拝の対象としていた。また、霊体を一一本の黒大理石の柱でとりかこみ、その天井のドームに張られたステンドガラスから射し込む光が、神秘的な雰囲気をかもしだすよう意匠がこらされた。総じて日本風の要素を排したモダンなデザインとなっていた[73]。

図1-21　前田健二郎の震災記念堂案（公益財団法人 後藤・安田記念東京都市研究所 市政専門図書館所蔵）

この当選した前田案をうけ、震災の三周忌にあたる一九二五年九月一日に地鎮祭がとりおこなわれた。いよいよ工事にとりかかろうとする中、仏教連合会が震災記念堂の設計変更を求める建議書を、東京震災記念事業協会に提出した。建議書では前田案が「全然西洋建築の模倣にして、毫《ごう》も国民固有の思想信仰を顧慮せざるもの」であるとし、「現代を表徴すると共に、民族固有の精神的文化を折衷採納」した建築物への変更が要望されていた[74]。仏教連合会は、仏教普済日災会と連携し、幽冥鐘を日本に搬入する窓口としての役割を担っていた。仏教連合会としては、幽冥鐘とそぐわない前田案に待ったをかけたのであろう。

結局、仏教連合会による異議申し立てがみとめられ、前田案は廃案となった。新たな設計案は、コンペの審査員の一人であった伊東忠太（一八六七―一九五四）がてがけることとなった。伊東が設計した震災記念堂も、前田案と同じく鉄骨を鉄筋コンクリートでおおった耐震耐火構造である。堂部の内壁・天井にモスクにみられるアラベスク文様を配したり、礼拝空間に教会のバシリカ様式を採用したりするなど、さまざまな宗教的要素がとりいれられた[75]。ただ、外観は、納骨室のある三重塔を配した神社仏閣を彷彿とさせる造りで、伊東いわく「純日本風建築」となっていた。

この伊東案を最終的に採択し、一九二七年一一月に起工式がおこなわれた。その後、入札がおこなわれ、翌一九二八年六月に着工した。震災記念堂の図案とともに、幽冥鐘を入れる鐘楼も伊東により設計された。しかし、鐘楼の建設費用はなかなか捻出できず、施工の目処がたたなかった。その間、幽冥鐘は仮安置所に置かれたままであった。

こうした財政的に苦しい状況を耳にした王一亭は一九二八年春、書画家仲間五人とともに書画八点を上海総領事に寄贈した[76]。これらの作品は、上野公園で開催した日本美術協会展覧会に出品された後、競売に出された。競売の総額は一〇〇〇円となり、これが東京震災記念事業協会に寄付された。

さらに、王一亭は所蔵する三四人の書画二六五点を、東京震災記念事業協会に寄贈した[77]。これらも、上野の松坂屋でおこなった展示会で売りに出され、二一一八円の収入となった。さきにふれたように、この時期は済南事件、および山東出兵で日中関係が険悪化していた。王はそうした状況下にあっても、変わることなく震災記念事業を支援しつづけたのである。

こうして一九三〇年六月、ついに総工費約六七〇〇円の鐘楼が着工された。竣工したのが八月三一日。

横網町公園が開園する一日前のことであった（図1―22）。

図1-22　落成当初の幽冥鐘鐘楼の絵葉書（筆者所蔵）

幽冥鐘が仮安置所に搬入されてからちょうど五周年にあたる一〇月一日、始撞式が挙行された。始撞式には、東京市長兼東京震災記念事業協会会長の永田秀次郎、中華民国特命全権公使の汪栄宝をはじめ、三五〇人あまりが出席した。幽冥鐘の受け入れに尽力した外務大臣の幣原喜重郎《しではらきじゅうろう》（一八七二―一九五一）は、つぎのような祝辞を寄せていた。

大正十二年関東大震災の当時、中華民国は深く同情を表し、多額の金品を罹災者に寄贈し、殊に同国仏教界に於《おい》ては、中華普済日災会を組織して全国より浄財の喜捨を求め、遭難死者の冥福を祈る為《た》め梵鐘を鋳造し、東京市へ寄贈せられたるが、今回震災記念堂と共に鐘楼の建築成り、茲《ここ》に本日を卜《ぼく》し、梵鐘始撞式を挙行せらる。

惟《おも》ふに、此《この》梵鐘は中国多数の仏教信者が永日の供養を行ひ、虔誠の祈念を籠めて鋳造したるものに係り、此鐘楼にして此鐘あり。倶《とも》に以《もっ》て数万遭難者の霊を慰むるに足る。是《これ》誠に我同胞が隣国の同情を永久に伝ふる好記念にして其《その》意義実に深遠なりと謂《い》ふべし。彼我両国人士は将来、益《ますます》此精神を発揚し、以て善隣の誼《よしみ》を全ふせんことを望む。(78)

幽冥鐘は、中国が関東大震災に示してくれた「同情を永久に伝ふる好記念」というべきものである。この日、撞打された幽冥鐘は以後、毎年九月一日の震災記念日に打ち鳴らされている。

一九三一年四月、王一亭は上野の東京府美術館で開催される日華古今名画展覧会に出品するため、来日した。この約三週間の日本滞在中、横網町公園にも足を運んだ。鐘楼に安置された幽冥鐘をみとどけた王の感慨はいかばかりであっただろう。王はその場で、四幅の書画を揮毫し、寄贈した。これが、本章はじめで紹介した復興記念館に展示されている寒山大師、拾得大師、蝦蟇仙人、鉄拐仙人を描いた書画である。

忘れられた王一亭

関東大震災に際し、物質・精神の両面で被災民を支えようと動き回った王一亭。その献身的な行いから、日本人の間で王菩薩と崇められたという(79)。とくに親交の深かった日本の美術界では、王からうけた恩に報いようとする動きがみられた。

一九三一年夏、長江・淮河《わいが》流域一帯を中心に、百年に一度ともいわれる大水害が発生した。国民政府の調査によれば、山東、河南、安徽、江蘇、湖北、湖南、江西、浙江の八省で被災した農家は八五八万戸に達した(80)。この報に接した川合玉堂や横山大観をはじめとする日本画の大家たちは、作品を王一亭に贈呈した(81)。作品は上海の日本人倶楽部で開かれた展覧会で売りに出され、その収益金が寄付にあてられた。また、これに返礼するように、王は一九三四年一一月、京阪神を襲った室戸台風に対し、ふたたび書画五二点を贈り、売上金を被災地救済にあてていた(82)。

その一方で、王一亭は一九三一年一二月、満洲事変をうけ、抗日運動を支援するために催された国難救済書画展覧会に参加し、献金していた(83)。これまでふれてきたように、日本企業の買弁として働き、日中交流につくした王は、辰丸事件や五四運動、旅順・大連回収運動など、日中間で衝突が起き、反日意識が高まるたびに、親日派のレッテルを貼られた。とくに満洲事変以降、日本軍が中国大陸に勢力を拡大するにつれ、日本との交流をつづける王の立場は苦しくなっていった。王が自国民に同情を示しつつ、裏で日本と手をにぎっているなどと、誹謗中傷をうけたのである。

一九三七年七月七日、北京の盧溝橋《ろこうきょう》で日中両軍が衝突した。戦火は拡大し、八月には上海でも戦闘が開始され、日中全面戦争へと突入した。避難民の救援活動にあたっていた王一亭は一一月、上海を脱出し、香港へと逃れた。一説によれば、上海を攻略した日本軍が王をとりこもうと画策したという。しかし、王はこれに応じず、上海を後にした(84)。

香港に到着後、王一亭はほどなく病で倒れた。悪化する王の病状に、現地の医者は手をこまねく状態であった。見かねた家族は一九三八年一一月九日、王を上海に移そうと、香港を出港した。しかし、時すでに遅く、王は上海に到着して翌日の一一月一三日、長男の自宅で息をひきとった。享年七二であった。

一九三八年一月二二日、上海の陳英士(其美)紀念堂で王一亭の追悼会がおこなわれた(85)。この追悼会を主催した組織・団体は、上海孤児院や中国救済婦孺会、浦東医院、中国紅十字会をはじめ、計一一五にのぼった。王がいかに幅広く活動していたかを物語る数字であろう。

国民政府は、中央救災準備金保管委員会委員長をつとめていた王一亭を、公葬とすることに決めた。しかし、公葬は戦争のために延期せざるをえなかった。それが実現したのは、一〇年後の一九四八年一二月のこと。中国仏教会や中国紅十字会など数十団体が上海でとりおこない、虹橋の公墓に納められた。公墓の石碑には、蔣介石による「清標亮節」という題字が刻まれた。

このように王一亭が亡くなると、彼の功績は高く称えられ、手厚く葬られた。しかし、その評価は中華人民共和国成立後に一変した。王がさまざまな日中問題に際し、融和的態度をとったことが槍玉に挙げられ、日本帝国主義に寄生した買弁などとレッテルを貼られた。王が一貫して反共産主義の立場をとっていたことも、その低評価に輪をかけたであろう。虹橋の公墓は文化大革命期に破壊されてしまった。

戦後の日本でも、王に対する評価は高かったといえない。一九五五年九月一日、震災記念日に合わせ、横網町公園で王の遺墨展が開かれた(86)。一一月一二日には、王の一七回忌の法要と遺墨展が留日香港華僑倶楽部でいとなまれた。これらを発起したのは、王と親交のあった徳富蘇峰、横山大観、重光葵《しげみつまもる》らである。だがその後、王を顕彰するような行事は、ほとんど確認できない。

元東京都議会議員の西浜二男によれば、彼が東京都建設局所管の施設を視察した際、王一亭の肖像画や書画がほこりをかぶる状態で保管されているのを発見したという(87)。王の功績を知った西浜はこれらの肖像画・書画が日の目を見るよう東京都に求めるとともに、蘇州に移された王の墓前に、記念碑を建てようと企画した。こうして参議院議員で日中友好協会会長の宇都宮徳馬を動かし、一九八三年一〇月に落成したのが、本章はじめでも紹介した「王一亭先生　恩義永遠不忘記」の碑である。

一九七〇年代以降、台湾や香港で王一亭を再評価する論評が出はじめた(88)。大陸中国でもいわゆる改革開放後、王一亭の存在が見直されるようになった。とくに二〇〇〇年代に入ると、王一亭の慈善活動に着目した研究が多くみられる。日本でも、生涯を通じて日中親善につくした王の功績を今一度、再認識すべきではないか。

幽冥鐘は、戦時中に出された金属類回収令による供出を幸いにまぬがれ、元の姿を今日に伝えている。毎年、大地震が起こった九月一日一一時五八分に打ち鳴らされる幽冥鐘の音色。それは関東大震災犠牲者の冥福とともに、日中友好を祈る音である。

第二章　「まさかの友は真の友」
——中華圏からの二度の大震災支援

中国・台湾からみた東日本大震災

日本の三陸沖を震源とするマグニチュード九・〇の地震が発生した二〇一一年三月一一日、私は留学先であった中国・上海にいた。二〇〇八年九月より、ポストドクターにあたる高級進修生として復旦大学に在学していた。幸い日本で就職が決まり、一〇日後に帰国する予定であった。

復旦大学には、ランドマークというべき三〇階建てのビルディング・光華楼がある。三月一一日は、朝からこの光華楼に赴いた。光華楼の七階には、私が在籍した歴史系（学部）の資料室がある。そこで文献資料の調査・収集にあたっていた。

大地震発生時、当然ながら私はまったく異変を感知しなかった。日本が大変なことになっているのを知ったのは、実家の母親からの電話であった。母いわく、日本国内の家族に連絡しようとしても、まったく通じない。ためしに海外の私にかけたところ、一発でつながったという。緊急災害時、電話が混み合うと、通信が制限される。国際電話は、その制限外であったため、支障なくつながったのであった。

通話後、私はすぐに作業を打ち切った。携帯電話はスマートフォンでなく、地震の情報をえるツールは何も持ち合わせていなかった。急いで宿舎へ戻ろうと、資料室の事務員にその旨伝えると、中国のウェブサイトでも緊急速報が流れたことを、心配そうな面持ちで教えてくれた。

宿舎では、テレビがすでに契約切れで視聴できなかった。震災の情報源はインターネットとラジオである。中国の大手動画サイトである優酷（ＹＯＵＫＵ）網でも、私がアクセスした時には、すでに特別番組がトップページに組まれ、リアルタイムで震災の模様を伝えていた（中国では現在と同じく、海外のサイトへのアクセスが大きく制限されていた）。

中国は日本と同じく地震多発国である。二〇世紀に人類がこうむった震災のうち、もっとも多くの犠牲者が出たのは、一九七六年七月二八日に中国河北省で起こった唐山大地震である。その数は公式発表で二四万二〇〇〇人。一説にはそれを大きく上回る死者があったともいわれる。また、一九二〇年一二月一六日に甘粛省で起きた海原地震は、正確な統計がえられないものの、唐山大地震と同等あるいはそれ以上の犠牲者を出したとされる。

二〇世紀に入っても、八万七〇〇〇人の死者・行方不明者を出した二〇〇八年五月一二日の四川大地震、二〇一〇年四月一四日の青海地震と、大きな地震が頻発している。東日本大地震の前日にあたる三月一〇日にも、雲南省西部でマグニチュード五・八の地震が発生していた。それだけに、隣国の日本で起こった地震に対し、強い関心が向けられた。

日本の被災状況は、中国のメディアで連日大々的に報道された。福島第一原子力発電所の事故による放射能漏れにまつわる流言などから、食塩が買い占められ、店頭から姿を消すパニックが起こった。ノルウェー人の同級生には、家族からすぐに上海を離れて帰国するよう連絡があったという。ＳＮＳでは、中国でも人気の漫画家やＡＶ女優が遭難したといった噂がかけめぐった。のちにほとんどが誤報と判明した。また地震発生時、北京や上海、南京でもかなりの揺れを感じたとの報道があり、中国での地震襲来が危惧された(1)。これも震源や地殻構造からするとありえないことで、一種の流言であった。これらのエピソードは、東日本大震災が海外へ与えた衝撃の大きさを物語ろう。

　震災直後、中国のネットには「日本の地震を心から祝福する（熱烈慶祝日本鬼子地震了）」といった心ない書き込みがみられた。しかし、そうした書き込みはごく少数にすぎなかった。大半は日本に同情をよせ、声援を送る内容であった。私自身も、家族・友人の安否を気づかい、無事を祈る多くの連絡・メールを中国人からもらった。

让我们向日本伸出温暖的手

——100 名中国学者的倡议书

惊闻日本东部遭受人类观测史上罕见规模的地震、海啸袭击，我们为"东日本大震灾"的罹难者而哀痛，我们和失去亲友、家园的人们一样伤心！

中日民族有 2000 多年交往之谊，惟近代殖民主义战争创痛巨深。今天，虽然历史遗留问题不时造成国家间政治的摩擦，但克服民族心智成长过程中的宿命困难，需要相互砥砺良知和仁爱。我们两国一直有草根国民、知识分子、企业家、政治家在努力。

自然灾害使人类的道德产生超越，而面对自然灾害的相互援助也能成为历史和解努力的一部分。2008 年汶川大地震时日本救援活动和国民募捐的感人场面尚历历在目，当今日本国难之际，中国政府已表达了诚挚的关切，中国救援队也以最快的速度在第一时间赶赴至灾害现场。但看到地震、海啸造成的地狱般凄惨画面，听到核电站爆炸的恐怖消息，我们对人类生命在自然和高技术灾难面前的脆弱和无助感同身受，我们作为个人也需要立即行动起来，和日本民众一起承受痛苦、战胜灾难！

我们在此以普通公民的身份倡议，让我们各自以尽可能迅速、有效的行动，了解各种募捐的渠道和作为国际志愿者参与救援的方式，伸出我们中国人温暖的手，奉献我们中国人仁爱的心！日本人民是坚强的，我们中国人民的爱心和援手会成为他们更勇敢面对灾难的信心和力量！▲

倡议者名单如下		成　波	清华大学汽车工程系教授	罗国忠	四川外语学院教授
（按姓氏笔画排名）：		庄英甫	清华大学日本研究中心学者	周　坚	协和医科大学教授
丁红卫	北京外国语大学副教授	张颐武	北京大学中文系教授	周晓强	清华大学继教院教授
丁　曼	四川外语学院副教授	张胜军	北京师范大学教授	孟雪梅	天津医科大学副教授
卫志民	北京师范大学教授	张志洲	北京外国语大学副教授	庞　冬	北京大学护理学院学者
于铁军	北京大学国际关系学院副教授	张宇宙	清华同方副总裁	庞淑珍	北京大学口腔医院医生
王缉思	北京大学国际关系学院院长	张新军	清华大学法学院副教授	陆　悦	北京大学护理学院学者
王亚新	清华大学法学院教授	何　辉	传媒大学舆情研究所副所长	闻　一	中国社科院世界史所研究员
王　成	清华大学外语系教授	汪晓志	八一制片厂研究室研究员	段进宇	清华大学建筑学院高级工程师
王中忱	清华大学人文社会科学学院教授	李秀石	上海国际问题研究院研究员	胡　澎	中国社科院日本所研究员
王廖花	清华大学外语系教授	李　文	中国社科院亚太所副所长	赵可金	清华大学中美研究中心副主任
王晨光	清华大学法学院教授	李廷江	清华大学日本研究中心教授	赵戈非	四川外语学院副教授
王世文	内蒙古财经学院副教授	李　勇	清华大学精密仪器系教授	袁本涛	清华大学教育研究院副院长
王荣梅	四川外语学院副教授	李湘萍	北京大学护理学院副教授	袁东辉	北京林业大学学者
王宗瑜	四川外语学院副教授	李翠英	北京大学口腔医院教授	郭世佑	中国政法大学教授
王晓敏	北京大学第一附属医院主治医师	李曙霞	首都医科大学主治医师	郭连友	北京外国语大学教授
孔　安	中国建材工业规划研究院副院长	李　佩	清华大学日本研究中心学者	郭庆志	北京大学肿瘤医院医生
牛大勇	北京大学历史系教授	李　利	北京大学护理学院学者	袁　雷	北京交通大学副教授
归泳涛	北京大学国际关系学院副教授	李铁军	北京大学口腔医院医生	晋学新	四川外语学院教授
吕耀东	中国社科院日本所研究员	吴怀中	中国社科院日本所研究员	秦　岚	中国社科院外文所副研究员
吕丽塔	北京林业大学外语系副教授	吴小璀	北京语言大学副教授	唐先容	四川外语学院副教授
冯昭奎	中国社科院日本所研究员	余万里	北京大学国际关系学院副教授	夏　夜	四川外语学院副教授
冯　峰	清华大学外语系教授	陈开和	北京大学新闻与传播学院副教授	贾　文	四川大学经济学院副教授
刘继平	传媒大学国际传播研究中心副教授	陈爱阳	清华大学外语系副教授	温宗国	清华大学环境系副教授
田　桓	中国社科院亚太所研究员	陈新宇	清华大学法学院副教授	雷建锋	外交学院学者
石源华	复旦大学国际问题研究院教授	杨　伟	四川外语学院教授	路　浅	北京大学护理学院教授
石长慧	中国科技发展战略研究院助研	杨　萍	北京大学护理学院学者	群　英	四川外语学院副教授
孙　哲	清华大学中美研究中心主任	宋月华	中国社科院图书事业部主任	裴晓梅	清华大学社会学系教授
孙　歌	中国社科院文学研究所研究员	金灿荣	中国人民大学国关学院副院长	蔡佳禾	南京大学中美文化研究中心教授
达　巍	中国现代国际关系研究院副研究员	林来梵	清华大学法学院教授	谭建川	西南大学外国语学院副教授
刘　兵	清华大学科技与社会研究所教授	林晓光	中共中央党校战略研究所教授	黎　宏	清华大学法学院教授
刘精明	清华大学社会学系教授	季林红	清华大学精密仪器系教授	滕　军	北京大学外国语学院副教授
刘晓峰	清华大学人文学院副教授	尚小明	北京大学历史系教授	瞿　强	中国人民大学金融系教授
刘　瀚	北京大学国关学院副教授	欧阳哲	白求恩医科大学教授	戴福民	北京林业大学学者

図2－1　「日本に温かい手をさしのべよう」と題した意見広告（『環境時報』2011年３月16日

　三月一六日、人民日報系の国際情報紙『環球時報』に、「日本に温かい手をさしのべよう（譲我們向日本伸出温暖的手）」と題した意見広告が掲載された（図2―1）。この大学教員、研究者、医師など一〇〇人の署名からなる意見広告では、一般市民の立場から未曾有《みぞう》の震災に遭遇した日本に、募金や国際的ボランティアなどを通じ、迅速で有効な支援をおこなうことが提起された。

　自然災害は人類の道徳を越えたもので

ある。また、自然災害に対する相互援助は、歴史的和解への一歩となりうる。二〇〇八年四川大地震の時、日本の救援活動と国民をあげての義捐が感動を呼びおこしたことは、なお記憶に新しい。現在、日本の国難に際し、中国政府は重大な関心を表明し、中国の救援隊もいの一番に災害現場へと向かった。しかし、地震と津波がもたらした地獄のような凄惨な光景を目の当たりにし、原子力発電所が爆発した恐ろしいニュースを聞くにつれ、私たちは人類の生命が、自然と高テクノロジーの災害に脆弱で無力であることを身にしみて感じる。私たちは、個人としてもすぐに行動を起こし、日本の民衆とともに痛みを分かちあい、災難にうちかたねばならない。

『環球時報』は、対日政策で強行的な意見を唱えるなど、中国政府を代弁する新聞として知られる。このような意見広告が載るのは異例である。のちの報道によれば、これを企画したのは、日本の中央大学教授で、中国の清華大学日本研究センター常務副主任の李廷江であった。地震の翌日に開かれた同研究センター主催の国際学術会議に、二人の日本人研究者が参加できなかったこともあり、李はメディアを通じ、連名で日本に声援を送ることを思いついた。希望者を募ったところ、第二、第三の「百人署名」ができるほどの反応があったという。

一切の国際支援を拒んだ唐山大地震の時と異なり、四川大地震では、中国政府は外国の救援をうけいれた。日本からは地震発生の三日後、第一陣となる国際緊急援助隊が成田空港を出発した。この援助隊が現地で奮闘する様子は、中国のメディアで大きくとりあげられた。右の引用文にみられるように、四川大地震における日本の支援が、東日本大震災であらためてクローズアップされたのである。

台湾でも同様に、一九九九年九月二一日に台湾中部を襲ったいわゆる九二一大地震での日本の支援が想起された。この未明に起こった台湾の地震に対し、日本はその日のうちに国際緊急援助隊を編成し、隊員を派遣した。これが、台湾にもっとも早く到着した海外の援助隊であった。

二〇一一年三月一八日、台湾の各テレビ局や中華民国紅十字（赤十字）総会の共催で、日本への義援金を募った特別番組「希望を信じて fight & smile」が放映された（図2―2）。当時の馬英九総統をはじめ、各界の領袖や芸能人らがこぞって参加した。この特別番組で、台中市長の胡志強は、九二一大地震にどの国よりも迅速な反応を示したのが日本であったと指摘し、その恩に報いることをうったえた。また、中華民国紅十字総会は、九二一大地震の際に各国赤十字を通じて届けられた義援金の八割が、日本からのものであった事実を明かした。このように以前にうけた援助に対し、同様の態度をもって相手に応答するという形で、日本への義援金が呼びかけられたのである。

図2-2 「希望を信じて fight & smile」の新聞広告（『蘋果日報』2011年3月18日）

二〇一一年三月末、私は不安をいだきつつ、日本に帰国した。成田空港に降りたって実感したのは、上海で想像していたよりも被害がはるかに深刻である点であった。上海と比べてもまばゆく光り輝いていた空港から街中にいたる道は、薄暗く闇につつまれていた。日本で知る震災の状況は、中国のメディアで見聞きしたレベルを大きく上回っていた。当時の話を聞くたびに、自分が東日本大震災の圏外にいたことを強く実感する。

他面で、中国のメディアが大震災にみま

われた日本をどのように報道したのか、中国人がいかなるリアクションを示したのかについては、身をもって実感することができた。中国からみた東日本大震災については、これまであまり言及されてこなかった。だが、こうした非常時にこそ、中国人がいだく日本イメージ・対日感情は、鮮明に浮き上がってくるといえる。

また、この東日本大震災に対する中国人のうけとめ方を考えた際に、比較対象として念頭に浮かんだのが、一九二三年九月の関東大震災である。両大震災発生前の日中両国をとりまく状況は似通っていた。東日本大震災に示した中国人の反応にも、関東大震災のそれとの共通点が少なくない。他方で、日本に対する評価については対照的な面も見うけられる。

中国では、関東大震災がどのように報道されたのか。関東大震災に対し、中国人はいかなる反応・行動を起こしたのか。これらに関しては、先行研究で断片的に論じられてきたものの、大局的な考察がまったくないのが実情である。本章では、東日本大震災のケースと比較しつつ、この問題についてみてゆくことにしたい。

転機としての関東大震災

東日本大震災が発生する半年前の二〇一〇年九月七日、日中両国が互いに領有権を主張する尖閣諸島（釣魚島）の沖合で、海上保安庁の巡視船と中国漁船との衝突事件が発生した。日本側が中国漁船の乗組員らを公務執行妨害で逮捕・拘束すると、中国政府は抗議し、即時釈放を要求した。これに対し、日本政府は船長以外の乗組員を帰国させる一方、船長の勾留《こうりゅう》期間を延長し、起訴しようとした。

中国政府はこの対応に強く反発し、閣僚から民間におよぶ交流を停止するなど、報復措置に出た。結局、日本は船長を処分保留で釈放、本国へと送還し、幕引きをはかった。のちに、巡視船と漁船が衝突する生々しい動画がネット上に流出し、大きな波紋を呼ぶこととなった。

この衝突事件をうけ、日本と中国、台湾で抗議デモが起こった。とくに、中国では一〇月中旬、数万人規模のデモが複数の都市で発生し、日系企業や日本料理店を襲撃するなど、一部が暴徒化した。当時、中国に滞在していた私も、反日意識のうねりに大きなショックをうけたのを覚えている。東日本大震災は、こうして日中関係が険悪化した中での出来事であった。

さきに述べたように、東日本大震災が起こると、中国は一転、同情ムードにつつまれ、官民あげて日本に支援の手を差し伸べた。地震発生から二日後の三月一三日には、中国国家地震局所属の救援隊一五人が被災地入りした。

中国政府は、一四日に届けられた毛布二〇〇〇枚やテント九〇〇張をはじめ、計三〇〇〇万元の救援物資を贈ることを決めた。中国紅十字会も、二六〇〇万元の緊急支援を提供すると表明した。日本赤十字社によれば、中国紅十字会からうけつけた義援金の総額は、二六億円あまりにのぼる（香港・マカオ支部をふくむ）。

台湾政府も地震発生直後、国家災難救援隊の派遣を表明し、一四日に隊員二八人が日本へ到着した。六八八台の発電機や二〇九九箱の毛布、食糧・衣類などの救援物資が、迅速に被災地へと届けられた。さきにふれた特別番組「希望を信じて fight & smile」では、一夜にして約七億八〇〇〇万台湾ドルの義援金が集まった。中華民国紅十字会からの義援金総額も、七〇億円に達した。これらを合わせ、台湾からの支援は、他国に突出して大きいものであった。

領土問題による軋轢《あつれき》から、被災者によりそう共助へ。

実のところ、関東大震災でも、中国人の対日感情に同様の変化がみられた。第一章で論じたように、一九二三年上半期には旅順・大連回収運動および長沙事件が起こり、日中関係に暗雲がたちこめていた。そうした中、九月一日に地震が発生すると、風向きが一転することとなった。

中国メディアによる地震発生の第一報は、九月二日であった。上海発行の新聞『申報』『民国日報』『時報』が、大阪からのロイター電などをもとに伝えた(2)（図2―3）。ただ、震源地を愛知県の知多半島付近としたりするなど、情報は錯綜しており、関東の状況も未確認のままであった。九月三日になると、東京と神奈川が地震の直撃をうけ、被害が甚大であるといった基本的な状況が判明し、上海や北京、天津をはじめとする各都市の新聞が特設覧を設け、震災を報じるようになった。

当時、北京政府で内務総長兼代理国務総理、および大総統の摂政にあたっていたのが、高凌霨《こうりょうい》（一八七〇―一九四〇）であった。高は九月三日、被災した東京の公使館から情報がえられない中、臨時の特別会議を開き、対応を協議した。その前日には、在中国特命全権公使の芳澤謙吉《よしざわけんきち》（一八七四―一九六五、図2―4）から外交総長の顧維鈞《こいきん》（一八八八―一九八五）に宛て、つぎのような公文が出されていた。

本国政府に於《おい》ては、罹災者救護の為《た》め目下各地方より穀類其他《そのた》の糧食品徴発中に候得共《そうらえども》、生憎《あいにく》青黄不接の際にて国内の穀類のみにては、或《あるい》は不足を告ぐる事と存じ、目下本使より本国政府に問合中に有之《これあり》。未《いま》だ訓令に接したる次第には無之《これなき》も、自然貴国よりの供給を仰ぐ必要有之哉《これありや》も難計《はからいがたし》と被思料候《しりょうせられそうろう》に付、其際は貴国防穀令を解禁し、長江沿岸通商口岸其他に於ける米穀其他の輸出を許可せらるる様、予《あらかじ》め御配慮相成度《あいなりたく》、此段御依頼旁々《かたがた》照会得貴意候《きいをえそうろう》。(3)

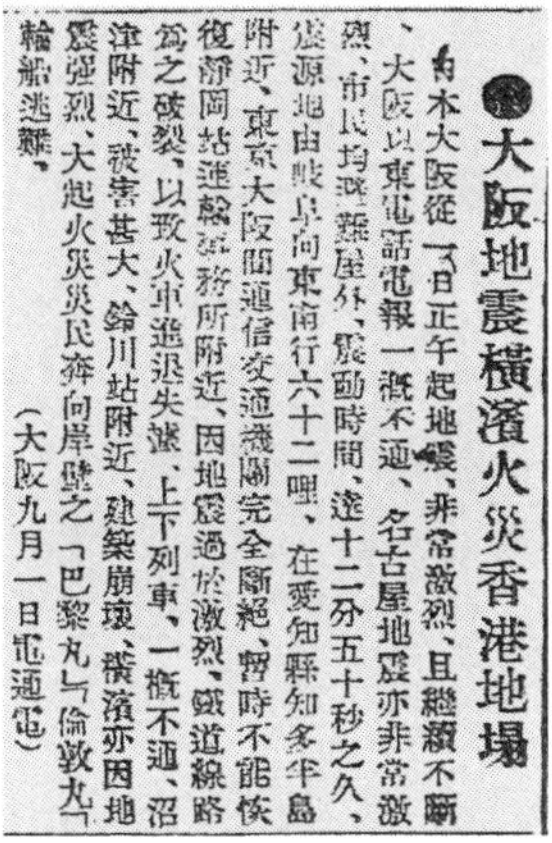

大阪地震横濱火災香港地塲

日本大阪從一日正午起地震、非常激烈、且繼續不斷、大阪以東電話電報一概不通、名古屋地震亦非常激烈、市民均避難屋外、震動時間、達十二分五十秒之久、震源地由岐阜向東南行六十二哩、在愛知縣知多半島附近、東京大阪間通信交通機關完全斷絶、暫時不能恢復、靜岡站運輸事務所附近、因地震過於激烈、鐵道線路爲之破裂、以致火車進退失據、上下列車、一概不通、沼津附近、被害甚大、鈴川站附近、建築崩壞、横濱亦因地震强烈、大起火災、災民奔向岸壁之「巴黎丸」与「倫敦丸」輪船逃難。（大阪九月一日電通電）

図2－3　地震の第一報を伝える記事（『時報』1923年9月2日）

図2－4　芳澤謙吉（『外交六十年』）

防穀令は文字通り、米穀類の海外への輸出を禁じた法律である。これは清末以来、中国の基本政策となっていた。芳澤は震災による食糧不足を見込んで、日本政府の指示をまたずに、防穀令の解除を要請したのである。

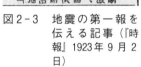

特別会議では、震災支援のための二〇万元の支出、各省への緊急チャリティー開催の呼びかけ、食糧・薬品を輸送する商船の派遣などが決議された[4]。この商船が、第一章でふれた王一亭らの支援物資を上海で積載し、国際救援船第一号となった招商局の新銘号である。また、翌四日に顧維鈞の自宅で開かれた閣議で、芳澤の要求をうけいれ、特別に防穀令を解除することが決まった[5]。

高凌霨内閣は、北洋軍閥直隷派の領袖である曹錕《そうこん》（一八六二―一九三八）の後ろ盾をえていた。その曹が一〇月六日、大総統に当選した。しかし、この選挙は票の露骨な買収がおこなわれ、「賄選」と呼ばれている。それはともかく、曹は九月五日、日本総領事館に慰問使を送った。また、五万元の義援金を出すとともに、直隷省日災救済会を組織し、広く寄付を集めていた。[6]

一九二〇年七月のいわゆる安直戦争で曹錕率いる直隷派と戦い、失脚していた安徽派の段祺瑞《だんきずい》（一八六五―一九三六）も、日本総領事館に慰問使を送り、多額の寄付を申し出た。段が発起人となった天津救災同志会は、九月六日に段の自宅でおこなわれた成立会の一日で、一四万元の義援金を集めた。[7] なお、成立会の参加者には、張勲《ちょうくん》（一八五四―一九二三）がおり、一万元を寄付していた。[8]

張勲は一九一七年七月、清朝最後の皇帝である愛新覚羅溥儀《あいしんかくらふぎ》（一九〇六―一九六七）の復位を企てたものの、ほどなく段祺瑞の軍隊に打倒された。段と張が顔を合わせたのは、この張勲復辟以来であった。長年の因縁を超え、日本支援のチャリティーで手をとりあったのである。張が病で亡くなる六日前の出来事であった。

段祺瑞は義援金のうち一〇万元をすぐに横浜正金銀行を通じ、首相の山本権兵衛宛に送金した。天津救災同志会が集めた義援金の総額は、二三万元ちかくにのぼっている。[9]

北洋軍閥の中で、曹錕や段祺瑞に劣らない支援をおこなったのが、奉天派の張作霖《ちょうさくりん》（一八七五―一九二八）と張学良（一九〇一―二〇〇一）の親子である。張作霖は九月二日、自ら奉天の日本総領事館を訪れ、船津辰一郎総領事に慰めの言葉を伝えた。[10] 当時、張のもとで、日本人の町野武馬（一八七五―一九六八）が顧問として働いていた。張は被災地を慰問するために、町田を特使として日本に派遣した。

また、張作霖は軍用に備蓄していた麦粉二万袋と牛一〇〇頭を、救援物資として提供した。[11] 被災地で寝具が不足していると聞くと、毛織物工場に至急毛布を七〇〇〇枚製造するように命じた。[12] こうして張から一〇月はじめまでに送られた救援物資は、合わせて麦粉二万袋、牛一〇〇頭、毛布八〇〇〇枚、白米三三四五石、麻袋六三九〇枚、綿布四四〇〇匹《ひき》、粗布二一〇〇匹、食パン一万三〇〇〇余斤にのぼった。[13] 牛は検疫措置上、船で山口県下関の彦島まで運ばれ、そこで屠殺《とさつ》した上で、缶詰に加工して被災地へと輸送した。

張学良は九月二九日から三日間にわたり、奉天の故宮でチャリティーの遊芸会を主催した。三日目はあいにく昼に雨がふり、中止を余儀なくされたものの、入場者は延べ五一四五人に達した[14]。これによりえた収益の一万元を、日本の震災支援にあてた。

広東軍政府を率いた大元帥の孫文も九月四日、皇太子・摂政宮裕仁親王《せっしょうのみやひろひとしんのう》（のちの昭和天皇）に宛て、慰めの電報を送った[15]。日本人と交友関係の広かった孫文は、ほかにも山本権兵衛、後藤新平、田中義一、犬養毅、西園寺公望、渋沢栄一、大倉喜八郎、頭山満、寺尾亨、広田弘毅、秋山定輔、萱野長知、床次《とこなみ》竹二郎、吉野作造、宮崎民蔵らに書を送り、慰問した[16]。また、四川省を統治していた熊克武《ゆうこくぶ》らに当地での募金活動を命じ、五万元を集めるなど、金銭的支援にも積極的であった[17]。

以上に挙げたものは、ごく主要人物だけにすぎない。ほかにも、日本に手を差し伸べた政治家は無数にのぼる。このように中国各地の有力者が競うように、日本への震災支援を打ち出したのである。

互助としての災害支援

日本への支援活動はもちろん、官だけでなく民間でも盛んであった。各地域の商業団体や学校・教育団体が主体となり、義援金や救援物資を集めるための慈善組織が結成された。中でも、規模の大きかったのが、上海の中国協済日災義賑会である。

第一章で紹介したように、中国協済日災義賑会は九月六日、上海総商会を中心に計四二団体が糾合し、設立された。小麦粉二万袋や米五九五〇袋をすみやかに確保し、これらを北京政府が用立てた新銘号に積み込み、日本へと送り届けた。これが、海外からもたらされた最初の救援物資となった。

中国協済日災義賑会は『申報』などに連日広告を出し、日本への義援金を広くうったえた。確認できるだけでも、義援に応じた団体は六五〇、個人一三九五人にのぼる。義援金の合計は大洋銭（銀銭）で一八万四〇〇三・九五元、制銭（銅銭）一八万三三二〇文に達した。中国協済日災義賑会は一〇月二三日と二五日、この義援金を元手として在上海日本総領事館に再度救援物資を提供した。

上海では同じく九月六日、江蘇省教育会、江蘇童子軍連合会、中華学芸社、環球学生会、上海県教育会、南洋大学、同済大学、暨南学校、上海商科大学、中華職業学校など、教育関係者が集まり、上海中華教育団救済日災会を結成した。[18] 各学校で募金活動をおこなうとともに、帰国する留日学生の受け入れ体制を整えた。また、被災地の慰問および調査のために、中華学芸社の林騤を日本に派遣した。このほか、汪兆銘《おうちょうめい》（一八八三―一九四四）や張継、章士釗《しょうししょう》（一八八一―一九七三）、李烈鈞《りれつきん》（一八八二―一九四六）ら日本留学経験者が九月一四日、東京の教育機関の復旧・復興費などを集めるために上海中国留日同学協済日災会を組織したのが確認できる。[19]

上海以外の都市でも、同様の動きがみられた。たとえば、北京では北京大学をはじめとする八校が北京学界日本震災急拯会を、広東で総商会や広州学生会が広東籌賑日灾総会をそれぞれたちあげた。貴重な中国文献資料を擁した東京帝国大学の付属図書館は、地震による火災で蔵書のほとんどを焼失してしまった。これに対し、上海中国留日同学協済日災会、北京学界日本震災急拯会、広東籌賑日灾総会は、日本側の要望をうけ、経典や歴史書など多くの文献資料を寄贈した。[20]

一九二三年九月の間に発行された上海の『申報』『民国日報』、天津『大公報』、北京『晨報』の紙面を調査した先行研究によれば、関東大震災のチャリティーに関わった既存団体や機関、学校の数は一二二、この間に設立された震災救援団体は四四にのぼるという。[21] これらはあくまで、大都市の新聞に掲載されたものにすぎない。実際は、その数をはるかに上回ろう。

個人的な支援では、梅蘭芳《ばいらんほう》（一八九四―一九六一）と愛新覚羅溥儀のものが目を引く。京劇俳優の梅は一九一九年に来日公演をはたすなど、日本でも人気を博した。震災の報に接すると、梅は芳澤公使宛に五〇〇元を寄付するとともに、ほかの俳優らに働きかけ、全国芸界助賑会を組織した(22)。全国芸界助賑会は、九月一五・一六日の二晩にわたり、北京の第一舞台で演劇会を開催し、その収入を義援金にあてた。なお、震災から復興した東京・帝国劇場の初興行をとりおこなったのが、一九二四年一〇月に再来日した梅であった（図2―5）。

図2－5　1924年10月14日、東京駅で出迎えをうける梅蘭芳（左から3番目）（『写真通信』第130号、1924年12月）

溥儀は廃位して苦しい立場にありながら、一万元を寄付した(23)。さらに、西太后が愛蔵した真珠の数珠《じゅず》や清朝伝来の陶器三〇点あまりを提供し、現金に換えて義援金とするように伝えていた。

このように中国が官民一体となって日本に友好的な態度を示したのは、一九世紀以来はじめてのことであった(24)。これに対し、旅順・大連の返還に応じない日本を救済すべきでない、あるいは国内のきびしい社会状況を考慮すべしといった意見があった。その際、援助すべき理由として挙げられたのが、日本が中国における過去の自然災害に対し、多大な支援をおこなったことであった。たとえば、曹錕が主催した直隷省日災救済会の成立会で、直隷省の省長である王孝伯は、義援・救済の必要性をこう説いていた。

我が国は光復以来、天災・人災がひっきりなしで起こった。自己を顧みる暇がなく、救済会を準備する余力などなかった。我が国には春秋時代、救災隣保《りんぽ》の義があった。今回のような日本の奇災に対し、より適切に資金を調達でき、我が中華民国の道義大国としての風格を示せられる。いわんや、日本は我が中国で水害・旱害《かんがい》が起こるたび、いつも巨額の援助をしてくれた。礼尚往来《りしょうおうらい》で、さらに積極的にお金を集め、救済にあてなければならない。(25)

中国国内で起こる日頃の災害に備え、「救済会」を整備しなければならない。救済会があれば、これまで中国に多くの災害支援をしてくれた日本へ、迅速に報いることができるというのである。

また、新聞・雑誌でも、過去における日中間の問題と切り離して考えるべきとして、震災支援がつぎのように呼びかけられた。

我々中国はここ五、六年、七省が飢饉と日照りに遭い、浙江・温州が水害にみまわれた。日本人は巨額のお金を送り、中国の民を救ってくれた。今度は、日本が奇禍に襲われた。我々と日本は同文同種である。外交をのぞけば、感情はもともと通じている。…今日、日本人が非常に苦しい境遇におかれている時、我々は昔日の恨みを忘れ、その苦難を振り払ってあげるべきである。(26)

我が国と日本は同文同種である。われわれは人類互助の慈愛精神、救災隣保の大義にもとづき、すみやかに救助にあたらねばならない。振り返れば五、六年前、我が国北方七省の災害、および浙江・温州の水害の際、日本は巨額のお金を用い、救済してくれた。今日、その国がこのような絶大なる災厄をこうむっている。これを安穏《あんのん》と座視し、冷淡で心を動かさずにいられるであろうか。(27)

右の二つの引用文で挙げられている中国の災害とは、一九二〇年に華北地方で発生した旱魃《かんばつ》飢饉《ききん》と一九二二年八・九月にわたり浙江省を襲った水害（壬戌《じんじゅつ》水害）であろう。たしかに、当時の記録を見ると、中国でたびたび起こった自然災害に対し、日本が支援の手を差し伸べていたのが確認できる。中でも、日本が力を入れて救援活動を展開したのが、一九二〇年の華北大旱害であった。

この年、山東、山西、河南、直隷、陝西《きょうせい》の中国北部五省を中心に、大規模な旱魃が発生した。夏場にまったく雨が降らず、植物は枯れ、疫病が蔓延した。被災民は二〇〇〇万人以上におよび、五〇万人の死者が出たといわれる。特命全権公使の小幡酉吉《おばたゆうきち》（一八七三―一九四七）は、内田康哉《うちだこうさい》（一八六五―一九三六）外務大臣に「被害地の状況を目撃せざる世界各国人士に果《はた》して如何の印象を与ふべきや否や疑はしく」と報告している。(28)言葉でいい表せないほどの惨状であった。

北京政府は飢饉を救済する資金を調達しようと、日本に借款を申し込んできた。海関が徴収する一割の付加税が、その担保とされた。最終的に一九二一年一月、政府の意向をうけ、横浜正金銀行をはじめとする日米英仏四国の銀行団が、四〇〇万元の飢饉救済借款契約を締結した。

華北大旱害の救援活動でもっとも活躍したのが、一九二〇年六月に設立されたばかりの日華実業協会であった。日華実業協会は「日華両国の親善を企図し、相互の経済的発展を増進する」ことを目的にかかげ、

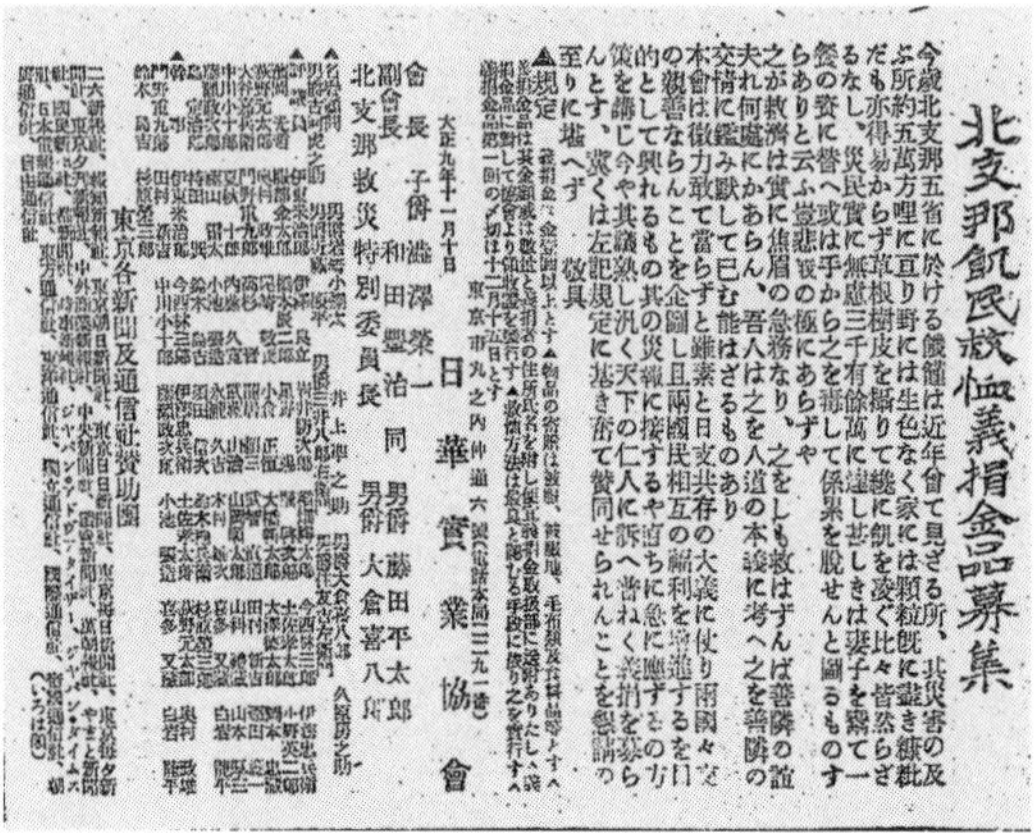

図2-6　日華実業協会が出した「北支那飢民救恤義捐金品募集」の広告（『東京朝日新聞』1920年11月14日）

図2-7　災童収容所の児童たち（『北支那旱災救済事業報告』）

渋沢栄一が会長をつとめた[29]。設立ほどなく華北大旱害の報に接すると、大倉喜八郎を委員長とする「北支救済特別委員会」が設置された。

北支救済特別委員会は各方面に手紙を送ったり、新聞に広告を出したりするなどして、広く義援金を呼びかけた（図2—6）。

その結果、約七ヶ月で総額六四万三〇〇〇円の義援金が集まった。日華実業協会はこの義援金をもとに、さまざまな救援活動をおこなった。具体的には、中国の慈善団体などに現金や食糧を配ったほか、三ヶ所の施粥所（通州二、彰徳一）、二つの災童収容所（北京の朝陽門外、鄭州の石平街）、四つの施療所（北京、通州、天津、鄭州）を設置した[30]（図2—7）。これら施療所（北京、通州、天津）で、患者の治療を担当したのが、日本赤十字社であった。

日本赤十字社は日華実業協会の要請をうけ、医者や看護婦合わせて計一八人からなる救護隊を現地に派遣した(31)。救護隊は一九二一年四月から六月にわたる約二ヶ月間の滞在で、延べ四万九五八三人の患者を診察した。施療所は、官民から好評を博したという。

災童収容所も現地で活動していた日本人らに運営がゆだねられた。そのうち、北京の朝陽門外に設けられた災童収容所の運営を担った人物に、清水安三《しみずやすぞう》（一八九一—一九八八、図2—8）がいる。清水は一九一七年六月、日本組合教会の宣教師として中国に渡った。奉天で一年半ほど活動した後、北京へと移った。そこで、中国を訪問したキリスト教社会運動家の賀川豊彦（一八八八—一九六〇）に出会い、貧民窟《ひんみんくつ》で救済活動にとりくむことを勧められたという(32)。また、清水は英米の宣教師たちのように、華北大旱害の救済活動を進めたいとの思いから、渋沢栄一に手紙を出し、援助を求めたと語っている(33)。これらの正確な前後関係は分からないが、清水にとって災童収容所設置は望むところであっただろう。

図2-8　清水安三（『朝陽門外』）

清水は日華実業協会の支援のもと、五〇〇〇人を収容する災童収容所を設け、所長として一九二一年三月から六月まで、延べ三万二五三七人の災害児童を世話した。このうち、身寄りのない孤児の手に職をつけさせようと、二三人を五年期限で日本へ送り出した。災童収容所の解散後、清水は日華実業協会から三〇〇〇円の謝礼をうけとり、これを元手に崇貞《すうてい》女学校を創設した(34)。崇貞女学校は女性の自立を目指し、中国人、日本人、朝鮮人をわけへだてなくうけいれ、無償で教育にあたった。その後、実業家である大原孫三郎（一八八〇―一九四三）らの援助をうけ、第二次世界大戦終結まで存続した。

このほか、帝国教育会は全国各学校の職員・学生に義援を募った。約二ヶ月で集った義援金の総額は一二万円に達した[35]。この義援金も日華実業協会のそれと同じく、災童収容所などの費用にあてられた。

こうした日本の救援活動は、中国でも大きくとりあげられ、高く評価された。「飲水思源（井戸を掘った人を忘れない）」という中国のことわざがあるように、困った時にうけた恩は後々まで記憶される。関東大震災の際にも、華北大旱害などの記憶が喚起され、その恩に報いようと、日本への支援が呼びかけられたのである。

関東大震災の波紋

関東大震災直後、さきを争うように官民を挙げて打ち出された中国の支援策。ただ、中には大きな物議をかもし、実施にいたらなかったものもあった。その一つが、防穀令の解除である。

中国防穀令の解除は、もともと日本が長年とりくんできた課題でもあった。一八九〇年代以降、日本人の米穀需要拡大にともない、外国米の輸入が増加していった。輸入先は、英領ビルマ・仏印・タイの東南アジア諸地域と朝鮮、中国などである。ただ、中国は米穀類の輸出を原則禁じる防穀令を布いており、その輸入量は少なく不安定であった[36]。

二〇世紀に入ると、日本は米穀を恒常的に対外依存するようになった。日本の植民地となった台湾および朝鮮からの移入米のほか、東南アジアの輸入米を加えても、なお内地で米穀が不足し、米価が高騰する事態が生じた。その象徴的な事件が、一九一八年夏に起こったいわゆる米騒動である。米価の暴騰に憤った民衆の抗議運動が富山県から全国的へと拡大し、打ちこわしや焼き打ちなどの暴動に発展した。

米騒動時、日本は江蘇省の米の輸出を許可してくれるよう、北京政府と交渉していた。外務大臣の後藤新平が林権助《はやしごんすけ》・特命全権公使に送った一九一八年八月二四日付の電報では、「本邦に於《お》ける事態は益《ますます》窮迫し、此《こ》の際至急支那米の日本向輸出解禁を見ざるに於ては、由々《ゆゆしき》敷大事を惹起《じゃっき》するの虞《おそれ》少からざる」と記されている。(37)激しさを増す米騒動を収拾するために、中国からの米輸入が急がれたのである。

この年、中国は豊作であり、余剰米が存在した。そのため、北京政府は日本への江蘇米輸出に対し、前向きに応じた。しかし、これに強く反発したのが、地元の江蘇省である。

江蘇省では、輸出解禁の報が伝わると、にわかに米価が高騰し、地元民の反発が強まった。(38)こうした世論を背に、江蘇省議会は米穀の輸移出を禁じる案を可決した。日本は日中共同防敵軍事協定にもとづき、軍用米として買い入れたものを確保するのが精一杯であった。(39)

このように中国から主食である米を輸入するには、大きな困難がともなった。林から公使の座を引き継いだ芳澤謙吉が、大地震発生の翌日に防穀令解除を要請したのは、日本への同情が高まっている中、できるだけすみやかに事を進めたかったからであろう。

さきに述べたように、芳澤の要請をうけた北京政府は一九二三年九月四日、米穀の輸出を特別に許可し、その数量について地方長官らと協議することを決議した。駐日代理公使の張元節も、本国へ防穀令の解除を求めた。(40)日本公使館は九月一二日、北京政府の迅速な対応に謝意を示すとともに、あらためて正式に防穀令の暫時解除を要請した。(41)

こうして北京政府との交渉は進んだが、米騒動の時と同様、これに待ったをかけたのが、産地の世論および地方政府であった。北京政府が防穀令解除を決めたことが伝わると、米価が急騰し、米を買い占める動きなどが起こった。(42) 当時の中国では、たびたび水害・旱害にみまわれ、飢饉が発生した。ちょうど新米が収穫される時期であり、それを持ち出すことに抵抗感も強かった。これら諸事情のもと、防穀令解除への異論が続出したのである。

江蘇省に在住していた章炳麟《しょうへいりん》（一八六九―一九三六）は、防穀令解除に反対する理由をつぎのように語っていた。

この頃、日本の震災のために、高凌霨は米穀の輸出禁止をゆるめるよう打電した。天災が広まった際に、国家が代わって被災者を救済するのは義にかなっている。ただ、中国の穀価が最近、また暴騰した。空腹でありながら人を救うのは望ましくない。近年来、隣の省が大災害にみまわれると、たいていは金銭で援助し、直に米穀を放出することはなかった。どうしてそれを望まないのか。けだし、それをおこなうのが難しいからである。いわんや、日本における今回の地震火災は、穀物のみを傷つける水害・旱害と異なっている。救済したいのであれば、もとより多くの方法がある。衣料品であれば、どこでも援助救済できる。また、中国でももともと大きな被害がなければ、食糧も援助できよう。日本は稲米を常食するほか、大根・サツマイモを毎日口にする。それ以外にもトウモロコシや豆、サトイモがみな食事として供される。稲米を直に送らずとも、糊口《ここう》をしのげるであろう。(43)

章炳麟は清末期、革命運動に身を投じ、亡命により何度か日本に渡航・滞在していた。孫文、黄興《こうこう》（一八七四―一九一六）とともに「革命三尊」とならび称された人物である。右の引用文でふれられている日本の食生活は、章が日本滞在中に自らの目で観察したものであろう。中国の事情と合わせ、日本に米を提供しなくとも深刻な事態にいたらないとの判断から、防穀令解除に異を唱えたのである。

実際、震災地の食糧事情はどうだったのであろうか。大地震発生翌日の九月二日、日本政府は被害者救済に必要な食糧などを確保するため、非常徴発令を発布した。この緊急勅令にもとづき、東京・埼玉にある米を徴発あるいは購入して応急救助にあてること、大阪にある政府保管米五〇万石を東京に輸送することなど、食糧供給計画が定められた[44]。その後、全国各地から被災地に続々と救援物資が送られた。九月七日付の『東京日日新聞』は、東京市に届いた米が通常よりも多いほどだと報じている[45]。一〇日には、それ以上の徴発・収集を見合わせる方針が出された。懸念された食糧危機は、この時点でひとまず脱したといえよう。

こうした震災地に関する情報は、ほぼリアルタイムで中国にも伝えられた。当然ながら、これは防穀令解除反対への呼び水となった。各方面から陳情をうけた江蘇省の省長・督軍は九月二一日、王一亭らが新銘号で日本に送った米や小麦粉が、あくまで緊急支援物資であり、防穀令をひきつづき堅持することを北京政府に伝えた[46]。日本はその後、江蘇省とならぶ中国の米作地帯である湖南省に防穀令解除を求めたものの、これも失敗に終わっていた[47]。

この防穀令解除に対する反発には、たとえ余裕があっても主食の米を外に持ち出すべきでないとする中国人の保守的な態度をみてとれる。ただ、これは日本人にも同様にいえることであった。華北大旱害が起こった一九二〇年は、日本は記録的豊作で余剰米が生じていた。そこで、日華実業協会会長の渋沢栄一は、政府に備蓄していた外国米を払い下げ、これを中国に送ることを働きかけた[48]。しかし、来年はどうなるか分からないなどといった理由から、外米提供は見送られた。関東大震災にしても、日本は食糧不安解消の目処《めど》がたちながら、中国からの米輸入を求めつづけたのである。

北京政府はまた、九月八日に開かれた閣議で全国の海関税を一割上げ、その収入の半分を日本の震災支援に、もう半分を国内災害支援にそれぞれ用いる案を議決した(49)。これは、さきにふれた一九二〇年の華北大旱害の際、日米英仏四国の銀行団から借りた資金償還の原資として、海関に一割の付加税をかけたことにならったものであった。この付加税により、四〇〇万元の借款は約八ヶ月で完済された。北京政府は震災支援にかこつけ、ふたたび資金を手っ取り早く集めようとしたのである。

しかし、これもいったん報道がなされると、大きな反発を招いた。華北大旱害の借款は、どのように使われたのか明らかにされていない。たんに、北京政府が私腹を肥やすにすぎないのではないか。さまざまな疑惑が投げかけられ、とくに商工業関係者らが付加税反対の急先鋒にたった(50)。結局、防穀令解除と同様、付加税徴収は実現をみずに終わってしまった。

関東大震災に便乗した資金集めは、民間でもみられた。その例として、収益を義援金とすることをうたった富くじが挙げられる。茶館などで一枚五元、一等一〇万元として売られていたようだ(51)。販売元も明らかでなく、購入しないよう呼びかけられていた。こうした人の良心につけこんだ詐欺的商法は、今も昔も変わらない現象といえよう。

東日本大震災では、海を越えた中国で食塩が買い占められるなどのパニックがあったことを、本章はじめで紹介した。関東大震災の際にも、根拠のないさまざまなデマが中国社会に流布した。とくに世間を騒がせたのが、世界宗教大同会という宗教団体が唱えた世界終末説である。

世界宗教大同会は地震直後より、旧暦の八月一五日にあたる中秋節から五日間、太陽と月が消え、天から雹《ひょう》が大量に降ってくるなどと警告したビラをまいた(52)。関東大震災は、その前兆にほかならないという。この天災で全人類の八、九割が亡くなるとし、ビラを見た者はそれを広めなければ、厄災から免れないと説いていた。

この世界終末説は、中国の広い地域に伝わり、人々を混乱におとしめた。中には、これを信じ、悲観して自殺する者まで現れた(53)。政府は世界宗教大同会の取り締まりに乗り出し、新聞・雑誌も邪教であると批判した。また、上海・徐家匯天文台や北京中央観象台は、地震発生があくまで自然現象であり、科学的に説明できることを強調し、妖言《ようげん》に惑わされず、冷静に対応するよううったえていた(54)。こうした一連の騒動も、関東大震災が中国社会に与えたインパクトの大きさを物語ろう。

中国紅十字会の救援活動

大地震発生後、中国からは、これまで論じてきた義援金・救援物資ばかりでなく、さまざまな組織・団体による慰問団や救援隊が日本へと送り出された。ここでは、その一つである日本の赤十字社にあたる中国紅十字会の医療救援隊をとりあげたい。

赤十字社(Red Cross Society)は、スイス人アンリ・デュナン(一八二八―一九一〇)の提唱に起源を持つ。デュナンはイタリアでソルフェリーノの戦い(一八五九・六)に遭遇し、戦闘後に両軍の傷病兵が打ち捨てられている光景に衝撃をうけた。これらの傷病兵を人道的観点から、敵味方の差別なく公平に救護するべきではないか。そう考えたデュナンが同志とともに、その救護にあたる団体として創設したのが、赤十字である。

一八六四年八月、デュナンの考えに共鳴した一二ヶ国の代表が、スイスのジュネーヴで条約を締結し、赤十字が正式に発足した。このジュネーヴ条約(赤十字条約)により、戦場における救護施設やスタッフの中立化、いかなる国の傷病兵も救護の対象となることなどが定められた。日本がジュネーヴ条約に加入したのは、一八八六年六月である。これをうけ、一八七七年の西南戦争の際に設立された救護団体である博愛社が、一八八七年に日本赤十字社と改称した。

中国でも、一八九四年七月にはじまった日清戦争を機に、赤十字を設立しようという意見が現れた[55]。一八九七年には、在日華商の孫淦が清朝の外交を司る総理各国事務衙門に上書をおこなった。ジュネーヴ条約は、国際法の中で最良のものである。孫はこう指摘し、日本にならい、中国でも赤十字を創設することをうったえた[56]。

一九〇〇年に中国で勃発した義和団戦争の際、避難民を救助しようと、上海の商人らが設立した中国救済善会が、中国紅十字会を名乗ったといわれる[57]。実際、「紅十字会」の文字を冠した上海万国紅十字会が中国で創設されたのは、一九〇四年三月のことであった。前月よりはじまった日露戦争で、戦場となった中国で救護活動をおこなうために、上海の住民たちがイギリス、フランス、ドイツ、アメリカの領事らと協議し、臨時に結成したものであった[58]。

上海万国紅十字会が日露戦争における活動を終え、解散状態となった後、一九〇八年にその組織を基盤に、大清紅十字会が設立された[59]。大清紅十字会は文字通り清朝の公認であり、清朝の重鎮であった呂海寰（一八四三—一九二七）が中心的役割を担った。呂は日本赤十字社を参考とし、恒常的な組織へと整えてゆくことを提唱した[60]。

一九一一年一〇月に辛亥革命が起こると、日本赤十字社は革命地の漢口に、三四人の医師・看護婦からなる救護団を派遣した。千葉医学専門学校（現在の千葉大学医学部）や長崎医学専門学校（現在の長崎大学医学部）に留学していた中国人留学生らも留日学生同盟中国紅十字隊を組織・派遣し、救命活動に従事した[61]。また、赤十字国際委員会（International Committee of the Red Cross, ICRC）への加入をめざす中国側の要請をうけ、国際法学者の有賀長雄《ありがながお》（一八六〇―一九二一）が顧問として中国に渡った(62)。有賀は約二週間の中国滞在中、日本赤十字社の経験をもとに助言をおこない、組織としての体裁を整えた(63)。辛亥革命により「大清」を外し、「中国」を冠することとなった中国紅十字会は一九一二年一月一二日、日本赤十字社の推薦により、晴れてICRCに加入をはたした。このように中国の赤十字は、草創期より日本と深いつながりを有していたのである。

一九一二年九月、中国紅十字会は第一回会員大会を上海で開催した。大会には一三五二人の会員が集まり、全六章二〇条からなる「中国紅十字会章程」が採択された(64)。さらに翌月、各省で活動する紅十字会、およびそれに類した団体に呼びかけ、同じく上海で統一大会を開いた。実のところ、これまで述べた中国における赤十字の歴史は、あくまで主たる流れを追ったものにすぎない。それ以外にも、各地で大小さまざまな「紅十字会」が林立していた(65)。また、日本と同名の「赤十字」や「黄十字」など、「紅十字」とまぎらわしい名称をかかげた団体もみられた。統一大会は、こうした混乱した状況をまとめ上げようと企てられたものであった。

統一大会には、各地団体の代表をはじめ、中華民国の外交部や内務部、陸・海軍部の代表、都督ら百数人が参加した。有賀長雄から助言をうけた中国紅十字会副会長の沈敦和（一八六六―一九二〇）は、開会の辞で日本赤十字社を先例とし、中国も組織の全国的統一をはかり、国際的な地位を獲得する必要性を主張した(66)。大会では「総会」を北京、「総弁事処」を上海にそれぞれ置くことが決議された。総会が政府や外国との交渉を司り、総弁事処は会計や人事などの事務を担当する。こうして中国紅十字会は役割分担がなされ、統一化をはかった。しかし、実質的には、総会と総弁事処が連携しつつも、独自に権限を持つ二重体制となった(67)。

図2－9　渡日前の中国紅十時会総弁事処救護隊（楊叔吉『日本大震災実記』）

辛亥革命後、日本赤十字社はひきつづき、さきにふれた一九二〇年の華北大旱害や一九一七年秋に天津一帯で生じた大水害など、中国で自然災害・戦乱が起こるたびに、救護隊や義援金を現地に送った。中国紅十字会も、一九一四年一月一二日に鹿児島で発生した桜島地震に際し、二〇〇〇元の義援金を寄付した(68)。関東大震災においても、中国紅十字会は積極的に反応し、救援活動にあたった。

関東大震災の一報をうけた上海の中国紅十字会総弁事処は、上海総領事の矢田七太郎《やだしちたろう》（一八七九—一九五七）とコンタクトをとり、救護隊を日本に派遣することを決定した(69)（図2—9）。救護隊は、総弁事処理事長である荘得之を筆頭に、医務長の牛恵霖ら医師五人、看護師一一人ほか、通訳など合わせて二六人で編成された。総弁事処はまた、第一章で述べたように、中国紅十字会名義で、上海で結成された中国協済日災義賑会に参加し、一万元の義援をおこなった。中国協済日災義賑会を主宰した王一亭は、中国紅十字会常議会の議長であり、上海中国紅十字会時疫医院の院長をつとめていた。救護隊の迅速な派遣には、王のバックアップもあっただろう。

救護隊一行は九月八日、エンプレス・オブ・エイジア号に乗船し、日本へと向かった。終着地の神戸に到着したのは一二日である(70)。中国協済日災義賑会の救援物資を積み、同じ日に上海を出航した新銘号と、相前後して着岸した。救援物資は、そこで神戸商工会議所会長に手渡された。これが海外から届いた最初の救援物資であったことは、第一章で述べた通りである。救護隊も外国の赤十字より派遣された人的支援の第一号となった。

救護隊はその後、陸路で東に移動し、一四日に東京へと到着した。出迎えた日本赤十字社や外務省の関係者、駐日代理公使の張元節らと会見し、被災状況の把握につとめた。また、帰国を希望する中国人被災者たちの送還、および帰国した彼らをケアするために、中国協済日災義賑会をはじめとする関係先と交渉をおこなった。

図２-10　救護隊と日本赤十字社総裁であった閑院宮載仁親王の記念撮影。写真中央の軍服姿が閑院宮（『日本赤十字社史続稿』第４巻）

救護隊が本格的に医療活動を開始したのは、九月二〇日からである。救護隊は大きく二手に分かれた。一方は日本赤十字病院で日本人を救護し、もう片方が中国人のために設けられた臨時病院で治療にあたった[71]（図2―10）。さらに横浜へ出向き、救護活動をおこなった日もあったという。赤十字病院では四〇床のベッドをまかされ、傷病者の治療のほか、助産まで請け負った[72]。こうして救護隊は一〇月五日まで約二週間、課せられた任務を遂行した。明くる六日、未使用に終わった医療用品・毛布と四〇〇〇元を日本赤十字に寄贈し、帰国の途についた。

この上海の総弁事処による救援活動とは別に、北京の中国紅十字会総会も独自に行動を起こした。総弁事処から救護隊派遣の連絡をうけた総会は、それより小規模の医療専門家団を日本に送ることを決めた[73]。そのメンバーは、北京医学専門学校の校長をつとめた湯爾和（一八七八―一九四〇）、中華民国医薬学会会長の侯毓汶（一八八二―一九七四）、北京陸軍軍医学校長の戴棣齢（一八八四―一九六一）、京師伝染病医院長の厳智鐘（一八八九―一九七四）、前山東医学校長の孫柳渓の五人である（厳はその後、体調不良のために日本行をとりやめた[74]）。五人は肩書からうかがえるように、中国医学界を代表する存在であった。いずれも日本に留学した経験を持ち、言葉はもちろん、日本の事情に通じていた。今日にもあてはまるが、海外からの震災支援をうけいれる際、相互に意思疎通をはかることが重要となる。上海総弁事処はそうした事情をかんがみ、元留日学生で日本の事情を熟知した医師らを選抜・派遣したのであろう。

専門家団は九月八日に北京を出発し、一一日に朝鮮半島経由で下関に到着した。東京の日本赤十字社にたどり着いたのは、総弁事処の救護隊と同じ一四日である。九月二一日から一〇月三日までの間、陸軍の東京第一衛戍病院や東京帝国大学病院、日本赤十字病院で診療をおこなった[75]。延べ五〇〇〇人以上もの患者を診たという[76]。総会はまた、在中国特命全権公使の芳澤謙吉を通じ、日本赤十字社に二万元を寄付していた。

中国紅十字会はこのほか、西安分会が千葉医学専門学校で学んだ楊叔吉（一八八四―一九六六）を、慰問使として日本に送ったのが確認できる[77]。楊は総理大臣の山本権兵衛や伊集院彦吉外相、後藤新平内相らを歴訪し、一万元あまりを寄贈した。おそらく西安以外にも、慰問使を派遣したり、義援金・救援物資を届けたりした分会はあっただろう。

日本の協力のもと、ICRCの仲間入りをはたした中国紅十字会。当会は国際連携組織として、国外で活動する機会をうかがっていた。関東大震災は、その最初の国際舞台となったのである。

白地に朱色の十文字。我々が通常、赤十字社の標章（シンボルマーク）として思い浮かべるのは、この図柄であろう。いうまでもなく、赤十字（red cross）という名称の由来となっている。

赤十字標章は、創始者であるアンリ・デュナンに敬意を表し、彼の祖国であるスイスの国旗の配色を逆転させたもので、宗教的な意味合いはないとされている。しかし、一八六五年にジュネーヴ条約へ加入したオスマン帝国は、露土戦争（一八七七―一八七八）で白地に赤十字でなく、赤新月（赤い三日月）を標章として使用した（図2―11）。イスラム教徒の兵士が赤十字標章に嫌悪感をいだいてしまうというのが、その理由である。

たしかに、スイス国旗の起源をたどれば、キリストの十字架に由来するデザインであることは否定できない。デュナンは敬虔なキリスト教徒であり、一八六四年にジュネーヴ条約を締結した一二ヶ国もキリスト教国であった。そうした事情にかんがみ、オスマン帝国の主張はうけいれられ、多くのイスラム教国が赤新月標章を採用するにいたっている。

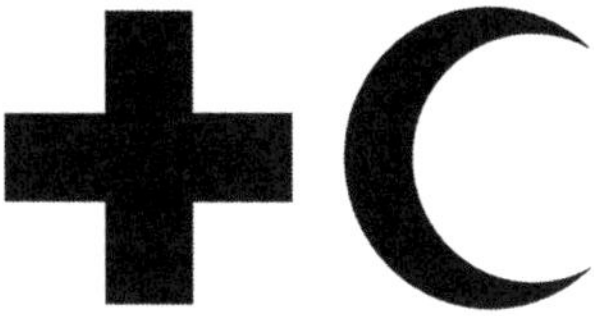
図2-11　赤十字社の標章

慈善活動と布教を兼ねたキリスト教宣教師への反発から義和団戦争が起きたり、一九二二年四月に北京・清華大学で開催された世界学生基督教《きりすときょう》連盟大会に対し、大規模な反対運動が展開されたりするなど、清末民国期の中国でも、反キリスト教の感情は根強いものがあった。ただ、赤十字標章については、「中」や「卍」など赤十字に代わる腹案があったものの、大きな反対もなくうけいれられた。むしろ問題となったのは、中国紅十字会がＩＣＲＣに加入し、統一大会を開いた後も、赤十字と類似した標章を用いるほかの慈善団体が出現した点である。[78]

たとえば、一九一四年はじめに中華黄卍字会という団体が、中華仏教総会副会長である清海の発起により設立された。[79]この中華黄卍字会は中国紅十字会とそっくりな規則を持ち、双方の連合をうたっていたという。これに対し、中国紅十字会は中華黄卍字会との連合を強く否定し、ジュネーヴ条約が中国紅十字会以外の組織をみとめていないことを強調した。[80]これをうけてか、中華黄卍字会はその後、さしたる活動はおこなわなかったようだ。また、時代はくだるが、王一亭ら仏教徒が発起人となり一九三七年一月、ふたたび中華黄卍字会を結成した。[81]この中華黄卍字会も、一九三七年八月一三日よりはじまった第二次上海事変で救護活動に従事するなど、中国紅十字会と相似た慈善団体であった。

こうした中国紅十字会を連想させる諸団体のうち、とりわけ類縁度が強く、後々まで発展をとげていったのが、世界紅卍字会である。日本では、一九三七年のいわゆる南京事件で埋葬業務を請け負った団体として知られていよう。有名な会員としては、囲碁棋士の呉清源（一九一四—二〇一四）がいる。世界紅卍字会の成り立ちについては、まずその親組織にあたる道院をふまえる必要がある。

道院はもともと、一九一〇年代半ばに山東省浜県（現在の山東省浜州市）で県知事をつとめた呉福森や駐軍営長であった劉紹基らが、県公署内にある祠《ほこら》に壇を築き、扶乩《ふけい》をおこないはじめたのが発端となっている。[82]扶乩とは、神が降臨し、乗り移った者が特殊な筆記道具で砂の上に文字や画を描き、それを神の託宣として解読する一種の占卜《せんぼく》である。神がかりにより、手が無意識に動いてゆくというのは、日本のコックリさんに似ている。中国で古くからおこなわれた民間信仰の一つであった。

浜県の祠では、太乙老人（至聖先天老祖）を最尊の神として崇拝した。この老祖の壇訓がよく的中するとして評判となり、多くの信者を獲得し、他地域へと乩壇を拡大していった。こうした乩壇を束ねる形で、一九二一年春に山東省済南で創設されたのが道院である。

道院という名称は、中国の伝統的宗教である道教を連想させる。だが、道院の説明によれば、「大道為公（大道を公と為す）」の意からつけたもので、道教と無関係であるという。また、道院は院綱の第一目で、宇宙を司る神である老祖を崇奉し、キリスト教、イスラム教、仏教、儒教、道教という五宗教をつらぬく大道を明らかにすることを、宗旨として挙げていた[83]。すなわち、この世界五大宗教の源流をたどれば道祖の教示にゆきつくという「五教合一」の立場がとられている。

道院は入信者（修方）に対し、静坐による「内修」と慈善をおこなう「外修」を求めた。道院自体が担ったのは、もっぱら精神修養である内修であった。他方、外修の慈善事業を実施するために、道院の下部組織として新たに創設されたのが、世界紅卍字会である[84]。

世界紅卍字会が北京政府内務部の認可をえて正式に成立したのは、一九二三年二月五日である[85]。定められた大綱で「世界平和を促進し、災難を救済することを宗旨とする」とうたい、特定の宗教によらない純然たる慈善団体であることをアピールした。世界紅卍字会の関係者を見ると、政治家や軍人、実業家らが多いことが目を引く。初代会長には、元国務総理である銭能訓（一八六九―一九二四）が就任した[86]。ほどなく、同じく元国務総理の熊希齢《ゆうきれい》（一八七〇―一九三七）がひきつぎ、長らく職責をつとめている。

世界紅卍字会は文字通り、標章として赤色の卍字を用いた。名称から標章、理念、事業内容にいたるまで、世界紅卍字会と中国紅十字会は瓜二つである。実際、世界紅卍字会は発足にあたり、中国紅十字会を強く意識し、その不十分な機能をおぎなう存在として自らを位置づけていた[87]。また、「世界」という語を冠しているように、当初より中国国内だけでなく、中国紅十字会と同様、国外での救援活動および支部の設置を視野に入れていた。関東大震災は、成立したばかりの世界紅卍字会にとって、これらを実行に移し、

図2-12　道服を着た林出賢次郎（『東方君子』）

国際的デビューをはたす絶好の機会となった。

　一九二三年九月五日、世界紅卍字会は北京の捨飯寺で大会を開き、震災の募金活動をおこなうことを決議した[88]。そうして各方面から集めた二万元を元手に、救援米を購入した。米を買って日本に送れという道祖の壇訓があったとされる[89]。

　世界紅卍字会は当初、一万石の購入を予定していたものの、実際に買いつけることができたのは、二〇〇〇石の江蘇米であった。さらに、この米を日本へと輸送するには、大きな困難がともなった。いうまでもなく、防穀令の存在である。

　さきに述べたように、防穀令は地震発生直後、北京政府によりいったん解除の決定が下された。しかし、地方政府らがこれに強く反発し、実際の解禁にいたらなかった。そうした中、世界紅卍字会は北京政府や江蘇省政府と交渉し、救援米輸出の特別許可をえた。これを日本まで運ぶ過程でコーディネーター役をつとめたのが、在南京領事の林《はやし》出《で》賢《けん》次《じ》郎《ろう》（一八八二―一九七〇、図2―12）である。

　林出は上海の東亜同文書院で学び、外務通訳生から領事までのぼりつめた叩き上げの外交官であった。清朝の宮廷言葉にも通じ、のちに満洲国執政府の行走をつとめた。行走の任務は満洲国皇帝となる愛新覚羅溥儀の通訳・秘書役である。溥儀がもっとも信頼をよせた日本人の一人であった[90]。

　林出は世界紅卍字会より託された救援米を、南京から上海、そして上海から日本へと輸送するために、船舶の手配や税関の手続きなど、各方面にとりはからった(91)。ここで注目したいのは、この救援米輸送にともない、世界紅卍字会の代表三人が日本へと派遣された点である。林出は外務大臣の伊集院彦吉に宛て、道院・世界紅卍字会の概要を説明し、中国高官からも信頼をえているために米輸出が特別に許可されたこと、三人の代表が被災地を視察するとともに、日本で宗旨の宣伝をおこない、日中親善をはかりたいと望んでいることを伝え、善処を求めていた(92)。

実のところ、林出は震災直後、世界紅卍字会南京分会を頻繁に訪問し、日本への進出を働きかけていた(93)。そして、その際の提携先として林出が挙げたのが、日本の大本教（大本）である。林出は道院・世界紅卍字会と大本教が多くの共通点を持っていることを指摘する。林出自身、ほかならぬ大本教の信者であった。

大本教は、京都府綾部に住んでいた出口《でぐち》なお（一八三七―一九一八）が一八九二年、神がかりを起こしたことにはじまる。その神は、艮《うしとら》の金神《こんじん》であると名乗った。これが『古事記』や『日本書紀』にも登場する、天地開闢の際に現われた根源神たる国常立尊《くにのとこたちのみこと》とされる。

図2-13　モンゴル平原をゆく出口王仁三郎（大本本部蔵）

神がかり状態となったなおは、神の命ずるままに手を動かし、文字を書き記した。この自動書記が、いわゆる「筆先」である。大本教はその後、開祖のなおと、なおの娘婿になった聖師の出口王仁三郎《でぐちおにさぶろう》（一八七一―一九四八、図2―13）のもと、宗教組織としての体裁を整えていった。

一九一四年に制定された「大本教信条」の第一二条では、「我等は世界の総《すべ》ての教の大本教の一教に帰し、我等はこの大本教を普《あまね》く地上に宣伝する特権を有する事を信ず」と、世界のあらゆる宗教が大本教に帰一する旨が明記されている。また、大本教には、「鎮魂」と呼ばれる神がかり状態となるために、正座して瞑想する修行法がある。こうして見ると、道院・世界紅卍字会と大本教に多くの共通点があるという林出の指摘は、あながち的外れでないだろう。

世界紅卍字会が代表として派遣した侯延爽、楊承謀、馮閲模の三人は、いずれも日本留学経験者であった。南京にたちよった侯は、林出による大本教への紹介状をたずさえ、救援米とともに上海から熊野丸に乗り、日本へと向かった。天津から別ルートで来日した楊と馮の二人とは、一九二三年一〇月八日に東京で落ち合い、救援米と若干の義援金を臨時震災救護事務局に寄贈した(94)。

その後、侯延爽と楊承謀は神戸へと移動し、大本教と交流する機会をさぐった。楊が帰国し、一人日本にとどまった侯は一一月初旬、京都府綾部の大本教へと赴いた。そこで、出口王仁三郎と初対面をはたした。日本政府の内偵によれば、「両怪教の代表者は、綾部に於《お》ける初対面に於て互《たがい》に意気投合し」たという(95)。また、「大本教も近く北京に布教師を送り、世界紅卍字会の援助を得て大宣伝の計画を立て、世界紅卍字会も大本教と提携して神戸を根拠とし、布教せんとの約成り」と、大本教と世界紅卍字会がそれぞれ相手国に拠点を築き、宣教活動をおこなおうと約束したことが伝えられていた。早速一一月二一日には、大本教きっての中国通であった北村隆光が侯延爽とともに神戸港を発ち、世界紅卍字会の視察に向かっていた。

内偵による報告書が大本教を「怪教」とみなしているように、大本教は当時、政府のきびしい監視下に置かれていた。というのも、出口王仁三郎ら大本教幹部が一九二一年二月、不敬罪および新聞紙法違反で検挙される事件があったからである。この第一次大本弾圧事件により、開祖なおの墓を改築させられたり、神殿が破却されたりするなど、大きな打撃をうけた。その後、エスペラント語を学習するなど、国際化を志向していた王仁三郎にとって、中国の世界紅卍字会との提携はまさに渡りに船であった[96]（図2―14）。

一九二四年二月、王仁三郎は極秘裏に日本を離れ、朝鮮半島経由で中国の奉天に向かった。当時、第一次大本事件の控訴審がおこなわれていた最中で、仮保釈の身であった。在長春領事の報告によれば、王仁三郎は奉天で、世界紅卍字会と提携について協議をおこなったという[97]。また、三月には、神戸六甲山にある大本教信者の別邸に道院が開設された[98]。これが道院・世界紅卍字会にとって、初となる海外での分院設置となった。こうして大本と道院・世界紅卍字会の提携は、肝胆相照《かんたんあいて》らすがごとく着々と進んでいった。

図2−14　出口王仁三郎（中央）と世界紅卍字会員の記念撮影（大本本部蔵）

大本教は一九二五年六月、外郭団体として人類愛善会を新たに創設した。人類愛善会の趣意書では、「本会は世界人類の融和親睦を図り、信仰の向上によりて、愛善の徳を積み、永遠に幸福と歓喜とに充《み》てる理想世界を実現するため、最善の力を尽すことを目的とする」と、世界平和のために活動することがうたわれていた[99]。この大本教と人類愛善会の二元体制は、道院―世界紅卍字会のそれを模倣したものと考えられる[100]。一九二九年には、「凡《およ》そ中国の院、会の在《あ》る所は亦《また》即ち大本、愛善会の在る所、名異ると雖《いえど》も各方相親睦、相結相合の心理は当に一にして別なき也《なり》」という道祖の壇訓が示されたように、大本教・人類愛善会と道院・世界紅卍字会は、信仰と組織の両面で渾然《こんぜん》と一体化していった[101]。

大本教が中国で布教活動を展開した地域は、おもに世界紅卍字会の分会・会員が多く分布した東北部であった。(102) 一九三一年九月に満洲事変が起き、溥儀を担いだ満洲国が建国されると、世界紅卍字会と大本教の提携は、日中親善の象徴として注目された。両者の蜜月関係は、一九三五年一二月の第二次大本弾圧事件までつづいてゆく。

このように近代日中宗教史の一ページを飾る世界紅卍字会と大本教の交流は、関東大震災をきっかけに生まれたのである。

日本人評価の光と影

東日本大震災では、中国のメディアから被災者の冷静な対応、社会秩序の維持、互助の精神など、日本人の姿勢に対し、高い評価がなされた。たとえば、中国一の発行部数をほこった週刊紙『南方週末』二〇一一年三月一七日号は、「忍の国」と題した特集記事を組み、「地乱了、心却不乱(大地は乱れても、心は乱れていない)」と、地震と津波で家族や家を失った人々が、取り乱すことなく平静を保ち、避難所で過ごしている様子を称えていた(103)(図2―15、16)。理不尽といえる震災を運命としてうけいれ、耐え忍んでいる日本人の姿は、中国人記者の目に強い印象を与えたようである。台湾の新聞『中国時報』も、「為何日本不動乱?(なぜ日本は乱れないのか?)」と題した記事で、被災地で大きな混乱が起こっていない理由を、日本の共同体社会における「思いやり(omoiyari)」の精神にあると分析していた。(104)

また、宮城県女川《おながわ》町で、中国人の技能実習生たちをさきに安全な高台へ避難させてから、家族をさがすために宿舎へと引き返し、津波で命を失った水産会社の日本人専務に注目があつまった。二〇〇八年五月に起こった四川大地震の際、ある学校教師が教室の生徒をおいて、まっさきに逃げ出した出来事があった。

その教師はのちに発表した文章で、生死の狭間の中、自己の身を優先的に守ることの正当性を主張し、大きな物議をかもした。これと対照的といえる日本人専務の行為が称賛されたのである。

地震による壊滅的な状況に直面しながら、混乱におちいることなく助け合う日本人の姿勢は、関東大震災に関する記録からも確認することができる。たとえば、さきにふれた中国紅十字会西安分会が日本に派遣した楊叔吉は、のちに被災地を調査した内容を『日本大震災実記』（一九二三）としてまとめた。この『日本大震災実記』では、被災地の様子がつぎのように評されている。

南方周末

忍の国

【日本大震災特刊】

図２-15　特集記事「忍の国」『南方週末』2011年３月17日

忍の国●人心

地乱了，心却不乱　在大震灾里读日本

図２-16　記事「大地は乱れても、心は乱れていない」（『南方週末』2011年３月17日）

このような巨大な災害をこうむりながら、秩序は整然としていた。行商人はその食糧を被災民に供給した。余裕のある家は所有する衣服を、裸の者に分け与えた。難民はおにぎりを食べ、飢えをしのいだ。雇われ婦人は自身の危険を顧みずに、主人を勇敢に救い出した。これらの美徳は、尊敬にたえない(105)。

楊叔吉が東京入りしたのは、九月末のことである。おそらく右の引用文は、中国人被災者からの聞き取りなどにもとづいたものであろう。

当時、第八高等学校の学生で、のちに教育学者となった馬宗栄(一八九六―一九四四)は、地震発生から一二日間、東京に居り、震災の状況をその目で観察した。馬は被災地で印象に残った光景を、中国にこう書き送っていた。

一日に大火が起こった時、私は火をこうむった区域内をしばらく巡回していた。その夜、私はまた、靖国神社内で被災民とともに火をたってながめ、それから彼らと野宿をした。当時、警察には干渉する能力がまったくなく、軍隊もまだ出動していなかったが、被災地の秩序は整然としていた。日本人の沈静な態度は、普段と何ら変わらなかった。これには敬服するほかない。それゆえ、教育力の偉大さを嘆じずにはいられなかった(106)。

教育学を志した馬宗栄ならではの意見といえよう。馬はさらに、日本大学や明治大学、順天中学校などの建物が全焼する中、学校の教員や学生がほどなく瓦礫《がれき》を運搬し、仮校舎を建築する様子を目撃し、強い感銘をうけていた。

一九二一年から二五年まで日本大学に留学した社会学者の李剣華（一九〇〇―一九九三）は、関東大震災で鮮明に記憶していることの一つとして、つぎのような日本人の態度を挙げていた。

日本人の組織性、忍耐性はどちらも強い。震災下の秩序は整然とし、火事場泥棒を働いたり、商店を襲撃したり、互いに口論し、殴り合うといったことは聞いたことがなかった。当時、どの家も近親、ないしは遠縁の親戚の生命財産を失ったといえるが、日本人は泣きわめかなかった。涙を忍んで口をつぐみ、歯を食いしばって我慢した。ともに苦境を乗り越えようとしていた。[107]

地震発生時、東京神田の宿舎にいた李剣華は、倒壊する建物から間一髪脱出した。その後、小石川植物園へと避難し、数夜を過ごした。小石川植物園には、一時期三万人以上の人々が避難してきたとされる（図2―17）。李はそこで、持っている水を分け合ったり、食品店の主人が食べ物を無料で配ったりするなどの助け合いがみられたことを書き記していた。

図2-17　小石川植物園の関東大震災記念碑（筆者撮影）

中国の雑誌『孤軍』に「日本地震実見追記」という文章を寄せた「閻五」なる人物も、同じく神田にある友人の宿舎で被災し、小石川植物園へと逃げのびた。閻五は地震発生まもない九月三日の街の状況について、こう描写していた。

今日、路上には無料診察所、救護事務所、飲食提供所がすき間なく林立している。在郷軍人および青年団が喜び勇んで奔走し、水や食べ物を分配したり、老人・子供を助けたりしている。救護活動に非常に熱心である。私は思わずため息をついた。いわく、「日本人の互助力、義務心、国を愛し、同胞を愛することは、きわめて盛んであり、侮れない」と。(108)

被災者の冷静な対応、社会秩序の維持、互助の精神――ここまで挙げた記録から分かるように、関東大震災においても、東日本大震災と同じような点がとりあげられ、高く評価されていたのである。

他方で、中国人被災者の体験談からは、日本人から差別的な待遇をうけたという内容も散見される。横浜の中国総領事館で震災に遭ったある広東人女性は、被災地の状況をつぎのように伝えていた。

この日（震災から三日目）、日本の工兵、歩兵が続々と到着し、食糧を運搬してきた。これにより、日本の被災民は、やっと麦飯を一つ手にいれ、わずかに餓えをいやした。私もこれまでの二日間空腹で、宝物をえるように、麦飯を一つもらった。しかし、少数の兵卒は華僑を虐待し、麦飯も施さなかった。われわれ華僑は、痛苦に耐えた。その凄惨《せいさん》さは形容できないものであった。(109)

総領事館は全壊し、総領事の長福やその子息など七人が犠牲となった。彼女はその後、家族とともにきびしい状況下をなんとか生き抜き、六日目に船に乗り、神戸へと逃れることができたという。

横浜の山下町で行商をいとなんでいた広東仏山出身一家の婦人である梁好も、日本人からうけた不当なふるまいを、こう批判していた。

日本人の中には、食品や水を持って助けに来た人が多くいたが、日本人だけに与えていた。ある時、私の隣に座っていた日本人が水を飲んでいて、中国人の婦人が幼子に飲ませようと、その余滴を乞うた。すると日本人は、あえて地面にこぼし、それを与えなかった。また、唐人街方面が大火となると、日本人たちはそれをながめ、均しく拍手喝采し、いくばくか自己も難民者であるのを忘れたようであった。園内には、死体が満ちあふれていた。中国人が地面に座ったのに対し、日本人は寝そべり、さらに華人の亡骸を選んで枕にしていた。慌ただしい中で、このように敵視する日本人の心理が分からなかった。(110)

一家は命からがら横浜公園へと避難した。たどり着いた時には、すでに園内は人であふれんばかりの状態であった。梁好は日本人を優先する配給のあり方に、強い憤りを表していた。

また、ある中国人留学生は帰国後、多くの日本人に助けられたことを述べる一方、日本人からひどいあつかいをうけたエピソードを、つぎのように報告していた。

横浜華僑にいたっては、震災後亡骸と同居していても、誰も遺体を収容する者がいなかった。南京街（中国人街）の壊れた家屋にあった銀櫃《ぎんひつ》や金庫が、日本人に公然と奪われた。高麗丸（船名）に避難した者は、ことごとく海に投げ出された。アメリカの軍艦が華僑を助け上げようとすると、日本人は喜ばなかった。これらはいずれも横浜で被災した華僑が口述したことである。あの時の日本人は悲憤《ひふん》慷慨《こうがい》し、多くはまったく人間性を失っていた。(111)

横浜では、せまりくる炎から逃れるために、多くの人が港に停泊していた船舶へと避難した。この報告以外にも、中国人が日本人から乗船を拒否されたという証言は、複数確認できる[112]。

地震のような大規模で、破壊的な災害が発生した際、被災者、さらには被害情報をうけた人々の間に、お互いに助け合い連帯を深めようとする「災害ユートピア」が形成されることが指摘されている[113]。そこでは、日常生活に存在する人種や身分などの垣根をのりこえ、誰もがコミュニティの平等な一員である意識が芽生えるという。たしかに、関東大震災においても、災害ユートピアというべき現象が被災地で起こったことが、当時の記事などからみてとれる[114]。災害への国際援助も、それに類した一種の普遍的な人類愛の表れといえよう。しかし、ここで紹介した中国人の証言からは、そのようなコミュニティが機能せず、日本人が中国人をアウトサイダーとみなし、さらに中華街の火災をみて喜ぶなど、自らがおちいった不幸な境遇の鬱積《うっせき》をはらすような反応を示したことが分かる。

関東大震災では、第三章でくわしくとりあげるように、多くの中国人が日本人から襲撃をうけ、死傷者が出る事態を招いた。さきに「井戸を掘った人を忘れない」という中国のことわざを引いたが、逆もまた然りで、困った時にうけた仇は後々まで記憶される。こうした救援活動における不当なあつかいや殺傷事件は、その後の日中関係に大きな遺恨を残すこととなってしまった。

日華学会の留学生支援

二〇一一年三月一一日に東日本大地震が発生してから一週間ほど経つと、上海・復旦大学のキャンパスで大きなスーツケースをかかえた者をよくみかけるようになった。いうまでもなく、日本から帰国した学生たちである。日本の高等教育機関、およびその準備教育施設などに在籍していた外国人留学生の数は、二〇一〇年時点で一四万一七七四人[115]であった。このうち中国人留学生は八万六一七三人で、全体の六〇・八％を占めた。地震や津波、福島第一原子力発電所の事故でとくに被害の大きかった岩手、宮城、福島で学んでいた留学生は、合わせて三〇二八人にのぼる。これの六割、すなわち一八〇〇人がこの東北三県で被災したおおよその中国人留学生となろう。

平成二二（二〇一〇）年国勢調査によれば、岩手、宮城、福島に在住する外国人の総数は、約二万六〇〇〇人である。日本全国の外国人人口に占める中国人の割合が二七・九％であるので、これも単純に二万六〇〇〇人の二七・九％をとれば、七二五四人となる。東日本大地震発生時、東北三県に留学生一八〇〇人をふくめた中国人七〇〇〇人あまりが滞在したと考えられる。

中国外交部は二〇一一年三月一五日、被災地にいる中国人に対し、退避勧告を出した。同日、新潟交通は中国駐新潟総領事館の要請をうけ、福島市や仙台市と新潟駅を結ぶ臨時バス二〇台を出し、中国人留学生らを運んだ[116]。新潟空港からは、上海やハルビン行の臨時便が増発された。

総領事館によれば震災後、東北地方から約五三〇〇人の中国人が一時、新潟市の避難所に退避し、新潟空港より出国したという[117]。七〇〇〇人の実に四分の三にあたる。ほかの者も多くが関東方面へと避難し、成田空港から出国したであろう。筆者が勤めている新潟大学でも、中国人をふくめた留学生約三五〇人のほとんどが一時帰国した。

異国の地で地震や戦争などの大災害が起きた際、身の安全を守るために帰国することは世の常である。重要なのは、帰国希望者が滞りなく出国できるよう、迅速に体制を整えることであろう。東日本大震災の際には混乱する中、中国の大使館や総領事館と連携し、比較的うまく事を進めたといえる。のちに、総領

図2-18　瓦解した横浜の中華民国総領事館（横浜開港資料館蔵）

事から新潟市長に中国人被災者への支援・協力に対する感謝状が送られた。

関東大震災においても、留学生をはじめとした中国人被災者の保護・帰国支援は、早急にとりくむべき大きな問題となった。もちろん、今日と比べて通信技術や交通インフラは発達しておらず、多くの困難がともなった。何より、中国公使館や総領事館との連携が当初、まったくとれなかった。なぜなら、両館は震災により機能不全におちいっていたからである。

東京麴町区（現在の千代田区）永田町にあった中国公使館と横浜の総領事館は、いずれも震災で倒壊・焼失した。さきに述べたように、横浜総領事館では総領事の長福をふくむ七人が建物の下敷きとなり、命を落とした（図2―18）。公使館の方は、幸いにも大使館員全員が難を逃れ、近くのドイツ大使館に身をよせた。北京政府は地震発生から二日後の一九二三年九月三日、代理公使の張元節に災害状況を調査し、日本政府を慰問するよう打電することを決議した[118]。しかし、電信は途絶えており、張の安否も分からない。九月八日、ようやく張から外交部に連絡があったものの、留学生と華僑の被災状況については、いまだ確たる情報をえていないという返事であった[119]。この間、北京政府は新たに施履本《しりほん》を代理公使に任命し、日本へと派遣した。

被災し、路頭に迷った中国人たちは、当然ながら中国公使館および総領事館に助けを求めた。これら政府機関自体も被災したことを差し引かなければならないが、自国被災民への対応は後手に回ってしまった。たとえば、さきにとりあげた中国人留学生によると、学生が公使館に赴いて救援を要請したところ、張元節代理公使は中国人労働者の世話で精一杯であると返答したという[120]。留学生のことはすべて日本政府に任せているので、問合せてみろと素気《そっけ》ない対応をされ、怒りを露わにしていた。また、中国紅十字会西安分会の楊叔吉も、公使や領事らが任務を遂行しようとせず、手をこまねいている有様に猛省をうながしていた[121]。

こうした状況のもと、多くの中国人はなんとか自力で鉄道や船舶を利用し、神戸や大阪、長崎へと逃げ延びた。これらの地には中国人コミュニティがあり、保護をうけられた上、さらに船を乗りついで帰国することができた。しかし、中には、身寄りも金銭もなく、被災地からの移動がままならない者もいた。とくに困難におちいったのが、東京に居住した留学生たちである。

日本の警視庁外事課が作成した資料によると、震災前の一九二二年五月時点で、東京には約一五三〇人の留学生が居住していた[122]。また、現地調査をおこなった楊叔吉は、東京の留学生数を一六〇〇〜一七〇〇人と記している[123]。地震が発生した九月一日は、ちょうど夏休みと新学期の端境《はざかいき》期にあたり、東京を離れていた者も少なくなかった。反対に、地方の学校に通う学生が東京近辺に滞在していたケースもあっただろう。正確な数字は不明であるが、おおよそ一〇〇〇人前後の在京留学生がいたと考えられる[124]。

当時、中国人留学生は経済的にきびしい状況下に置かれていた。その要因としては、日本国内の物価高騰と中国政府からの奨学金未払いがある[125]。物価は第一次世界大戦期の好況で急騰した。一九二〇年の戦後恐慌でいったん下落したものの、戦前と比べると高止まりのまま推移した。また、官費留学生がうけとっていた奨学金は、中国国内の政争や自然災害により滞ることがしばしばであった。これに対し、留学生は公使館におしかけるなど、抗議活動を展開した。震災前の一九二三年六月にも、留学生が未払い奨学金の支給を要求し、応じなければ最後の手段も辞さないと張元節代理公使にせまった[126]。そのため、張は日本の外務省や警視庁と相談した上で、一時公使館を閉鎖し、身を隠す事態にまでいたっている。

中国人留学生の中には、学費や生活費を工面しようと、質屋を利用する者も多かった[127]。しかし、その質屋に預けた家財道具や貴重品も、震災で灰燼に帰してしまった。文字通り無一文となり、途方に暮れた中国人留学生たち。そうした彼らを保護し、帰国を支援した団体の一つが、日華学会であった。

日華学会の起源は、一九一一年の辛亥革命直後に日清汽船専務取締役の白岩龍平や、三井物産常務取締役の山本条太郎（一八六七—一九三六）が中心となり設立した支那留学生同情会までさかのぼる[128]。困窮する中国人留学生を支援しようと、中国関連の企業に募金を募り、これを元手に奨学金を貸与した。この事業が一段落した後、残った資金をゆずりうける形で一九一八年五月に創設されたのが、日華学会である。

日華学会が第一に手がけたのが、中国人留学生のための寄宿舎の設置であった。下宿費も第一次世界大戦中のインフレで釣り上げられるなどし、留学生のふところを圧迫していた。日華学会は既存の宿舎を貸借あるいは購入し、修繕・改良した上で留学生に提供した。この寄宿舎は好評を博した。日華学会は一九二一年に財団法人となり、文部省から留学生宿舎設置費として一五万円の補助金が下された。こうして日華学会が男子学生用の第一中華学舎、第二中華学舎、女子学生用の白山女子寄宿舎を運営し、事業が軌道に乗った矢先に起こったのが、関東大震災であった。

日華学会の事務所は神田猿楽町にあった。地震による倒壊は免れたものの、付近より火の手が広がり、焼失してしまった。仮事務所の設置もままならない中、日華学会の関係者は、各寄宿舎の安否を確認しに回った。幸い、いずれの寄宿舎も倒壊を免れ、命を落とした寄宿生はいなかった。しかし、寄宿舎の賄《まかない》方《かた》といっしょに避難した三人の学生が、路上で日本人に襲撃され、うち一人が重傷を負う事件が起こった。(129)このため、中国人留学生を一ヶ所に集め、安全を確保しようと、第二中華学舎に近い第一高等学校の明寮舎を借り入れた。

外務省は、日華学会に被災した中国人留学生の保護に関する処置をゆだねた。日華学会は戒厳司令部と交渉し、兵士に明寮舎の警備をさせるとともに、留学生らの身分を証明する徽章《きしょう》を作成・配布した。また、千葉県の房州で夏休みをすごしていた留学生ら百数十人の救援にあたった。明寮舎が九月末までに収容した留学生の延べ人数は、一三八四人に達したという。(130)

震災で不安な状況に置かれ、学校再開の目処もたたない中、多くの中国人留学生が帰国を希望した。そこで日華学会は外務省と協議し、帰国船を手配することを決めた。(131)第一便となる千歳丸が東京芝浦から出港したのは、九月一五日である。中国人留学生二三八人と労働者四〇八人の計六四六人が乗船した。運賃は無料で、さらに一時手当金として留学生に五〇円、労働者に一〇円がそれぞれ支給された。その後、合わせて四度にわたり上海行の帰国船を派遣し、四五二人の留学生を送り出した。(132)

第一便の千歳丸には、さきに言及した李剣華が乗船していた。(133)李は後年、千歳丸での思い出をつぎのように振り返っていた。

中国政府と日本政府の協議により、日本政府は「千歳丸」で、中国人学生を上海に送ることを決めた。船室を合理的・公正に配分するために、抽選方式がとられた。私は一等室を引き当てたが、二人で一つのベッドを用いた。睡眠時は二人とも側面を下にして眠り、同時に寝返りを打たなければならなかった。乗船時、日本の三菱会社が派遣した者が舷梯《げんてい》わきにたっていて、中国人学生一人ひとりに封筒をわたしていた。その封筒には五〇円が入っていた。これは日本の資本家が我々に示した同情と援助であり、一生忘れがたいものとなった(134)。

三菱の社員が五〇円を支給したというのは、李剣華の思い違いであり、実際には学生への一時手当金や運賃は、対支文化事業の特別会計から支出されていた(135)。ともあれ、これを恩義に感じた李は、上海に約三ヶ月滞在した後、日本にふたたび戻り、留学を継続することとなった。

横浜華僑がうけた不当なあつかいや、張元節代理公使のふがいなさを告発した件の中国人留学生も、日華学会についてはこう評価していた。

日本政府は日華会《ママ》に、留学生の保護に専念してあたるよう依頼した。第一高等学校の明寮寄宿舎を借り、収容所とした。そしてまず二〇〇人あまりを収容し、各人に日華学会という四文字の襟章を発給した。戒厳令後、しだいに行動できるようになった。また、留学生の中に避暑で房州にいた者が一〇〇人あまりおり、東京にいた者と同じく罹災した。日本人に頼んで車を引く仕事をして生活をしていた。日華学会は幹事を房州に派遣し、三〇人を東京に連れ帰った。別の避暑地で殺されたと噂された者については、消息を探った。前後して集団で帰国へと送り出した。各人に旅費五〇元が支給された(この金について、日本人は日本政府が発給したといい、公使は中国が発給したという。誰であったのかはいまだ分からない)。…それゆえ、日本政府と少数の朝野の人たちに対しては、深く感謝せざるをえない(136)。

ここで支給された旅費五〇元というのは、日本側から出された一時手当金にほかならない。また、房州では捜索の結果、学生二人の圧死が確認された。察するに、この中国人留学生自身も日華学会の保護をうけたのであろう。

中国人留学生の救護・帰国業務が一段落した一〇月八日、日華学会は東京本郷の麟祥院で、震災で亡くなった留学生の霊を祀るために追悼会を開催した[137]。追悼会には、文部大臣の岡野敬次郎（一八六五―一九二五）や施履本代理公使をはじめ、日中両国の学生数百人が参列した。翌一九二四年九月にも追悼会がおこなわれ、犠牲となった留学生二六人の名を刻んだ招魂碑が麟祥院境内に建立された（図2―19）。

図2-19　麟祥院の中華民国留学生地震遭難招魂碑（筆者撮影）

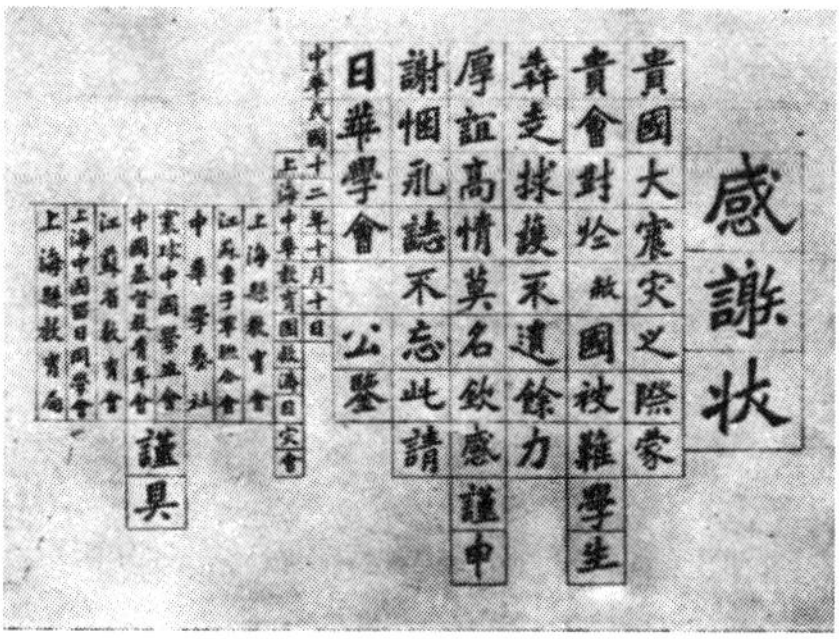

感謝状
貴國大震災之際蒙
貴會對於 敝國被難學生
犇走拯護不遺餘力
厚誼高情莫名欽感謹申
謝悃永誌不忘此請
日華學會 公鑒
中華民國十二年十月十日
上海中華教育團救濟日災會
上海縣教育會
江蘇童子軍聯合會
中華學藝社
寰球中國學生會
中國基督教青年會
江蘇省教育會
上海中國留日同學會
上海縣教育局
謹具

図2-20　上海中華教育団救済日災会が日華学会に宛てた感謝状（『日華学会二十年史』）

李剣華のように、いったん帰国した中国人留学生の多くが、再来日をはたし、学業を継続した。ふたたび「井戸を掘った人を忘れない」ということわざを持ち出せば、日華学会の献身的な支援は、留学生たちの心に後々まで深く刻まれた（図2—20）。彼らを日本につなぎとめるかすがいとなったのである。

まさかの友は真の友

東日本大震災からちょうど一ヶ月たった二〇一一年四月一一日、当時の首相であった菅直人の署名入りで「紐帯（Kizuna）」と題した広告が、中国の『人民日報』に掲載された。この一面の約半分を使った広告では、東日本大震災支援への感謝が図2—21のようにつづられていた。

最後の'A Friend In Need Is A Friend Indeed.'には、中国語で「患難見真情（患難の時に真情がわかる）」と訳がそえられている。これは、菅首相が苦難の中で実感した「まさかの友は真の友」という言葉を表したものであった。

この日本政府による感謝広告は『人民日報』のほか、国際英字紙『インターナショナル・ヘラルド・トリビューン』（現在の『インターナショナル・ニューヨーク・タイムズ』）、アメリカの『ウォールストリート・ジャーナル』、イギリスの『フィナンシャル・タイムズ』、韓国の『朝鮮日報』、ロシアの『コメルサント』、フランスの『フィガロ』に掲載された。文面から分かるように、その内容は世界中から届けられた震災支援に感謝を示したものとなっており、特定の国や地域の名は出てこない。ただ、感謝広告を掲載した各紙の主要読者である中国、アメリカ、イギリス、韓国、ロシア、フランスの人々に向けたメッセージであったことはいうまでもないだろう。

これに対し、多大な支援をしてくれた台湾の新聞紙がふくまれていないとの指摘が上がった。日本政府

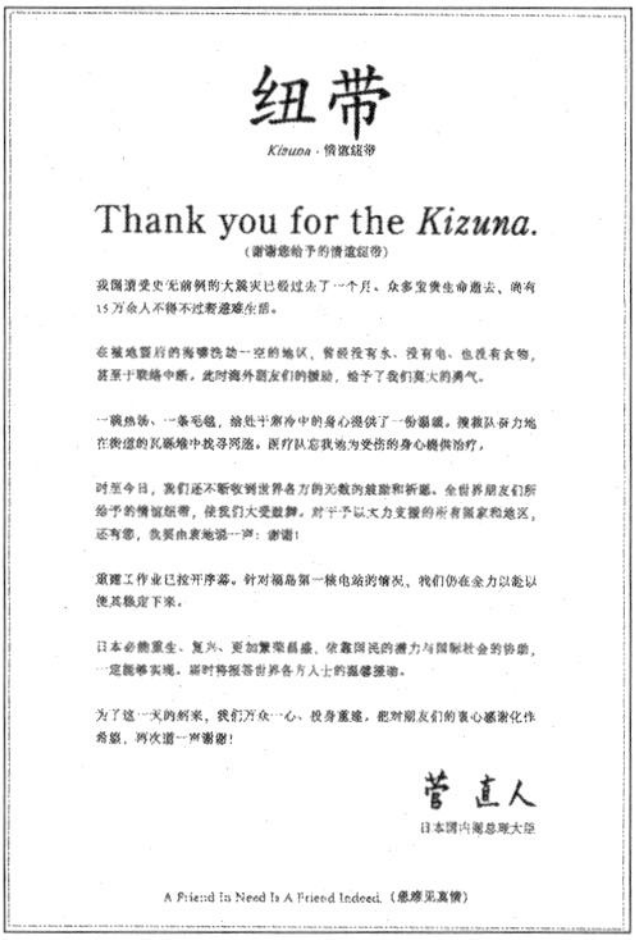

纽带

Kizuna · 情谊纽带

Thank you for the *Kizuna*.

（谢谢您给予的情谊纽带）

我国遭受史无前例的大震灾已经过去了一个月。众多宝贵生命逝去，尚有15万余人不得不过着避难生活。

在被地震后的海啸洗劫一空的地区，曾经没有水、没有电、也没有食物，甚至于联络中断。此时海外朋友们的援助，给予了我们莫大的勇气。

一碗热汤、一条毛毯，给处于寒冷中的身心提供了一份温暖。搜救队奋力地在街道的瓦砾堆中搜寻同胞。医疗队忘我地为受伤的身心提供治疗。

时至今日，我们还不断收到世界各方的无数的鼓励和祈愿。全世界朋友们所给予的情谊纽带，使我们大受鼓舞。对于予以大力支援的所有国家和地区，还有您，我要由衷地说一声：谢谢！

重建工作业已拉开序幕。针对福岛第一核电站的情况，我们仍在全力以赴以使其稳定下来。

日本必将重生、复兴、更加繁荣昌盛。依靠国民的潜力与国际社会的协助，一定能够实现。届时将报答世界各方人士的温馨援助。

为了这一天的到来，我们万众一心，投身重建，把对朋友们的衷心感谢化作希望，再次道一声谢谢！

菅直人

日本国内阁总理大臣

A Friend In Need Is A Friend Indeed.（患难见真情）

Thank You for the *Kizuna*

　我が国が歴史上直面したことのない大震災から、一ヶ月が経った。多くの尊い命を失い、いまだ一五万人以上が避難生活を強いられている。

　地震後の津波ですべてが押し流された地域では、水や電気、食料もなく、連絡をとりあうこともできなかった。そんな時、海外の友人たちの援助が、私たちを大いに勇気づけてくれた。

　一杯のスープが、一枚の毛布が、冷えた心と体を温めてくれた。捜索隊は、がれきの山になった街で同胞を懸命に探してくれた。医療団は、傷ついた心と体を献身的に治療してくれた。

　今も、世界中から数限りない励ましと祈りが、私たちに届いている。世界中の友人たちが与えてくれた絆が、私たちをおおいに鼓舞させた。支援してくれたすべての国と地域、さらにあなたに対し、心よりありがとうを申し上げる。

　復興はすでに始まっている。福島第一原子力発電所の状況についても、私たちは安定化させるために全力を注ぎたい。

　日本は必ずや再生し、復活し、より強くなる。国民の底力と国際社会の協力をもとに、必ずや実現する。そうして世界の方々による温かい援助に報いたい。

　その日のために、私たちは団結して、復興へ全力をつくしてゆく。友人たちへの心からの感謝を希望に変えて。重ねて感謝を申し上げる。

菅直人

日本国内閣総理大臣

A Friend In Need Is A Friend Indeed.[138]

図２-21　広告「紐帯（Kizuna）」（『人民日報』2011年４月11日）

は、台湾の馬英九総統宛に同様の感謝状を送っていた。しかし、台湾でも新聞広告を出し、広く感謝を伝えるべきではないか。そう考えた日本の民間人有志が、Twitterで賛同者を募ったところ、多額の寄付金が集まった。この寄付金をもとに五月三日、『聯合報』と『自由時報』に「ありがとう、台湾」と銘打たれた広告が掲載された。「あなたの思いやりに深く感謝する。私たちは永遠の友である。東日本三一一大地震の時、私たちはあなたの支援に温かみを感じた。この情誼を永遠に忘れない」と、台湾への感謝がつづられていた。

本章で見てきたように、関東大震災においても、中国では官民挙げて日本への積極的な支援活動が展開された。震災が一段落した後、日本政府や民間団体は電報や書状を送ったり、使節団を中国に派遣したりするなどして、感謝の意を伝えた。一九二三年一一月一日、日本大使館は北京政府の閣僚や熊希齢らを招き、宴会を催した[139]。そこで、特命全権公使の芳澤謙吉は長年の中国滞在を通じ、今回の震災が中国人の「大仁愛」「世界的同情心」を理解する契機となったこと、そして日本への熱烈な支援に感激した旨を述べた。そうした日本側の対応は、おおよそ東日本大震災と同じといってよい。「まさかの友は真の友」であることを認識し、絆が強調されたのである。

いまや忘れさられた感のある中国の関東大震災支援。それは次章であつかう中国人殺傷事件が日中両国間で懸案となり、後景に追いやられてしまった面もある。しかし、東日本大震災でうけた支援と同じく、今後も語りつぐべきものであるといえよう。

第三章　ある中国人青年の死
――王希天事件と大島町事件という禍根

王希天の紀念碑

中国浙江省の東南部に位置する温州と青田。この隣接する二つの地域は、歴史的に多数の海外移民を送り出した「華僑の郷（僑郷）」として知られている。浙江省は、「七山一水二分田」と呼ばれるように、長江デルタ地帯に属するも山地・丘陵地が七割を占めており、耕地面積は少ない。とくに、青田は「九山半水半分田」といわれるほど、農業に不向きな土地柄であった。それゆえ、古来より生活の糧をえるために、域外へと働きに出る出稼ぎが多かった地域である。

二〇二〇年一月二三日、世界で最初に新型コロナウイルスが確認された湖北省武漢市が、都市封鎖された。その前の週まで、私はちょうど本書に関わる調査で、浙江省に滞在していた。杭州の浙江大学に留学していた学生と会い、「武漢で原因不明の病気が発生しているらしいね」と、世間話をしたのを覚えている。局所的な出来事とみなしており、危機意識はまったくなかった。杭州の名所である西湖周辺は、旧正月の春節をひかえ、多くの客でにぎわっていた。それから一週間後、武漢が都市封鎖する事態にいたるとは思いもよらなかった。

さらに驚いたのは、武漢および湖北省の各都市につづき、二月に入ると温州・青田をはじめとする浙江省全域へと感染が急拡大したことである。私と会った後、中国東北部へと旅行に出かけた学生は、ほどなく浙江大学が封鎖されてしまい、キャンパス内の寮に戻れなくなってしまった。この学生は結局、寮の荷物すらとりに入れないまま、帰国を余儀なくされた。

なぜ湖北省のつぎに、地理的に隔たった浙江省へと感染が広がったのか。その原因として、コロナウイルスの発生元とされる武漢・華南海鮮市場一帯で、多くの温州人が店をかまえ、商売をいとなんでいたことが挙げられる（なお、温州人という場合、広く青田出身の者もふくむことが多い）。彼らが春節を故郷でむかえようと、帰郷したためにウイルスが持ち込まれたというのである。温州・青田からは、今日でも多くの者が国内外を問わず、ビジネスチャンスを求めて外へと働きに出ている。

また、三月はじめには、感染者が増えはじめていたイタリアから帰国した青田籍の男女八人より、コロナウイルスが検出された。海外から浙江省にウイルスが持ち込まれた最初の事例である。当時、イタリアには約一〇万の青田人が生活しているとされ、そのうち一〇〇〇〇人を超える人々の帰国が見込まれており、大きなニュースとなった。

現在、温州・青田人の海外移住先は、イタリアをはじめスペイン、フランスなどヨーロッパが大勢を占めている。とくに改革開放路線へと舵が切られた一九八〇年代以降、ヨーロッパへの移住が増加した。温州人は「東洋のユダヤ人」とも呼ばれる。現地語が話せなくとも温州の方言ができれば、支障なく暮らせるといわれる。ヨーロッパに比べると、日本への移住者は少なく、数千人ほどとされる。

しかし、地理的に近い日本は、かつてヨーロッパとならぶ主要渡航先の一つであった。一八九九年のいわゆる内地雑居開始以来、来日する中国人数の歴史的趨勢を見ると、一九二〇年頃より増加しはじめたのが確認できる。その多くが温州・青田出身の人々であり、東京を拠点とした。そんな来日して日も浅く、右も左も分からない彼らを突如襲ったのが、一九二三年九月に起こった関東大震災であった。

実のところ、第二章で紹介した中国人による震災体験・見聞録には、そうした出稼ぎ中国人が日本人に殺傷されたことを非難する記述が見られる。たとえば、横浜華僑への不当なあつかいを告発した中国人留学生は、中国人労働者である「華工」が日本人からうけた襲撃についても、こう語っていた。

もっともかわいそうなのは、多数が殺された華工である。華工は以前より日本人にひどく嫌われていた。昨年、日本政府は追放令を下した。この輩は純粋な中国風の衣服・履物を着けており、まだ辮髪を切っていない者もいた。もとよりひと目見て中国人と分かったので、その禍は留学生に比べてさらに烈しかった。日本の在郷軍人や青年団、警官、軍隊は刀剣、鉄棒、鉄鈎などの凶器で思いのままに殺害した。はなはだしきは甘言で空き地に誘い、集めて惨殺する者もいた。東京の三河島と大島で被害に遭った者が多かったようである。亡骸《なきがら》が山積みにされた時点で、その正確な数は知るすべもなかった。日本人はもとより、この輩の遺体を人にみせようとしなかった(1)。

神戸や長崎に避難した中国人労働者も、多くが生々しい傷を負っていた。留学生がその理由をたずねると、日本人から凶器で攻撃され、命からがら逃げ延びてきたと答えたという。

また、広東仏山出身の梁好は横浜公園に避難した後、入港してきたエンプレス・オブ・カナダ号に身を寄せた。そこで散り散りとなってしまった家族の行方をさがしていた際、つぎのような話を聞かされたという。

華人の難民の中に、避難している時、日本人が横浜の橋の下で、韓人と華人を無差別に殺すのを目撃したと話す者がいた。また、ある幼女をかかえた華人の婦女が、走って避難していた折、日本の警官に刺殺され、地面に倒れこんだり、華人二人が山下の電柱にしばりつけられ、息も絶え絶えになるまで鞭打ちをされていたりするのを見たという者がいた。話し終わると、華人はいずれもはげしく憤り恨んだ。しかし、船上の秩序を維持するために、各人はこれを我慢して押し隠した(2)。

当然ながら、自らの家族も襲撃をうけていないか安否が気づかわれた。幸い、梁好が神戸を経由して香港まで避難した後、幼子と夫の無事が確認されている。

梁好がいうように、震災で混乱する日本国内で、中国人がうけた人為的被害をうったえるのははばかられたであろう。右で引用した中国人留学生と梁の証言は、いずれも帰国後に現地新聞で公表されたものであった。こうして九月下旬以降、帰還した被災者の口から語られはじめることで、中国人殺傷事件が明るみとなり、日中両国の外交問題へと発展していった。

震災前、温州・青田出身の労働者たちは、大島町(現在の東京都江東区)や三河島町(現在の荒川区)、三ノ輪町(現在の台東区)など、いわゆる東京の下町に集中して住んでいた。このうち、とくに多数の中国人労働者が殺傷されたのが、中国人留学生も指摘する大島町である。大島町には、中国人労働者の権利保護や福利厚生をはかる自治組織である中華民国僑日共済会の事務所が存在した。この僑日共済会を一九二二年九月に創設し、主宰したのが、王希天《おうきてん》(一八九六―一九二三)という一人の青年であった(図3―1)。

九月一日の地震発生時、王希天は東京神田の中華留日基督教《きりすときょう》青年会の寄宿舎にいた。寄宿舎が倒壊するも、あやうく難を逃れた。戒厳令が布かれ、なかなか身動きのとれなかった王が、中国人労働者らの状況を把握しようと、大島町へと足を運んだのは、九日のことであった。すると、そこから王の消息が忽然《こつぜん》と途絶えてしまった。

震災の最中、川合義虎《かわいよしとら》（一九〇二―一九二三）や平澤計七（一八八九―一九二三）ら日本人の労働運動家が騎兵隊に屠《ほふ》られたり（亀戸事件）、アナキストの大杉栄（一八八五―一九二三）が甘粕正彦《あまかすまさひこ》憲兵大尉に殺されたりしたことは、中国でも大きくとりあげられた。王も彼らと同様に、葬り去られてしまったのではないか。王の失踪は、中国人殺傷事件を象徴する大きな問題となった。

温州市の中心部を流れる甌江《おうこう》の中流付近に、華蓋山という標高五六メートルの小高い山がある。現在は公園として整備され、市民の憩いの場となっている。その山頂にある大観亭の西側に、「吉林義士王希天君紀念碑」と刻まれた紀念碑が建っている（図3―2）。これはもともと、王亦文ら温州人有志が一九二六年一月に建造したものであった。[3] 当時、王希天の行方は不明のままであったが、中国人労働者のために力をつくし、命を失った「義士」として祀《まつ》られたのである。

この紀念碑は日中戦争下の一九四四年、温州に侵攻した日本軍が倒壊したとされる。その後、刻字面を下にして倒れたまま、長らく吹きさらしの状態に置かれていた。一九七〇年代末～一九八〇年代はじめ頃、王希天の息子から紀

図3－1　王希天（『王希天研究文集』）

図3－2　吉林義士王希天君紀年碑（筆者撮影）

念碑についての問い合わせがあり、それらしき石柱を発見したものの、精査・確認するまでにいたらなかった[4]。

この石柱が紀念碑であると判明したのは、一九八九年夏のことである。それから、王希天および中国人労働者殺傷事件の真相究明にとりくんでいた仁木ふみ子が中心となり、日本で紀念碑再建のためのカンパが募られた。こうして集まった資金をもとに、王希天の死から七〇周年にあたる一九九三年九月、紀念碑が修復・再建され、除幕式が開かれた。倒壊してから実に半世紀ぶりの復元であった。

以上のように関東大震災後ほどなく紀念碑が建てられるも、長い間忘れられた存在となっていた王希天。今日、今井清一や田原洋、仁木らの調査・研究により、王は陸軍中尉に斬殺されたことが明らかになっている[5]。この王希天事件は、第二章でふれた関東大震災後における日中両国の友好的なムードに冷水を浴びせる外交問題となった。

そもそも、なぜ温州・青田から来た中国人労働者、および彼らの庇護役であった王希天が震災時に命をねらわれたのか。歴史教科書や関東大震災の研究書では、概して朝鮮人に関する流言蜚語により、中国人も犠牲になったと記述されている。すなわち、誤殺である。その背景には、中国人も朝鮮人と同じムジナだとみなす日本人の差別意識があったとされる。

たしかに、朝鮮人と間違われて襲撃された中国人も存在した。しかし、さきに挙げた引用文にあるように、在日中国人の大半をしめる「華工」たちは、辮髪を垂らすなど一見して中国人と分かる身なりをしており、誤殺が主な原因であったとは考えられない（多くの場合、朝鮮人と間違われたのは、中国人留学生であった）。当時の日本人は、中国人と朝鮮人をはっきりと見分けていた。

それゆえ、中国人と朝鮮人の殺傷事件をひとまとめにせず、別個の問題としてとらえる必要がある。実際、震災時における中国人殺傷の経緯・背景を考察するに、朝鮮人のケースとかなり様相が異なっている。本章では、この問題を考えるにあたり、まず震災前の日本における中国人労働者の歴史的状況についてみてゆくことにしたい。

内地開放と中国人

一八五八（安政五）年七月、時の政権である徳川幕府はアメリカと日米修好通商条約を締結した。この条約はアメリカ側だけに領事裁判権および最恵国待遇をみとめ、日本に関税自主権がないなど、日本に不利な内容となっていた。幕府はつづいてオランダ、ロシア、イギリス、フランスと同様の内容をふくんだ通商条約を結んだ。いわゆる安政の五カ国条約である。交渉・調印した幕府方がどれだけ不平等であることを自覚していたかはともかく、政権が明治新政府へと移ると、これら条約内容の改正が外交における最重要課題となった。

本格的な条約改正交渉がおこなわれるのは、井上馨《いのうえかおる》（一八三六—一九一五）が外務卿《がいむきょう》（外務大臣）をつとめた一八八〇年代以降である。井上はまず、法権の回復、すなわち領事裁判権の撤廃をめざした。日本は欧米列強に領事裁判権をみとめる代わりに、開港地に設けられた居留地の外へ許可なく出歩くことを禁じていた。領事裁判権を撤廃するとなれば、おのずと居留地に彼らを押しとどめる根拠も失われることとなる。実際、井上は一八八六年五月より開かれた条約改正会議で、領事裁判権の撤廃を居留地制度の廃止と引き換えにおこなおうと交渉にあたった。

一八八七年四月、この方針に沿った改正案が合意された。改正案には、外国人が関わる訴訟を審理する裁判所で、外国人判事を任用するという付帯条件がついていた。これが公になると、日本の主権を著しく損なうものとして、政府内外から反対の声が上がった。結局、井上は条約改正の無期延期を各国に通告し、九月に外務大臣を辞任した。

井上の後をひきつぎ、外務大臣に就任した大隈重信（一八三八―一九二二）は、共同会議でなく国別談判の方式をとり、交渉を推し進めた。大隈の条約改正案は、井上のものと比べ多くの面で日本に有利となっていた。しかし、井上案と同じく大審院での外国人判事の任用をみとめたことが、またも世論の強い反発を招いた。一八八九年一〇月、玄洋社社員であった来島恒喜《くるしまつねき》（一八六〇―一八八九）が大隈に爆弾を投げつけ、右脚を失わせる惨事が起きた。こうして条約改正はふたたび頓挫《とんざ》し、国会開設後にもちこされることとなった。

領事裁判権撤廃にともなう居留地制度の廃止、すなわち内地雑居をめぐっては、官民でさまざまな意見が交わされた。その際、大きな争点となった一つに、中国人の内地雑居の可否がある(6)。明治政府は一八七一年九月、中国と日清修好条規を締結した。これは日本が外国と結んだ最初の対等条約であったが、互いに領事裁判権をみとめあうという変則的なものとなっていた。

井上・大隈両外相がとりくんだ条約改正交渉では、交渉相手は何より欧米諸国であった。しかし、居留地制度が廃止されるとなれば、日本の隣国であり、在留外国人の中で一番多い中国人の処遇も問題となってくる。当時の内地雑居尚早・反対論に特徴的なのは、中国人流入による社会の悪影響を指摘するものが多くみられる点である。

たとえば、政教社の機関誌『日本人』に掲載された論説「支那人の内地雑居を論ず」（一八八九）は、「我国の如きも、今日全国を開放して、遍《あまね》く外人の雑居を許るしたらんには、其《その》結果は、或《あるい》はマニラ土人の悲境に、陥るなきを必すべからざるなり」と、内地雑居をおこなえば、欧米人と中国人に国内の産業を牛耳《ぎゅうじ》られ、フィリピンの原住民のような悲惨な境遇に落ち込みかねないと主張した。(7) とくに、中国人の内地雑居については、（一）手腕に秀でた中国人商人との競合、（二）労苦をいとわない低廉な中国人労働者の増大、（三）中国人が持つ悪習慣による風紀の乱れ、（四）中国人との「雑婚」による民族的統一性の喪失、という四つの「弊害」を挙げている。加藤弘之（一八三六―一九一六）も『雑居尚早』（一八九三）で、中国人の内地雑居がもたらす有形的「害悪」として、同様の趣旨を語っていた。(8) 中国人内地雑居反対論の主要な論拠は、ほぼ右の四点に尽きているといえよう。

その後、条約改正は外務大臣に就任した陸奥宗光《むつむねみつ》（一八四四―一八九七）のもと、一八九四年七月に調印された日英通商航海条約により突破口が開かれた。この条約では、外国人判事任用の条件がなく、内地の自由な旅行・居住をみとめる代わりに領事裁判権を撤廃すること、相互的な最恵国待遇、関税自主権の一部回復などが定められた。条約の発効は五年後の一八九九年七月一七日とし、ほかの欧米各国とも同様の条約を締結した。ここに、外国人居留地制度の撤廃・内地開放が具体的な日程にのぼることとなった。

日英通商航海条約締結からほどなく、日本と中国は朝鮮半島の権益をめぐり、砲火を交えた。この日清戦争の勃発により、日清修好条規は失効した。敵国人となった中国人に対する新たな法令として、宣戦布告から三日後に公布・施行されたのが、勅令第一三七号「帝国内に居住する清国臣民に関する件」である。勅令第一三七号では、中国の領事裁判権を否定し、日本の法律に服することが定められた。(9) 他方、中国人の居住はひきつづき居留地内に限定され、府県知事への居住登録が義務づけられた。また、中国人が新たに入国する際には、内務大臣の許可が必要となる。この勅令第一三七号は日清戦争後も、更新されずに適用される状況がつづいた(10)。

欧米諸国への内地開放実施にあたり、中国人の処遇をどうするか。中国人にも内地雑居をみとめるべきか。あるいは、あくまで居留地内ととどめておくべきか。条約の発効が近づくにつれ、官民で喧々諤々《けんけんがくがく》の議論が交わされた。中国人の内地雑居に反対する理由は、さきに示した四点に集約されており、とくに労働者の大量移住が懸念された。新たな法令の作成にあたった政府内でも、中国人労働者への対応をめぐり意見が分かれた(11)。文案が二転三転した末、最終的に枢密院がとりまとめ、一八九九年七月二八日に公布したのが、勅令第三五二号である。勅令第三五二号の第一条では、「労働者」についてつぎのように規定されていた。

外国人は条約若《もしく》は慣行に依り、居住の自由を有せざる者と雖《いえども》、従前の居留地及《および》雑居地以外に於《おい》て居住、移転、営業其の他の行為を為すことを得。但《ただ》し労働者は、特に行政官庁の許可を受くるに非《あら》ざれば、従前の居留地及雑居地以外に於て居住し、又は其の業務を行ふことを得ず(12)。

ここでいう「条約若は慣行に依り、居住の自由を有せざる者」とは、すなわち中国人が念頭に置かれている。中国人と明記すると角《かど》がたつために、無条約国や無国籍の者をふくめた広義の表現としたのである。

勅令第三五二号により、中国人労働者は許可なく従来の居住地を離れ、働くことが禁じられた。該当する「労働者」の職種については、施行細則として公布された内務省令第四二号で「農業、漁業、鉱業、土木建築、製造、運搬、挽車《ばんしゃ》、仲仕《なかし》業、其《そ》の他雑役に関する労働に従事する者」と定義している。[13] 家事使用人や調理師、給仕は除外された。また、草案の段階では、労働者とともに「行商」が規制の対象にふくまれていたが、最終的に条文から消されている。[14] この行商をみとめたことが、のちに問題を引き起こすこととなった。

内閣統計局編纂の『日本帝国統計年鑑』によれば、一八九九年の時点で日本在留外国人の総数は一万一五六一人、うち中国人が六三五九人と約五五％を占めていた。[15] 男女比を見ると、外国人全体が男八四一九人・女三一四二人であるのに対し、中国人は男五〇一一人・女一三四八人と圧倒的に男性が多かった。また、中国人の約半分にあたる二九九一人が、開港地であった横浜に在留していた。[16] 来日した中国人の中には、勅令第一三七号で定められた居住登録をしなかった者も相当数いたと考えられる。それゆえ、実際の在留中国人はもっと多かったであろう。

内地開放後、中国人が大挙して日本に押し寄せてくるのではないかという懸念は、杞憂《きゆう》に終わった。一九〇〇年の在留中国人が六八九〇人、一九〇一年は七三三〇人、一九〇二年は八〇二七人と、年単位で数百人程度の増加にとどまった。この一九世紀末から二〇世紀初頭にわたり来日した中国人で、目を引くのが留学生の存在である。

中国人が日本へと留学するきっかけとなったのは、日清戦争の敗北であった。[17] 東夷《とうい》の小さな島国にすぎない日本に敗れたことは、中国人に大きな衝撃をもたらした。中国も幕末維新期の日本をみならい、優秀な人材を海外に留学させ、西洋由来の科学的知識・技術の摂取につとめなければならない。その際、留学先としては、地理的に遠く離れた西洋よりも、政治・風俗・文字が同じで学びやすく、近くて費用も安くすむ日本が望ましい。日清戦争後、明治維新をモデルとして変法運動を展開した康有為は、清朝政府へこのように上書した[18]。また、湖広総督の張之洞《ちょうしどう》（一八三七―一九〇九）も『勧学篇』（一八九八）で、日本の経験にふれつつ、一年間の留学が西洋の書物を五年間よむことに勝ると主張した[19]。留学先はやはり、康有為と同様の理由から、「西洋」よりも「東洋」、すなわち日本が挙げられている。実際、張は一八九九年一月、湖北省から二〇人の留学生を日本に送り込んだ。こうして日本側からの働きかけもあり、中国人の日本留学が推進されたのである。

一九世紀末から二〇世紀はじめにかけ、どれくらいの数の中国人留学生が来日したのであろうか。統計がとられておらず、正確な数字は不明であるが、日本留学元年というべき一八九九年に約二〇〇人、義和団戦争をはさんで一九〇二年には五〇〇人へとふくれあがったとされている[20]。翌一九〇三年には一〇〇〇人へと倍増し、一九〇四年に一三〇〇人まで到達した。さらに科挙制度が廃止された一九〇五年には、一挙に八〇〇〇人へと激増し、ピークとなる一九〇六年に一万人の大台を突破した。一説には、二万人に達したともいわれている。

中国人留学生は勅令第三五二号で規定された通り、旧居留地外に居住することができた。留学生たちの多くは、彼らをうけいれる教育機関が集中する東京の神田や本郷、早稲田に住居をかまえた。やがて留学生の中に、清朝を打倒し、共和国を樹立しようとする革命思想を持つ者が現われた。こうした革命派学生をたばねる求心的存在となったのが、孫文である。孫文は一九〇五年七月、既存の革命団体である興中会、華興会、光復会を糾合した中国同盟会を東京で結成した（図3―3）。日清修好条規の失効で清朝の領事裁判権が撤廃されたことにより、孫文のような職業革命家も来日した。東京は中国人留学生の居住地であるとともに、中国革命運動の一大拠点となった。

このように内地開放実施当初は、勅令第三五二号の規定もあり、中国人が職を求めて大量移住してくる事態は起こらなかった。日本は「出稼ぎ先」よりも、「留学先」として中国人に選好された。また、孫文のような国を追われた革命家たちが活動する「潜伏先」にもなったのである。

中国人留学生と行商

図3－3　「中国同盟会発祥の地」碑（筆者撮影）

二〇世紀に入り、数年でうなぎのぼりに増加した中国人留学生。日本政府も中国人の日本留学を積極的に推進したものの、彼らをうけいれる体制を十分に整えていたわけではない。留学生に関する法令も、一九〇一年一一月に「文部省直轄学校外国人特別入学規程」を制定したくらいで、これにもとづき国立の学校に入学した中国人は、三九人にすぎなかった。実際、多くの中国人留学生が学んだのは、嘉納治五郎《かのうじごろう》（一八六〇―一九三八）が創設した弘文学院（のちに宏文学院と改称）など、私立学校であった。明確な規定がないまま、急増する中国人留学生をなし崩し的にうけいれていったのである。

しかし、孫文らの革命運動に身を投ずる中国人留学生が目につくようになると、清朝政府は日本に、中国人留学生を取り締まる法令を制定するよう要請した。日本側は当初、学問の自由をおびやかしかねないと難色を示すも、日本の各種学校を卒業した留学生への優遇措置とひきかえに、規制をかけることに応じた。[21] こうして交渉の末、一九〇五年一一月二日に公布されたのが、「清国人を入学せしむる公私立学校に関する規程」である。全一五条からなり、一般に「留学生取締規則」と呼ばれている。この留学生取締規則が公になると、留学生から強い反発が起こった。[22]

中国人留学生たちがおもに問題としたのは、つぎの第九条と第一〇条である。

第九条　選定を受けたる公立、又は私立の学校に於《お》いては、清国人生徒をして寄宿舎、又は学校の監督に属する下宿等に宿泊せしめ、校外の取締をなすべし

第一〇条　選定を受けたる公立、又は私立の学校は他の学校に於て性行不良なるが為《た》め、退学を命ぜられたる清国人を入学せしむることを得ず

第九条では学校が指定した宿舎に住んで管理をうけること、第一〇条は一度退学した者が他校に再入学できないことが、それぞれ記されている。留学生らは、これらの規定が居住や学問の自由を奪うものであるとみなしたのであった。

一二月一日、清国留学生会館の幹事長であった楊度（一八七五—一九三二）は、各省の同郷会の幹部らと協議をおこない、留学生取締規則の内容を糺《ただ》す意見書を作成し、駐日公使の楊枢を通じて文部省に提出した。その後、中国人留学生たちの態度は急速にエスカレートし、六日には留学生取締規則自体の取り消しを求め、同盟休校（授業ボイコット）を決行するまでにいたった。さらに事態を深刻化させたのが、八日に起こった陳天華（一八七五—一九〇五）による抗議の自殺である。

一九〇三年三月に国費留学生として来日した陳天華は、華興会を結成した一人であり、中国と日本を行

き来しつつ、蜂起を企てていた。中国同盟会が誕生した際にも、その発起人となり、機関誌である『民報』の編集を担当した。そうした矢先、陳は中国人留学生の同盟休校を「放縦卑劣《ほうじゅうひれつ》」と揶揄《やゆ》する『東京朝日新聞』の記事を目にした。この「放縦卑劣」という四文字が、陳をことのほか刺激し、品川の大森海岸に身を投げるまでにいたらしめたのである。

陳天華の自殺がもたらした衝撃は大きく、多くの中国人留学生が退学し、一斉帰国する事態にまで発展した。その数は、数千人規模におよんだといわれている。この騒動は翌一九〇六年一月には沈静化したものの、留学生数はこの年をピークに減少に転じた。留学生の質を確保しようと、日中両国が抑制をはかった面もあるが、辛亥革命から中華民国の成立にいたる一九一二年には、約一四〇〇人にまで落ちこんでいる。

この留学生取締規則反対運動が起こった後、中国人留学生の新たな活動拠点となった組織の一つに、中華基督教青年会（中華留日ＹＭＣＡ）がある。キリスト教青年会（Young Men's Christian Association, YMCA）は一八四四年、ジョージ・ウィリアムズら教派の異なった一二人の青年キリスト教徒が、同世代の労働者たちの人格的向上、生活改善をはかろうと、ロンドンで活動をはじめたのが、その起源とされる。ＹＭＣＡ運動はその後、世界へと拡大し、一九世紀末には日本と中国にも、世界学生基督教連盟（World Student Christian Federation, WSCF）に加盟するＹＭＣＡが設立された。中国のＹＭＣＡは、中国人留学生の風紀が乱れているといった噂を聞きつけ、その実態を調査しようと、総幹事であるウィリアム・ライアンと張佩之を日本に派遣した。[23] 二人が来日したのは一九〇五年一二月のことである。ちょうど、留学生取締規則反対運動が最高潮に達した時期であった。

ライアンと張佩之は、中国人留学生たちの混乱した様子をつぶさに観察したであろう。彼らのためのＹ

MCAを新たに設置し、人格的向上・生活改善をはからなければならない。そう考えたライアンらが着手したのが、中華留日YMCAの設立であった。その開設準備および初期運営については、初代幹事となった王正廷《おうせいてい》（一八八二—一九六一、図3—4）が全面的に請け負った。

図3-4　王正廷（『中華民国歴史図片檔案』第1巻）

父親が聖公会の牧師で、クリスチャン一家に生まれた王正廷は、中国で最初の都市YMCAである学塾基督幼徒会（天津YMCA）の創立メンバーの一人であった。一九〇四年から湖南省長沙の明徳学堂で英文科主任をつとめており、アメリカへ留学しようと資金をためていた。そうした中、王に新たなポストとしてもちかけられたのが、中華留日YMCA創設にともなう日本赴任の要請であった。

王正廷は当初、報酬の少ない中華留日YMCAの仕事をひきうけることに二の足をふんだ。これに対し、アメリカの実業家から所定の任務終了後に留学費用を負担する申し出があった。王は迷いながらもこのオファーをうけいれ、一九〇六年四月に来日をはたすこととなった。

中華留日YMCAの本部は当初、東京神田の東京基督教青年会館の一隅に設けられた。王正廷は幹事として、事務運営をとりしきるとともに、付設した学校の英語講師を担当した[24]。一九〇七年一月には、王の司会のもと、「中国基督教青年会成立紀念祝会」を青年会館講堂で開催した[25]。それから三ヶ月後の四月、東京でWSCFの世界大会が開かれた。大会終了後におこなわれた中国人留学生向けの伝道講演会には、二八二〇人の参加があり、二四四人の信徒を獲得したという[26]。王の在任中にはまた、中国人留学生の多かった早稲田に支部、および寄宿舎が新設された。同年秋、約一年半の任期をまっとうした王は、約束通りアメリカ留学へと旅立った。こうして王が基礎を築いた中華留日ＹＭＣＡは、中国人留学生たちの新たな一大活動拠点となっていった。

『日本帝国統計年鑑』によれば、日本に在留する中国人全体の数は、留学生数のピークであった一九〇六年に一万二四二五人に達した。その後、留学生の趨勢《すうせい》に合わせるように、辛亥革命および中華民国成立の一九一一～一二年まで減少の一途をたどった。それからほどなく、在留中国人数はふたたび上昇に転じ、一九一五年には一万二〇四六人と、一九〇六年の数と肩を並べるにいたっている。一九一五年は、前年に第一次世界大戦が勃発し、日本の国内純生産がいわゆる大戦景気をうけ、拡大をはじめた時期にあたる。

この大戦景気の恩恵をうけた業種の一つに、造船業がある。造船業は一九一三年末に造船工場数六、職工数二万六一三九人、建造汽船総トン数五万一五二五トンであったのが、一九一八年末には工場数五七、職工数一〇万七二六〇人、建造汽船総トン数六二万六六九五トンへと急拡大した(27)。一九一七年八月に起工した戦艦長門は、労働者が足りなくなり、一時建造の中断を余儀なくされた(28)。

また、造船工場の拡充・増設にあたっても、人手の不足が深刻化した。一九一七年七月、内務大臣であった後藤新平は、山口県の造船場土木工事にあたり、勅令第三五二号による中国人の労働制限を解除するよう閣議にはかった。その請議書では、制限解除の必要性がつぎのように説かれていた。

現今時局の趨勢の如きは、当時（勅令第三五二号公布時——筆者）に於《お》て決して予想せざりし所なり。今や欧洲戦乱の結果、工業界に於《お》ける労働者の需用は頃に著しきを加へ、殊に国家の需要に応じ、時局緊急の作業を短期間に完成すべきの責を負へる企業者に在《あ》りては、勢ひ支那労働者をも招致して一時に其の労働能力を増加する。亦《また》機宜《きぎ》の処置として已《や》むを得ざるものあり。故に之《これ》に適当なる制限及《および》監督を加へ、特に其の経済上及社会上の影響に付《つい》ては、慎蜜なる注意取締を怠らず、緩急宜しきを制するに於ては、之を許容するも敢て不可なきのみならず、亦時局進運の必要的結果を阻止せざるの適当の処置なりと謂《い》ふべし(29)。

勅令第三五二号は二〇年ほど前に策定されたものであり、今の時代状況にそぐわない。慎重を期しつつ、中国人労働者を積極的にうけいれるべきだとする後藤内相の姿勢がうかがえよう。

この請議書に対し、外務大臣の本野一郎（一八六二―一九一八）は賛意を示しながらも、日本人労働者が反発し、中国人排斥運動へと発展する事態を憂慮していた。実際、これが閣議を経て、いかなる結論にいたったのかは定かでない。ここではひとまず、日本政府内で中国人労働者への制限を緩和する動きがあった事実を確認しておきたい。

好景気にわいた日本経済は、大戦終結後の一九二〇年になると一転、反動恐慌にみまわれた。注意すべきは、大戦中にほぼ横ばいであった在留中国人の数が、一九二〇年より増加しはじめた点である。これら新たな来日中国人の大きな一角をなしたのが、温州と青田の出身者であった。

本章はじめで述べたように、温州・青田は古来より、多くの出稼ぎを域外へと送り出した地域であった（図3―5、6）。一九二〇年代に入り、日本に渡る温州・青田人が増加した要因としては、中国国内のきびしい経済状況や大戦中に好況であった日本への着目、地理的な渡航のしやすさ、斡旋業者（ブローカー）の暗躍などが挙げられる(30)。第二章でふれた一九二二年夏の壬戌水害など、自然災害にもみまわれた。青田の馮垟村出身である王仕福（一九〇一―一九八五）が、はじめて日本の地を踏んだのも、一九二二年のことであった。王仕福は、史上最多八六八本のホームランを打った元プロ野球選手・王貞治の父にあたる。

また、たまたま中国から携帯した温州産の雨傘が日本人の目に止まり、好評を博したという[31]。これを聞きつけた多くの温州・青田人が一山当てようと、行商の身分で来日した。勅令第三五二号の草案段階では、行商が労働者とともに規制対象となっていたものの、実際の条文で除外されたことは、すでに述べた通りである。雨傘のほか、青田の名産である石材(青田石)、漢方薬、草履《ぞうり》、財布、万年筆などが商品として販売された。

図3－5　青田馮垟村（筆者撮影）

図3－6　青田馮垟村の入り口門。左の柱に「貞治棒球封冠王」とある（筆者撮影）

行商らの中には、予期通り多くの稼ぎをえた者もいたであろう。しかし、不況に落ちこんだ日本で、行商で身をたてることは容易でなかったにちがいない。しだいに、行商として来日しながら、糊口《ここう》をしのぐために禁じられた労働へ従事する者が現われた。また、最初から労働者として働くつもりで来日したいわゆる偽装行商も、少なくなかったと考えられる。こうしてなし崩し的に増えていった中国人労働者が、日中両国間の新たな火種となってゆくのである。

王希天が創設した僑日共済会

一九一八年一月二四日、日本政府は内務省令第一号「外国人入国に関する件」を公布した。これが日本における最初の入国管理法令とされる。この第一条では、日本に渡来する外国人に対し、以下に該当する者の上陸を禁止できることが定められていた。

一、旅券又は国籍証明書を所持せざる者
二、帝国の利益に背反する行動を為《な》し、又は敵国の利便を図る虞《おそれ》ある者
三、公安を害し、又は風俗を紊《みだ》る虞ある者
四、浮浪又は乞丐《かたい》の常習ある者
五、各種伝染病患者、其《そ》の他公衆衛生上危険なる疾患ある者
六、心神喪失者、心神耗弱者、貧困者、其の他救助を要すべき虞ある者(32)

中国人は、日中両国の相互主義でパスポートの携帯が義務づけられておらず、右の第一項の適用外とされた。中国人とのからみで問題となったのは、第六項である。すなわち、「貧困者、其の他救助を要すべ

き虞ある者」であることを理由に、中国人の入国をみとめない事案が頻発するようになった。

一九二二年一月、上海からやってきた温州人四七人が神戸港で、日本当局に上陸を拒否された[33]。彼らは行商を名乗るも商品を持たず、所持金も皆無であった。これが内務省令第一号公布後、集団渡航者に入国禁止を適用した最初期の事例である[34]。四七人は船上のまま、強制送還されることとなり、中国で波紋を呼んだ。

また同年、傘行商と称し、長崎に渡来した温州人三七人が、上陸を許可した後に無一文であることが発覚した[35]。日本の各港では、「貧困者、其の他救助を要すべき虞ある者」でないことを査証するにあたり、一定額の所持金を要求した。彼らはこれをすりぬけるために、同船者から「見せ金」を借りうけていたのである。

一九二三年一月と二月にも、門司《もじ》港に来た温州人三人と青田人五人がそれぞれ、所持金と船荷証を偽り、入国しようとしたことが判明した[36]。門司に駐在していた領事代理の翁光忠は、近来温州・青田のある浙江省からの来航者が非常に多いものの、身元をひきうけられないため、上陸を許可しないよう陳情していた。中国人の入国禁止者数は、一九二〇年には一人にすぎなかったのが、一九二一年に一〇二人、一九二二年に二三九人、一九二三年は関東大震災前までの八ヶ月間だけで五〇〇人に達した[37]。

こうした水際対策にくわえ、日本政府は国内における中国人労働者の取り締まりを強化した。その法的根拠となったのが、第一次世界大戦中に時代と適合していないとされた勅令第三五二号である。行商として実態のない者や禁じられた職種に就いた労働者などが、文字通り処罰の対象となった。

最初の大がかりな取り締まりがおこなわれたのは、一九二二年三月であったことが、日中両国のメディア報道から確認できる[38]。東京在住の中国人一七〇人に対し、勅令第三五二号に違反しているとして、国外退去が命ぜられた。彼らの多くは山東省出身で、ヒビの入った陶器を修理する鎹《かすがい》止めなどを生業《なりわい》としていた。

これに対し、駐日代理公使の馬廷亮は外務省に赴き、抗議をおこなった(39)。鎹止め職人は熟練した技術を持った一種の商人であり、苦力《クーリー》のような労働者にあたらないというわけである。外務省は鎹止め職人があくまで労働者であると斥けるも、いったん入国した者への取り締まりを緩和するよう内務省に要請していた。

しかし、八月になると、ふたたび取り締まりが強化された。まず、三河島で賭博をしていた中国人十数人が検挙されたことをきっかけに、計八六人に帰国命令が下された(40)。この一報をうけた中国人労働者と留学生らは警視庁に出向き、帰国旅費の都合がつかない者の強制的な追放が、日中関係に大きな禍根をもたらすと善処を求めた(41)。彼らと接見した警視総監が、「旅費を得る迄《まで》、行商及《および》労働は差支《さしつかえ》ない」と条件付きの在留をみとめたことで、いったん事が収まっている。

つづく九月には、神戸に居住する温州・青田出身の中国人六三人に対し、退去命令が出された(42)。行商として来日するも、実際は勅令第三五二号がみとめない労働に従事し、劣悪な生活を送っているというのが、その理由である。彼らも帰国の旅費をかせぐまで猶予を求めたが却下され、大部分が強制送還された。この時期、温州・青田人計二〇〇人あまりが、日本から追放措置をうけ、中国に送還されたという(43)。

外務省記録として残っている中国人労働者の取り締まり件数を集計すると、一九二二年三月から一九二三年八月末までに通報された七六〇人のうち、じつに約八割にあたる六三〇人が温州・青田人であったことが分かる(44)。日本在留の温州・青田人数については、一九二二年春より急増し、五〇〇〇人あまりにのぼったとする資料もあるが、正確な数は分からない(45)。彼らの大半は、すでに述べたように大島町や三河島町、三ノ輪町といった東京の下町に集住していた。

一九二二年九月、王希天が僑日共済会をたちあげたのは、まさにこうした中国人労働者をめぐるきびしい状況をうけたものであった。

王希天は一八九六年九月一一日、吉林省長春に生まれた。父方の祖父が皮革製品の製造・販売で成功し、財を築いた名家であった。なお、その旧家・店舗は一九五七年の反右派闘争で破壊されてしまったという。[46]

一九世紀末より始まった日本への留学生送り出しと並行して、中国国内でも教育のあり方が大きく変わった。王希天は日本をモデルとして創設された新式学校で、初等教育をうけた最初の世代に属する。高等小学校を順調に卒業し、一九一一年に吉林省立第一中学へと進学した。

辛亥革命を経て、教育内容はさらに「西学」主体となったであろう。しかし、校長の学校運営に不満を持った王希天は一九一三年、同級生たちとともに、その改善を求めて授業ボイコットをおこなった。[47]これに対し、学校側は一歩も引かず、王らに退学処分を下した。翌年一一月、王はひきつづき勉学に励もうと、日本に渡った。結婚したばかりの妻と子供を残しての日本留学であった。

来日した王希天はまず、神田の東亜高等予備学校で学んだ[48]（図3―7）。東亜高等予備学校は松本亀次郎（一八六六―一九四五）が中国人のために設立した教育機関である。ここで優秀な成績をおさめた王は、吉林省の官費留学生に採用され、一九一七年九月に第一高等学校予科へと進学した。

王希天はこの間、中華留日ＹＭＣＡの催しに参加したことをきっかけに、日曜礼拝に通うようになった。[49]さきに述べたように、中華留日ＹＭＣＡは当時、中国人留学生の活動拠点となっていた。キリスト教に傾倒していった王は一九一六年春、留日メソジスト教会で受洗した。これを機に、それまでたしなんだタバコと酒を絶ったという。キリスト教徒となった王は、本名であった「熙敬」を「希天」に変えた。希天は

図3-7　王希天（前列右二）と周恩来（前列右一）
（『王希天小史』）

文字通り、「天に希《こいねが》う」ことを意味していよう。

一九一八年四月、王希天は日支共同防敵軍事協定に反対しようと、留学生仲間とともに中華民国留日学生救国団を結成した[50]。この軍事協定の交渉は非公開で、秘密裏に進められたが、三月末より中国の各新聞でとりあげられはじめた。軍事協定には日本が中国の兵器工場を管理したり、中国の警察制度を組織したりすることを定めた条項がもりこまれていると報道された。これが中国の主権を侵害するものとして、大きな反発を呼んだのである。

留日学生救国団は、軍事協定拒否の意思表示をしようと、一斉帰国を企てた。王希天は五月一五日、先遣隊の一員として天津経由で北京に入った[51]。翌日に陸軍、一九日に海軍に関する軍事協定がそれぞれ締結されると、これを強く批判した「中華民国留日学生救国団宣言書」を『民国日報』に発表した[52]。二一日には、北京の学生二〇〇人あまりとともに、大総統府へと赴き、批准しないよう要請をおこなった。結局、報道されたような条項はなく、各地に広がったデモもほどなく沈静化したが、日中両国をまたがる大きな騒動となった。

一九一八年末、日本に戻った王希天は、一高予科を卒業し、翌年九月に名古屋の第八高等学校へと進学した。そこで同学となった王兆澄（一八九六―一九四九）を通じ、在日中国人労働者の生活状況に関心を持

図3－8　賀川豊彦（『賀川豊彦・人と業績』）

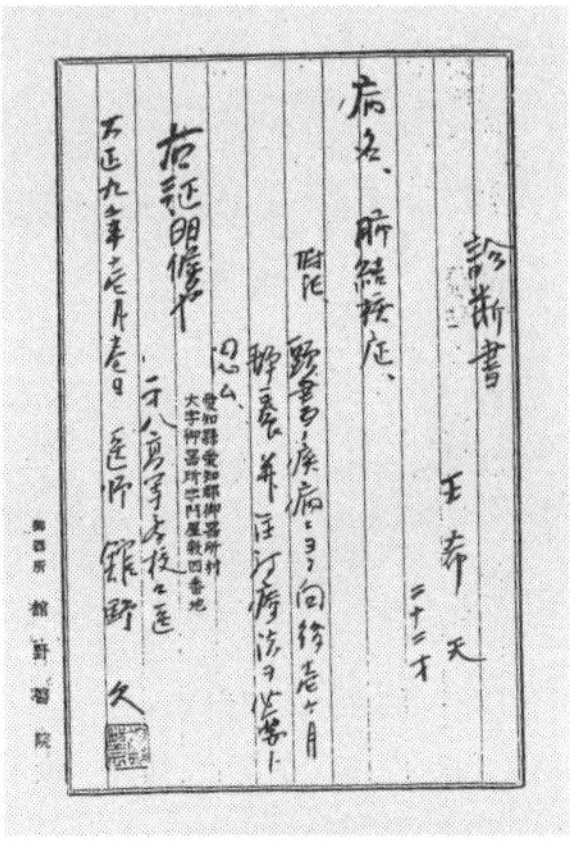

診断書
王希天　二十三才
病名、肺結核症、
附記　頭書ノ疾病ニヨリ向後壱ヶ月
静養并ニ治療法ヲ必要ト
認ム、
愛知県愛知郡御器所村
大字御器所字門屋敷四番地
右証明候也
第八高等学校之医
大正九年壱月壱日　医師　舘野久
御器所　舘野醫院

図3－9　肺結核症と記された王希天の診断書（『王希天檔案史料選編』）

ちはじめたようだ。王希天は貧民窟《ひんみんくつ》に住みこんで調査した賀川豊彦（図3—8）を尊敬し、「日本の貧困問題が解決したら、中国で貧民のために伝道する」という彼の言葉を聞き、感銘をうけていた[53]。賀川のベストセラーとなった自伝的小説『死線を越えて』（一九二〇）は、王にとって座右の書であり、彼の死後に見つかった数少ない遺留品の一つであった。

八高入学後、王希天の学業は順調といかず、一九二〇年夏に体調をくずして落第してしまった[54]。一方でこの頃、官費性として日本からドイツへの転学を、吉林教育庁に申請したのが確認できる[55]。これは前例がないとして却下された。その後、当時不治の病とされた肺結核にかかり療養生活を余儀なくされると、八高を退学した[56]（図3—9）。

静岡県の伊豆長岡で約半年間静養した王希天は、幸いにも体調が回復した。ちょうどその時、留日メソジスト教会が日本を離れる彭彼得牧師の代わりをさがしていた。王に白羽の矢がたち、オファーをうけるところを快諾した。こうして一九二一年秋、王は東京へと

図3-10　夏季学校での集合写真（『王希天小史』）

図3-11　山室軍平（『山室軍平選集』第10巻）

移り、留日メソジスト教会の幹事に就任した。信者は四〇人あまりで、自前の教会もなく、中華留日ＹＭＣＡ会館が集会場所となっていた。一九二一年末には、中華留日ＹＭＣＡの幹事にも選任された。

一九二二年七月、中華留日ＹＭＣＡは千葉県の大原海岸で夏期学校を開催した（図3―10）。前章で述べた関東大震災の際、中国人留学生ら百数十人が房州で被災したのも、中華留日ＹＭＣＡが千葉県南部に活動拠点を置いていたことが大きい。夏期学校の執行幹事をつとめた王希天は、中国人労働者の困窮を防ぎ、福利厚生をはかる必要性をうったえた[57]。すると、その場にいた救世軍の山室軍平（一八七二―一九四〇、図3―11）が王に賛同し、支援を約束した。

救世軍（The Salvation Army）は、メソジスト派の牧師であったイギリス人のウィリアム・ブース夫妻が一八六五年に創設した教派団体である。ロンドンのイーストエンドを拠点とし、貧困救済や公衆衛生など、社会事業にとりくんだ。世界各地へと活動を広げていった救世軍が日本の地を踏んだのが、一八九五年九月のことであった。山室はその理念に共鳴し、日本人として最初に救世軍へと入隊した。山室と王希天は教会活動などを通じ、以前から交流があったのだろう。

東京に戻った王希天は、山室から紹介された青木賢次郎の助力をえつつ、中国人労働者を保護・教育する組織づくりに奔走した。こうして警視庁や中国公使館とも折衝を重ねた末、結成するにいたったのが、僑日共済会であった（図3—12）。共済会の事務所は、中国人労働者が多く居住する大島町に置くこととなり、九月二一日に設立大会が開かれた。共済会の委員長（のちに会長）には王が、顧問の一人として青木がそれぞれ就任した。

図3-12　共済会第一回連合会議（『王希天小史』）

僑日共済会は、会員からの会費と寄付を基礎に運営し、「徳行を増やし、智識を養い、意思疎通して相互に助けあう」ことを目的にかかげた[58]。具体的には、退去命令の理由となっていた不潔な身なりや住居、賭博《とばく》、阿片《あへん》といった生活習慣の乱れを改善しようと、衛生管理や罰則を定めた会の規約を制定し、これを遵守するよう指導をおこなった。また、言語不通による問題を解消するために、日本語を教える夜学校や診療所を運営した。死亡者の処理、弔いなども請け負ったようである。対外的には、入国禁止や労働禁止、帰国命令が出された際の日本側との交渉、賃金未払いといったトラブルの仲裁などにあたった。

共済会での活動時、王希天は「要注意人物」として警察に行動を監視された。その一方で、共済会は一九二三年三月、大島町を視察した警視庁外事課長から「衛生状況が大いに改善された」と、高い評価をうけていた(59)。活動方針に「日本の警察と連絡をとり、不良分子をとりしまること」とあるように、警察との協調もはかった。王は警察にとって、中国人労働者の権利を代弁する手強い交渉相手であるとともに、言葉も通じない中国人を統括し、問題を処理する有用な人材であったといえよう。

共済会は一九二三年はじめ、東京および副会長の王兆澄が活動する名古屋に加え、中国人労働者の多い京都や大阪にも支部を開設した。会員はおもに温州・青田人で、同年五月までに大島町の一三〇〇人を筆頭に、全体で三〇〇〇人を超えた(60)。このように共済会は半年あまりで、東西各地を網羅する一大組織へと発展をとげたのである。

王希天の失踪

一九二〇年代に入り、国内に増えていった中国人労働者にどう対応するか。この問題について、日本政府が明確な方針を持っていたとはいいがたい。行商として来日する者を無下《むげ》に拒否すれば、当然ながら中国に対抗措置をとられかねない。当時、日本からも多くの商人が中国に渡り、小売業などをいとなんでいた。そうした中国での経済活動を制限されることは、避けなければならなかった。

また、第一次世界大戦後の一九一九年六月には、ヴェルサイユ講和条約にもとづき、国際連盟の専門機関として国際労働機関（International Labour Organization, ILO）が創設された。日本と中国は、ＩＬＯの原加盟国であった。一〇月にワシントンで開かれたＩＬＯ第一回総会では、外国人労働者の相互的待遇に関する勧告が出された。中国はこの相互主義によりつつ、日本における中国人労働者の取り締まりが、国際的信義に反していると批判した。日本はあくまで従来からの法的手続きにもとづき処理しており、中国人を差別したものでないと弁明した。

さらに、日本人移民をめぐり軋轢《あつれき》のあったアメリカとは、逆の立場に置かれていた。中国人労働者問題が紛糾すれば、アメリカに日本人移民を規制する口実を与えかねない。国内の雇用や治安を重視する移民抑制派の内務省と、国際的協調にたつ容認派の外務省というように、日本政府内でも意見が分かれていた。日本は中国人労働者を抑制したくとも、あいまいな態度をとらざるをえなかったのである。

大戦景気から不況にみまわれた日本において、安い賃金でもいとわずに働く中国人労働者は、日本人の職を奪う存在として怨嗟《えんさ》の的《まと》となった。一九二〇年八月二一日、大日本労働総同盟友愛会の会長である鈴《すず》木文治《きぶんじ》（一八八五―一九四六）らが、前夜に開かれた海員大会の決議文を逓信《ていしん》省管船局に提出した[61]。反動恐慌の影響を大きくうけた汽船会社は、日本人海員の代わりに賃金の安い中国人を多く雇い入れた。これに対し、神戸と横浜を拠点とする四八の海員団体が連合し、反対運動を展開した。決議文では、「今日に至つて日本人を解雇し、支那人を雇傭する資本家の我慾的行為は、日本労働者界一般に危険思想を誘発する恐れあり」として、行政上の手続きにより外国人の雇用を制限することが求められた。日本最大の労働団体であった友愛会は、主張の一つとして「内外労働者の同一待遇」をかかげるなど、労働者の国際協調をうたった[62]。しかし、実際に中国人労働者が増えると、その待遇改善でなく排除へと向かったのである。

また、一九二二年一〇月一二日、東京市を流れる隅田川を中心に、船積みの荷物を陸揚げする小揚人足三〇〇人あまりが、連判状を作成し、中国人労働者を退去させるよう警視庁外事課長に陳情した[63]。不況で日雇い労働者が増加している上、中国人労働者は日本人より三割も安い賃金で労働する。そのため、就労がいちぢるしく困難となっているというのが理由であった。

一九二三年二月一四日には、横浜市の高島駅で石炭の陸揚げ作業をおこなう中国人労働者と日本人が衝突し、乱闘する事件が発生した[64]。陸揚げ作業を請け負った会社が中国人三〇人を雇用したことに対し、日本人が生活を脅かすものとして抗議をおこなった。会社はこれを聞き入れず、なおも中国人の雇用をつづけたために、日本人が現場に乗り込んだという。当時、王希天は支部開設や警察との交渉のために、大阪へと向かっていた(65)。乱闘事件の電報をうけると、急いで帰京し、神奈川県庁や警察署、内務省などを回り、当事者である中国人の善処をうったえた。

雇用をめぐる日中両国労働者間の対立は、しだいに激しさを増し、調停役をつとめた共済会の負担も大きくなった。王は一九二二年冬、山手線の電車内で日本人の人夫頭から短刀をつきつけられ、脅迫をうけたことがあったという(66)。その人夫頭と賃金未払いで争っていたのが原因であった。また一九二三年八月には、ある中国人行商に密告され、警察に六八時間勾留《こうりゅう》されたこともあった(67)。共済会会長としての任務は、日本人だけでなく、一部の中国人からも恨みをかう過酷な役回りであった。

一九二三年九月一日に関東一帯を襲った大地震は、こうした移民・労働問題をかかえた最中に起こった出来事であった。

前章で述べたように、東京永田町にあった中国公使館と横浜の総領事館は、どちらも震災で全壊・焼失した。幸い公使館では、代理公使の張元節をはじめ公使館員全員が無事であったものの、まったくの機能不全におちいった。公使館から書類などを運び出すのに精一杯で、付近のドイツ大使館を頼り、そこに臨時事務所を置いた。張は本国の外交部にはじめて打電した九月八日の時点で、いまだ中国人の被災状況に関する確実な情報がないと報告せざるをえなかった。

横浜総領事館では、総領事の長福が建物の下敷きとなり命を失ったのをはじめ、七人が犠牲となった。東京御茶ノ水で被災した副領事の孫士傑は、急いで横浜に戻ろうとした(68)。しかし、東京―横浜間の鉄道は寸断され、身動きがとれなかった。その後、総領事代理に任命された孫が横浜へ正式に帰還できたのは、九月一八日のことであった。このように本来、在外公館が担うべき自国民の保護などの業務は、被災により不可能な状況にあった。

それゆえ、中国人救護の初期においては、日本が中国側の要請をうける形で主体的に動いた。日本政府には、可及的すみやかに中国人を保護せざるをえない事情もあった。震災直後より流言蜚語《ひご》が飛び交い、多くの朝鮮人が虐殺される中、中国人にもその累がおよんでいるとの情報があったからである。

九月四日、外務省亜細亜局長の出淵勝次《でぶちかつじ》（一八七八―一九四七、図3―13）は、山川端夫条約局長と松平恆雄欧米局長とともに、福田雅太郎《ふくだまさたろう》（一八六六―一九三二）関東戒厳司令官に面会した。そこで、つぎのように中国人被災者への懸念を伝えていた。

> 鮮人に対する虐殺の余波、万一にも支那人に及ぶが如きことあらむか、支那人は全然外国人なる関係上、一層重大なる問題を惹起《じゃっき》すべきに付、此《こ》の際鮮人に対すると同様、支那人の救恤《きゅうじゅつ》保護方に付、特に留意ありたき旨注意せるに司令官は悉《ことごと》く同意の旨を言明せり[69]。

図3-13　出淵勝次（『実業時代』第5巻第8号、1928年8月）

日本の植民地支配下にある朝鮮人の虐殺については、あくまで帝国内の問題として処理できる。それと異なり、中国人が被害をうければ、深刻な国際問題となるので、救護に特段の配慮を払ってもらいたい。この出淵の要請に対し、福田も同意を示したという。

実のところ、右の面会がなされた時点ですでに、大島町で数百人におよぶ中国人労働者が殺害される事件が起こったことが、日本政府内で認知されていた。外務省記録には、警視庁外事課長の広瀬久忠（一八八九—一九七四）が九月六日におこなった「直話」として、以下の内容がつづられている。

目下、東京地方にある支那人は約四千五百名にして、内二千名は労働者なる処、九月三日大島町七丁目に於《おい》て、鮮人放火嫌疑に関連して支那人及《および》朝鮮人三百名乃至《ないし》四百名、三回に亘《わた》り銃殺又は撲殺《ぼくさつ》せられたり。

第一回は同日朝、軍隊に於て青年団より引渡しを受けたる二名の支那人を銃殺し、第二回は午後一時頃、軍隊及自警団（青年団及在郷軍人団等）に於て約二百名を銃殺又は撲殺、第三回には午後四時頃、約百名を同様殺害せり。…

本事件発生の動機原因等に付ては目下の所不明なるも、支那人及朝鮮人にして放火等をなせる明確なる事実なく、唯だ鮮人に付ては爆弾所持等の事例発見せられ居るのみ。

尚、全管内の支鮮人の保護は軍隊警察に於て之《これ》に当り、管下各警察に対しては夫々《それぞれ》通達済なり。(70)

ここで示されている九月三日に大島町で起こった殺害状況は、のちにふれる目撃者の証言や調査結果とも重なる。出淵亜細亜局長も四日に福田戒厳司令官と面会した際、すでにこの情報を把握していたのかもしれない。

中国人被災者のうち、留学生の救護については、日華学会が主導的な役割を担った。日華学会は自らの経営する寄宿舎の留学生三人が襲撃されたことをうけ、出淵らと連携し、その再発防止にあたった。留学生の避難所として第一高等学校の明寮舎を借り入れたり、彼らの身分を証明する徽章を作成・配布したりしたことは、第二章で述べた通りである。

他方、中国人労働者の保護にあたったのは、広瀬外事課長の直話にあるように陸軍と警察であった。陸軍と警察は、日本人に混じり各地に避難していた中国人労働者を、特定の場所に集め、隔離しようとした。その主要な移送先となったのが、千葉県習志野の陸軍廠舎《しょうしゃ》である。第一次世界大戦の際、ドイツ兵捕虜を収容した場所でもあった。

大島町一帯で生き延びた中国人労働者は、こぞって習志野へと送られた。収容された中国人の数は、九月二一日までで一六九二人に達した。そのほとんどが温州人であった。習志野には中国人のほか、朝鮮人も収容されており、当時「支鮮人収容所」と呼ばれた[71]。

図3-14　王希天（左）と王兆澄（『王希天小史』）

本章はじめでふれたように、王希天は九月一日の地震発生時、神田の中華留日YMCAの寄宿舎二階にいた。寄宿舎は倒壊し、火の手がおよぶも、幸い無事に脱出し、小石川の中華聖公会寄宿舎へ身を寄せた。実はその前日、王は僑日共済会会長を辞任し、その後を王兆澄に託していた[72]（図3―14）。いったん中国へ帰国した後、アメリカへと旅立ち、現地の神学校で学ぶ予定であったようだ。

僑日共済会から身を引いたとはいえ、王希天にとって大島町の事務所や周辺に住む中国人労働者の状況は気がかりであった。しかし、同じく神田で被災した王兆澄が九月二日、救援活動中に殴打されて頭部を負傷するなど、周囲は物々しい雰囲気につつまれており、思うように身動きがとれなかった(73)。意を決した王希天が、早稲田鶴巻町にあった知人宅から自転車で大島町へと向かったのは、九月九日朝のことである。出発前、王は長春の父親宛に、自分が無事であり、鶴巻町にいることを告げる手紙を書き送っていた(74)。察するに、これから己の身に危害がおよぶ可能性をふまえ、所在を告げたのであろう。

王希天は大島町へ向かう途中、下落合にあった沖野岩三郎（一八七六―一九五六）の邸宅にたちよった(75)。沖野は和歌山県新宮の日本基督教会牧師をつとめた経歴を持つ作家であり、王の渡米について相談に乗っていた。あいにく沖野が不在であったため、王はつぎに神田の救世軍本営に赴き、山室軍平を訪ねた。そこで、山室は王に依頼され、名刺の裏に「此《こ》の名刺の所持者王希天君は朝鮮人にあらず、信頼すべき支那人紳士なり、多年親交の故を以《もっ》て茲《ここ》に之《これ》を証明す」と書き記し、手渡したという(76)。万が一の場合にそなえ、王は身分が証明できるものを求めたのであった。

こうして大島町へと向かった王希天の足取りは、それ以降ぷっつりと途絶えてしまった。当然ながら王を心配しながら見送った友人・関係者らは、すぐに捜索をはじめた。王希天が知人宅に戻ってこないと連絡をうけた王兆澄は一〇日朝、共済会事務所へ行き、その向かいの住民から王希天が来たことを告げられた(77)。一方、憲兵司令部と亀戸警察署に行方を尋ねると、どちらも王希天は来ていないとの返事があった。警察署員から習志野で捜すことを勧められた王兆澄は一三日、鉄道で当地の収容所に向かった(78)。しかし、収容所では知らないといわれたばかりか、中国人労働者と会話することも許されなかった。なすすべもなく、王兆澄はその場を立ち去るしかなかった。

王希天は一体、どこへ行ってしまったのか。これが、日中関係を大きく揺るがすこととなるいわゆる王希天事件の発端であった。

王兆澄の帰国

習志野から戻った王兆澄は、日華学会と救世軍を通じ、牧師である丸山伝太郎（一八七二―一九五二）や東北帝国大学教授の佐藤定吉（一八八七―一九六〇）に王希天の捜索を依頼した。王希天失踪のニュースは、ほどなく日本国内のみならず、中国にも伝わった。北京政府外交部は九月二四日、日本人が中国人を朝鮮人と誤認し、殺傷したという報道について真相を確かめるよう、施履本代理公使に命じた。[79] これをうけ、施は二八日、出淵亜細亜局長のもとを訪れ、王希天の行方を尋ねた。[80] 出淵は施の問いかけに「全然本件は初耳なるが如《ごと》く装ひ」、調査する手立てがないと言葉をにごしたという。

もちろん、出淵は王希天失踪直後より、その情報を把握していた。九月一六日に開かれた警備会議で、警視庁官房主事の正力松太郎《しょうりきまつたろう》（一八八五―一九六九）に王の所在を尋ねていた。正力はまったく行方不明であると回答した。二〇日にも、広瀬警視庁外事課長に同様の質問をおこなったが、行方不明という言葉が返ってくるだけであった。

この警視庁側の煮え切らない返答に、出淵は王希天がすでに「葬り去られた」と察し、つぎのような見解を示していた。

王希天は在京支那人中、有名なる煽動家にして、曾《かつ》て排日張本人として其《そ》の筋より睨《にら》まれ居りたる人物なるを以《もっ》て、偶々《たまたま》大島町附近を徘徊したる機会に警察署に留置せられ、陸軍側にて之《これ》を連出し、多分何れかに葬り去りたるものと想像せらる。…

本所大島町附近に於《おい》て、約三百名の支那労働者殺害せられたる事実は九月十六日警視総監の出淵局長に言明（正力官房主事熱心に之を裏書せり）せる所なるを以て同問題と王希天行衛不明問題とは多分早晩支那側の疑惑を惹起《じゃっき》するに至るが如きことなきやと私《ひそか》に懸念せらる。(81)

大島町を出歩いていた王希天が検挙されたこと、そして陸軍が王希天を留置所から連れ出し、殺害におよんだことは、のちに述べる王希天事件の真相と合致する。出淵は警視庁によるまでもなく、王希天事件のあらましをつかんでいたのである。

さらに右の引用文で関心を引くのは、一六日の警備会議で、内務省警視総監が「約三百名の支那労働者殺害せられたる事実」を言明し、正力もこれを裏書きしたという点である。三日に大島町で起こった中国人労働者虐殺、いわゆる大島町事件と王希天事件は、近いうちに中国政府に知られ、大きな問題へと発展するのではないか。施履本代理公使に何食わぬ顔を装った出淵の不安な心理がうかがい知れよう。

施履本の出淵訪問と同じ九月二八日、王兆澄は駐日公使館の秘書と陸軍大尉、警視庁および外務省の職員らとともに、習志野の収容所を再訪した。(82)前回の訪問と異なり、収容者の中にいた僑日共済会事務員である陳協豊と呉卓民、およびほかの労働者二人と話を交わすことができた。そのうちの一人が、大島町一丁目に住む日本人の親方から、王希天が日本人に殺されるのを見たと聞いたことを王に伝えた。また、呉は王兆澄との別れ際、大島町八丁目に住む中国人が日本人にみな殺しにされ、その数が三〇〇人以上におよぶこと、幸いにも一人が死を免れ、耳をそがれながらも現場から逃げ延びたことを打ち明けた。これら一連の情報提供をうけた王兆澄は、大島町事件と王希天事件のさらなる実態究明を決意したであろう。

この習志野訪問では、公使館秘書が日本側と収容者の中国送還について打ち合わせをおこなった。(83)実際、多くの中国人労働者が一時帰国を希望していた。日本政府が手配した第一便の千歳丸が、九月一五日に東京芝浦から出港したことは、第二章で述べた通りである（図3—15）。千歳丸には、中国人留学生二三八人とともに、労働者四〇八人が乗り込んだ。日本が運賃を負担したほか、さらに一時手当金として留学生に五〇円、労働者に一〇円をそれぞれ支給した。

図3-15　上海港に到着した日本からの中国人避難民（『東方雑誌』第20巻第15号）

一時手当金に差がつけられたように、船内では留学生が一・二等室、労働者が三等室と、部屋がそれぞれ区別された[84]。これは、留学生と労働者が交わるのを防ぐ意図があったと考えられる。ほとんどの労働者は、読み書きのできない文盲であり、自らがうけた被害を公表したくとも、その能力を持ち合わせていなかった。日本当局は発信力のある留学生が彼らと接し、代弁することを警戒したのである。被災した留学生と労働者の救済・保護活動が別々におこなわれたのも、同様の理由があっただろう。

習志野収容所から中国人労働者の第一回輸送がおこなわれたのは、九月三〇日のことであった[85]。以後、一〇月二日、五日、一一日と計四回にわたり帰国予定者が送り出された。日本残留希望者は六〇人だけであり、ほとんどが中国へ送還されたこととなる。一〇月一九日、病気のためにとどまっていた三人が、青山の赤十字病院へと移送され、すべての中国人収容者が習志野を後にした。

　大島町の中国人労働者たちがこのまま帰国してしまえば、大島町事件と王希天事件の証言をえられなくなってしまう。こう危惧した王兆澄は二度目の習志野訪問後、陳協豊と呉卓民に手紙を送った[86]。その文面から察するに、さきに二人から九月一一日午前三時頃、王希天を目撃した者がいるとの手紙をうけとっていたようである。王兆澄は目撃情報についてさらに調査をおこない、返信してくれるよう求めていた。結局、この手紙は日本側の検閲に引っかかってしまった。

　王兆澄はなんとか中国人労働者たちから話を聞こうと、彼らを乗せて一〇月五日に芝浦を出港する上海行の千歳丸へ同乗しようと試みた[87]。千歳丸には、計七四三人が乗船した。しかし、王を警戒していた官憲に乗船を拒否され、翌六日に出帆する留学生向けの長崎丸へ乗るよう告げられた。陳協豊や呉卓民との面会も許されなかった[88]。これに対し、王は長崎丸に乗らず、東京駅から鉄道で神戸へと向かった。

　七日夜、神戸三宮駅に着いた王兆澄は、すぐにその足で現地の中国領事館を訪ねた。対応した副領事に事情を説明し、神戸から千歳丸に乗船させてもらうよう依頼した。これをうけ、領事館は書記を船主である日本郵船会社に遣わし、中国人一人の追加乗船を申し出た。しかし、日本郵船には、すでに一人も途中乗船させてならないとの通達が外務省から出ており、申し出は拒絶された。

　王兆澄によればその後、偽名を用い、変装して八日に神戸を出港した上海行きの山城丸へ乗り込んだという[89]。山城丸は長崎丸の接続船であるとともに、神戸から新たな中国人の乗客をうけいれていた。船主は千歳丸と同じく日本郵船である。兵庫県知事は、王が京都方面に向かったか、あるいは外国船に乗船したのではないかと報告していた。王はきびしい監視の目をかいくぐり、労働者らにまぎれて山城丸に乗船することに成功したのである。

山城丸は一〇月一二日、上海へと着岸した。翌日、『民国日報』『時報』『新聞報』など、上海の各新聞は、山城丸に乗船した六二人の温州人の中に、頭や肩、腰に刀傷を負った四人の重傷者がおり、治療をうけたことをいっせいに報じた。[90] 王兆澄が船内で聞き取りをおこない、新聞社にとりついだのである。

この負傷した四人は、大島町八丁目の客棧（宿）に住んでいた中国人一七四人が九月二日夜、日本人三〇〇人あまりにより付近の空き地へと連れ出された話をしたという。そこで、ふたたび地震が起きるからと地面に伏せさせられ、ハンマーで頭をくだかれるなど、みな殺しにあった。このうち、黄子蓮という者が一命をとりとめ、焼かれる前に脱出した。呉卓民が習志野で王兆澄に伝えた唯一の生還者とは、黄のことにほかならない。黄は千歳丸に乗り、一日早く上海に帰還していた。

記事ではさらに、王希天についてもふれていた。いわく、橋日共済会会長であった王が、亀戸警察署に拘束された中国人労働者の状況を尋ねに行ったところ、彼自身も検挙されてしまった。それから、警官二人が九月一〇日未明に王を縛って連れ出した後、行方不明になっている、と。

以上の大島町事件と王希天事件に関する供述には、日時や名称に勘違いと思われる点がみられる。ただ、帰国直後に打たれた記事であり、曖昧《あいまい》さがあるのは致し方ないであろう。この一〇月一三日の報道を皮切りに、大島町事件と王希天事件が新聞や雑誌で連日大きくとりあげられ、世間の注目を集めるようになった。

日本から帰国した中国人労働者たちは、前章でふれた中国協済日災義賑会などの世話をうけ、宿泊設備のある四明会所（寧波会館）や温州会館へ一時的に身を寄せた。王兆澄は上海到着後もひきつづき、こうした労働者らに聞き取り調査をおこなった。そして、一〇月一五日より順次、新聞に「日本人による華工惨殺の動かぬ証拠（日人華工惨殺之鉄証）」として、調査結果である被害者名簿を掲載していった（図3—16）。

大島町事件については、犠牲者のうち一一〇人の氏名と本籍が一七日付の紙面で公表された[91]（図3―17）。彼らはいずれも、大島町の客桟を住処としており、永嘉と瑞安を本籍とする温州人であった。なお、総領事代理の孫士傑が帰国しなかった東京府下の中国人労働者五〇九人のために発行した国籍証明書をみても、全員が温州・青田出身であったのが分かる[92]。

このような一連の告発報道をうけ、当然ながら北京政府も黙ってはいられない。施履本代理公使が一〇月二〇日、伊集院彦吉外務大臣に宛て、王希天事件や大島町事件に強く抗議するとともに、実態の究明を求める書簡を提出した[93]。日本政府も帰国した王兆澄の言動を注意深く監視しており、告発報道について中国駐在の公使館・領事館から逐一、連絡をうけていた。一〇月二二日には、三八〇人の帰国留学生からなる罹災留日学生帰国団が、中国人労働者殺害に対する厳格な処罰や賠償、謝罪を日本政府に要求するよう顧維鈞外交総長に打電した[94]。また、温州旅滬同郷会も一一月八日、大島町事件と王希天事件について日本政府へ厳重に抗議し、処罰、賠償、謝罪を求める要望書を北京政府に提出した[95]。これらはあくまで一例であり、ほかにも中国各地でさまざまな団体による抗議活動が展開された。

他方、第二章で述べたように、震災が一段落したこの時期、日本政府や民間団体が電報や書状を送ったり、使節団を中国に派遣したりするなどして、震災支援への感謝の意を伝える活動をおこなっていた。上海では一〇月二〇日、華僑連合会と中国協済日災義賑会が、水野梅暁《みずのばいぎょう》（一八七七―一九四九）らを囲んだ歓迎会をそれぞれ開催した[96]。水野は上海の東亜同文書院で学んだ経験を持つ僧侶であり、二〇世紀初頭より湖南省長沙で布教活動をおこなうなど、中国と関わりの深い人物であった。関東大震災では、九月一五日と一〇月五日にそれぞれ被災民を乗せて芝浦を出港した千歳丸に同乗し、上海を行き来していた。

中国協済日災義賑会が主催した歓迎会には、三〇余団体の代表、および上海総領事の矢田七太郎、帰国

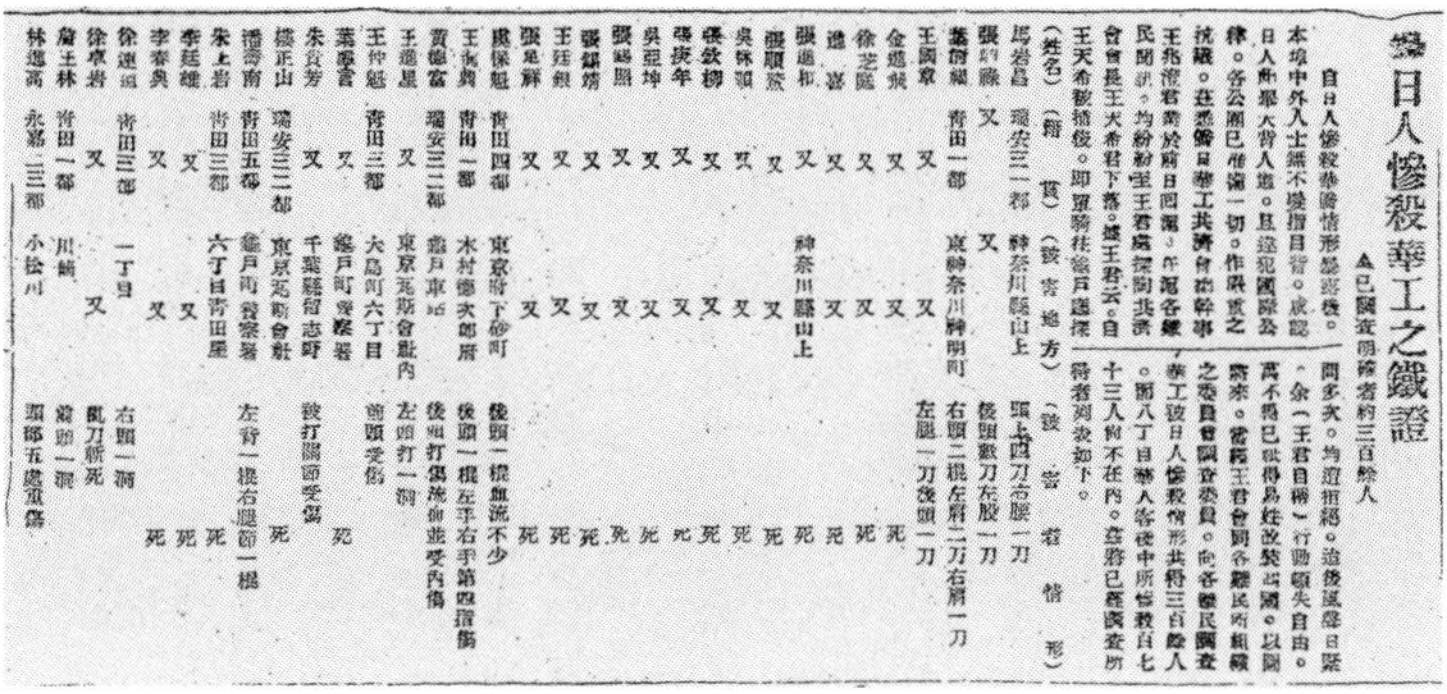

図３-16　記事「日本人による華工惨殺の動かぬ証拠」『民国日報』1923年10月15日

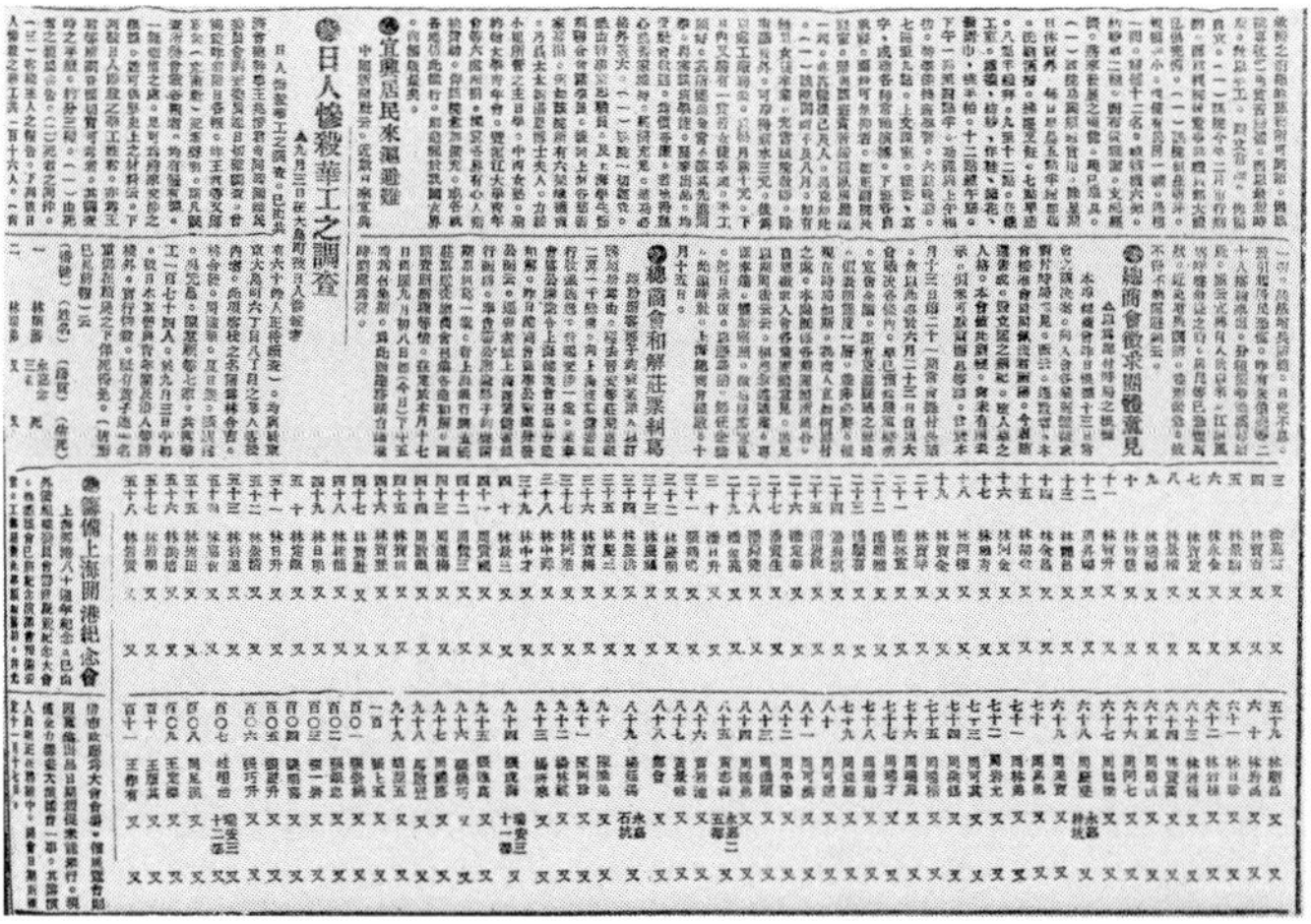

図３-17　大島町事件の被害者を告発する記事（『民国日報』1923年10月17日）

した張元節駐日代理公使など、六〇人あまりが出席した。もともとは震災における相互的な援助でかもしだされた日中両国の友好的ムードを、さらに演出するねらいがあっただろう。しかし、歓迎会は王希天事件や大島町事件の報道により、冷や水を浴びせられた。

張元節は演説で、食料提供や帰国船の手配など、日本政府のサポートに謝意を表する一方、かりに大島町事件が事実であれば、徹底調査をおこなわなければならないと釘をさした。中国協済日災義賑会の実質的な担い手である上海総商会も、歓迎会の席上で水野に対し、日本人が温州・青田人を本当に殺傷したのかを問いただした。[97] これに対し、水野は上海に来てはじめて知ったことであると答え、真相究明のために努力することを約束した。歓迎会の名と裏腹に、会場が重苦しい雰囲気につつまれていたのがうかがえよう。

こうして大島町事件と王希天事件は明るみとなり、日本側が恐れていた外交問題へと発展していったのである。

水野梅暁が組織した中国人調査団

一〇月二九日、水野は外務省亜細亜局の出淵勝次局長と小村欣一次長に宛て、つぎのような報告書を送っていた。

人事は全て意外の事のみにて、御承知の如く本月十三日以来、王兆澄が王希天に対する憤懣《ふんまん》を華僑に移して大虐殺の宣伝を始めたる以来、…今や一般の空気は殆んど終熄《しゅうそく》に達せんとする排日が再び擡頭するに至りたるも、幸に当初より小生は矢田総領事と表裏して徹底的に調査すべき旨を声明し、各団体より調査委員を派遣せらるれば、共同調査の労を惜まずと称し、北上を中止し、更に許翼公（台湾籍民にて華僑連会幹事）等の尽力にて所謂《いわゆる》排日家として有力なる晩報社長沈年吾、其他《そのた》の連中と数回会合して、最公平最穏当の方法を以《もっ》て、国民と国民の努力に依る調査を開始する様、宮崎民蔵、波多野君等と共同勧誘の結果、弥々《いよいよ》来《きた》る十一月三日、其機会及章程を発布する事に相成たるのみならず、此《この》団体を中心として大分面白き計画をも企て得る所までに進行仕るは、全く以毒制毒したるものに御《ご》座《ざ》候《そうろう》。(98)

一〇月一三日の告発報道以来、収まっていた中国人の排日意識がふたたび高まっている。そこで、矢田総領事とはかり徹底調査を明言し、調査委員を派遣することを提案した。その実行のために予定した北京行をとりやめ、宮崎民蔵らの協力をえつつ、準備を着々と進めているというのである。

水野は外務省と通じており、王兆澄の動向など、現地の情報を随時報告していた。中国の新聞では、「外務省顧問」と紹介されており、水野自身がそう名乗っていたのかもしれない。千歳丸で同行した際には、乗客の世話とともに、彼らが不穏な動きをみせないか監視役を任されていたであろう。事件の真相を求める中国世論を察した水野は、自らの主導のもとに中国人調査団を組織し、日本へと送り込むことを画策したのである。

水野が調査委員として選んだのは、牧師である兪顕庭と仏教徒の顕陰、包承志の三人であった。兪は東京中華聖公会の牧師をつとめており、大島町に居住していた。中華留日ＹＭＣＡとも関わりがあり、震災により一時帰国の身にあった。顕と包は、第一章でとりあげた王一亭が組織した仏教普済日災会の一員であった。仏教普済日災会が一〇月二〇日より四九日間法要をいとなんだ杭州の招賢寺には、水野も訪問する予定であった。察するに、王が日本へ送ろうとしていた慰問使に、水野が調査委員の兼務を依頼したのであろう。

水野は三人の宗教家を選んだ理由について、「本問題は平時に於《お》ける問題と異なり、政治家又は外交家を以《もっ》て之《これ》が調査に当らしめんが、自然偏狭なる国際的感情に駆らるる嫌なきを保し難きに付、政治、外交を超越し、公平無私の立場に在《あ》り、且《か》つ多少地理的知識を有する者より之を物色羅致《らち》したり」と説明していた。(99) 有り体にいえば、きびしく追及する恐れのある政治家・外交家でなく、震災に同情的な宗教家を選んだというわけである。その一方で、水野は「王希天問題は国際的大杉（大杉栄―筆者）問題として、我司法の厳粛なる所以を示す上に於《おい》て、重大価値あるものにして、其《その》検挙と否とに依りて我司法権信用を騰落《とうらく》せしむるものに御座《ござ》候《そうろう》」と、調査団が到着する頃までに、王希天の下手人を検挙するよう求めた。(100) 大島町事件はともかく、王希天事件の犯人をつきとめなければ、収拾がつかないと判断していたのである。こうして水野は兪顕庭、顕陰、包承志の調査団一行を帯同し、一一月一二日に伊予丸で神戸港へ帰着した。

王兆澄による告発報道後、ほどなく日本でも王希天が行方不明となっていることが、『東京日日新聞』や『時事新報』『東京朝日新聞』など、各紙で報道された。(101) 今後、日本政府としてこの問題にどう対応すべきか。一〇月二九日、内務省警保局長の岡田忠彦（一八七八―一九五八）が出淵勝次亜細亜局長を訪問した。岡田は「王希天問題及《および》大島町事件は結局、之《これ》を隠蔽すること得策なる可《べ》しと思考する」とした上で、きわめて重大な問題であるため、閣議または総理、内務、外務、陸軍、司法大臣よりなる五相会議にもとづき方針を決定することを提案した。(102) 発議は後藤新平内務大臣がおこなうという。出淵は外務省からすると「隠蔽」するのでなく、事実を明らかにするのが望ましいとしながらも、内務省の立場に理解を示した。

出淵から報告をうけた伊集院彦吉外務大臣は、閣議ないし五相会議の開催を支持し、諸大臣らの説明を

支那政府を代表し
抗議委員が来朝する
王氏外百餘名の虐殺事件につき
精査の上正式に外務省へ抗議申込
我態度を疑ふ公使館

図3-18　発禁処分となった『読売新聞』1923年11月7日の記事（外務省外交史料館蔵）

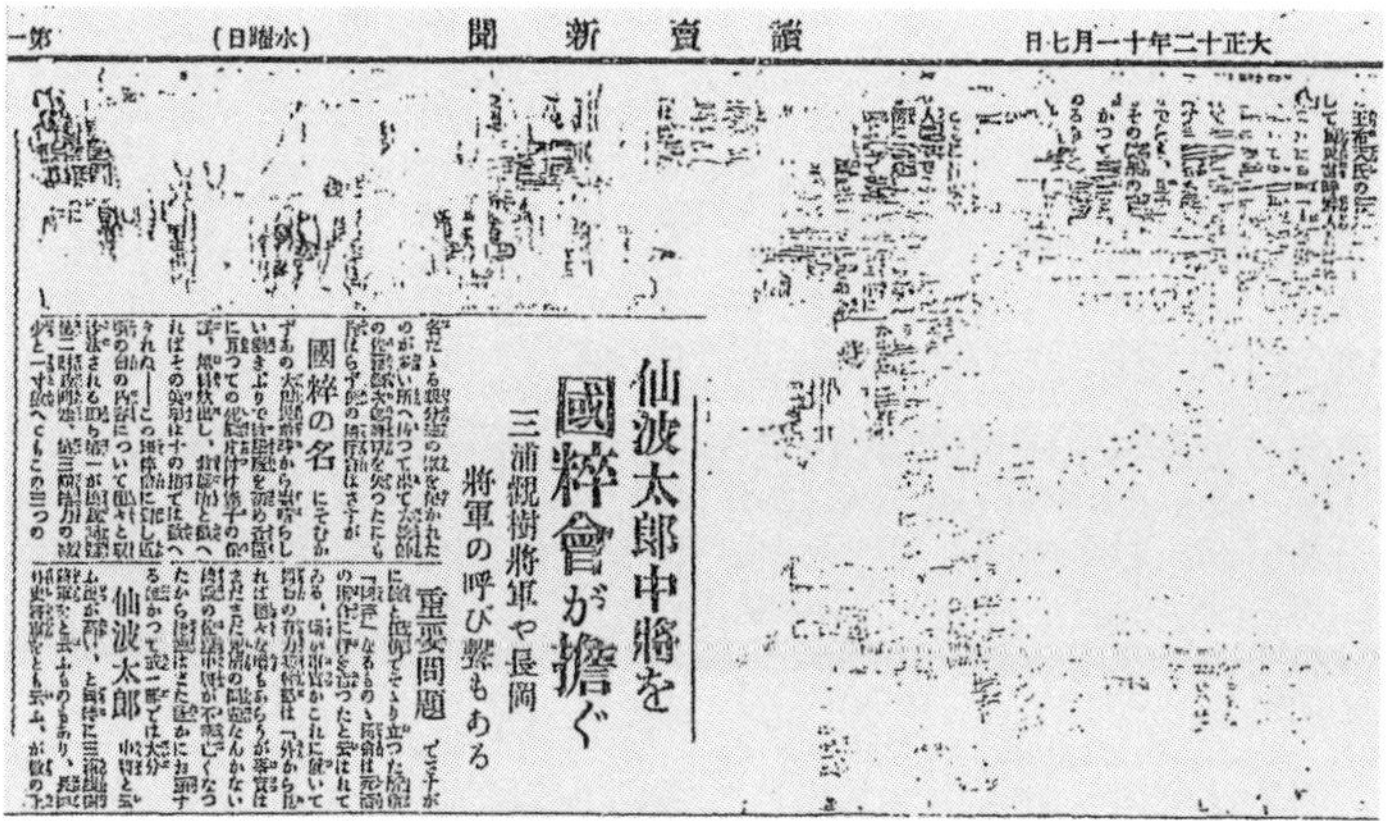

大正十二年十一月七日　讀賣新聞　（水曜日）　第一

仙波太郎中將を
國粹會が擔ぐ
三浦觀樹將軍や長岡將軍の呼び聲もある

國粹の名

重要問題

仙波太郎

図3-19　発禁処分で該当箇所が削られた新聞。右上端に「王希天」の字がみえる。わざと残したのであろう

聞いた上で、自らの意見を示したいと語った。一一月一日、出淵がその旨を伝えると、岡田はすぐに大臣会議を開く手はずを整えたいと答えた。しかし、それから「隠蔽」の程度をめぐり内務省内で意見の対立が生じ、数日間事が進まなかった。

そうこうしているうちに、『読売新聞』が一一月七日、中国人殺害に対する日本政府の対応を批判する記事と社説を執筆した（図3—18、19）。「支那人惨害事件」と打たれた社説では、つぎのように大島町事件と王希天事件がとりあげられ、真相を進んで明らかにすべきことが唱えられていた。

大地震の当時及び其《それ》以後、京浜地方に於《おい》て日本人の為に惨害を被つた支那人は、総数三百人位に上るであらうとの事である。就中《なかんずく》最も著大に最も残虐な事実は、九月五日府下南葛飾郡大島町の支那人労働者合宿所に於て、多数の支那人が何者にか鏖殺《おうさつ》され、また同月九日右支那人労働者の間に設けられた僑日共済会の元会長王希天氏も、亀戸署に留置された以後生死不明となつたといふ事実である。是等《これら》の事実は主として支那人側、就中我政府の保護を受けて上海に送還された被害者中の生存者から漏泄されたものである。随つて其内何の点までが事実であるかは尚ほ明確でないが、兎《と》に角《かく》多数の支那人が惨害を蒙つて、生死不明である事は事実である。……

本事件の内政関係は鮮人事件、甘粕事件と同一の原則に依り、飽迄《あくまで》厳正なる司法権の発動に待ち、以《もっ》て我国内の法律秩序を維持回復する意義に於て最も重大である。同時に、其外交関係は其事実を事実と認めて男らしく之に面して立ち、出来得る丈《だ》け自ら進んで真相を明かにし、其犯行に対しては飽迄法の厳正なる適用を行ひ、以て内自ら其罪責を糾正し、之に依て外支那政府と国民とに謝するの外はない(103)。

朝鮮人虐殺事件や無政府主義者の大杉栄らが憲兵大尉の甘粕正彦に殺害された甘粕事件とともに、法律にのっとり加害者を厳正に処罰しなければならない。これが日本で大島町事件と王希天事件に言及したはじめての社説であった。しかし、この社説および記事は、後藤内務大臣により発売禁止処分に付された。なお、大島町事件が九月五日に起こったというのは、九月三日の誤りである。

発禁処分を下した一一月七日、後藤内務大臣は閣議終了後、急遽《きゅうきょ》五相会議を招集した。大島町事件と王希天事件への対応が協議され、最終的に「諸般の関係上、之《これ》を徹底的に隠蔽するの外なし」との結論に達した(104)。『読売新聞』の社説・記事が、それだけ内務省、さらには日本政府に衝撃的であったのだろう。出淵はその日の様子をこう日記に書きとめていた。

此《この》朝、読売、大島町問題に付社説を掲げ、陸軍の責任を問ひ、発売禁止となる。右の結果、総理・陸・内・司・外大臣相談の結果、大島事件を隠ぺいすることに決定。其際《そのさい》外相より、隠ぺいするも検挙するも、何《いず》れにても可也《なり》。但《ただ》し隠ぺいの末、排日運動起るやも不知《しらず》と留保せりと云《い》ふ。五時より急に警備会議召集。岡田警保より説明あり。不明にて押通すこと、新聞に掲載せしめざる様措置することと、言論取締方の大体を議す。警視総監、盛に苦衷《くちゅう》を述ぶ(105)。

これだけ騒ぎとなっている大島町事件を隠し通せるのか。伊集院外務大臣や湯浅倉平警視総監が不安をいだいていたのがよみとれる。ともあれ、水野率いる兪顕庭、顕陰、包承志の調査団が来日した時点で、日本側は事件を「徹底的に隠蔽」することに決していたわけである。

兪顕庭、顕陰、包承志は神戸から鉄道で東京へと移動した。三人は当初、寛永寺に宿泊した。しかし、電話がないなど不便があり、兪は聖公会、顕と包は水野の私宅にそれぞれ転居した(106)。東京では、関係省庁を訪問し、湯浅警視総監や犬養毅逓信大臣、田中義一陸軍大臣、伊集院外務大臣、出渕亜細亜局長、後藤内務大臣、平沼騏一郎司法大臣らと会見をおこなった。兪らが王希天事件や大島町事件について尋ねると、いずれも震災直後の混乱した非常時が強調され、現時点で有力な手がかりがないものの、ひきつづき捜査につとめたいなどと、判を押したような答えが返ってきた。省庁間で答弁の示し合わせがなされていたのはいうまでもない。

兪顕庭、顕陰、包承志は一一月一八日、大島町にも足を運んだ。八丁目にある客桟や大島町事件事件が起こった現場を視察するも、何ら証拠・情報はえられなかった。三人、とくに顕と包には、水野が常時同行し、案内役をつとめていた。彼らの言動や交流した人物は水野によりチェックされ、日本政府に筒抜けであった。その水野も王希天事件については、犯人をつきとめ、法のもとに処罰すべしと主張していたわけで、その隠蔽をはかる役目に心中穏やかでなかっただろう。

調査団といいながら、日本側に抱きこまれ、その先棒を担いでいるのではないか。兪顕庭、顕陰、包承志は一一月二三日、中華聖公会で開かれた留日学生総会に参加した際、留学生たちからこう突き上げをくらった[107]。兪は別にして、顕と包は日本語が話せず、まともな調査ができると思えない。調査団につきそう水野は「日本外務省の回し者」である上、顕と包は水野宅に寄宿までしている。顕と包はあくまで宗教上の立場から調査にきたなどと弁明するも、聞き入れられない。日本滞在を切り上げ、すぐに帰国するよう留学生らから要求される始末であった。

それでも予定通り約一ヶ月の旅程をこなした顕陰と包承志は一二月一八日、上海に帰着した。兪顕庭は日本にとどまった。上海でも顕と包をまちうけていたのは、留日学生総会による追及であった[108]。日本の時と同じく問いつめられた二人は、もともと調査の責務を負っておらず、同胞の死傷者を弔慰するのが目的であったと釈明した。調査団であったことを自ら否定する発言であるが、二人の偽らざる本音であったかもしれない。

水野は兪顕庭、顕陰、包承志に帰国後、日本に好意的なメッセージ・文章を発してくれることを期待していた。しかし、批判にさらされた三人は、日本での歓待に感謝しながらも、それを大っぴらに公言することはできなかった。水野による調査団の目論見は、まったく失敗に終わったといわざるをえない。

ところで、この調査団が日本滞在中、思わぬ形で新たな情報提供があった。兪顕庭、顕陰、包承志が大島町を訪問した一一月一八日、丸山伝太郎と『読売新聞』記者の小村俊三郎（一八七〇―一九三三）、『東京朝日新聞』客員記者の河野恒吉（一八七四―一九五四）は、兪らと打ち合わせをした後、別行動で実地調査をおこなった。小村俊三郎は小村寿太郎の又従弟であり、北京の日本公使館につとめた元外交官である。中国人殺害をとりあげた『読売新聞』の社説・記事には、小村が関わっていたであろう。丸山はさきに九日、大島町で聞き取りをおこない、一二、三歳の児童二人から多くの中国人が日本人に殺されたのをみたという証言をえていた。一八日もその児童らに遭遇し、話を聞き出していたものの、途中で祖母らしき者にさえぎられてしまった。

すると、傍らで様子をみていた一人の成人男性が、丸山らに自転車で近づいてきた。彼は木戸四郎と名乗り、こう語りだしたという。

余は九月三日雑害《ママ》の行はれし当時、制止を試みしも群衆の暴威盛《さかん》にして、遂に乍遺憾《いかんながら》惨劇を見るに至りたり。

被殺害者の数は二百五、六十人かと思はる。

兵士も数名群衆の中に見へたり。水上警察巡査一名も確かに此《この》挙に参加し居たり。現に小名木川中川口の水上署に居る若き眼鏡の巡査なり。群衆取捲《とりま》きて威圧したれば、恐怖せる中国労働者は多数なれども、逃るる勇気出ざりしならん。初め銃声を聞きしは、逃るるを制止したるやも知れず。数日間通行の節、臭気に堪へざりしが、現場にて死体を焼却し、石油二十缶を以《もっ》てし、人体の油と相待ちて実によく焼け、僅かの容積のものとなり了《しま》りたり。骨は他へ移し、焼跡の上二、三寸堆り取りて他へ運び、其《その》跡へ現状の通り石炭殻を散したるなり。(109)

二五〇～六〇人の中国人労働者が巡査もいる中で殺され、死体は石油二〇缶で燃やされた。九月三日に起こった大島町事件についての生々しい供述である。もちろん、児童のものよりも証言としての信憑性《しんぴょうせい》は高い。丸山らは木戸から名刺をもらい、後日弁護士の布施辰治《ふせたつじ》（一八八〇―一九五三）と面会する承諾をえて帰った。

一一月二一日、丸山と小村は兪顕庭、顕陰、包承志と夕食をともにした際、証拠となるべき事実を調査し、提供すると伝えた。(110)これを聞いた三人は非常に喜んだという。このやり取りは同席した水野により、すぐに警視総監へ伝えられた。しかし、それよりさきに警視庁は、丸山らと木戸の会話内容を探知しており、刑事部巡査部長が木戸にコンタクトをとっていた。(111)巡査部長は中国人殺害の現場を目撃したと告白する木戸に対し、記憶の曖昧《あいまい》さをつくとともに、裁判沙汰になっても立証し通せるかとせまった。そして、家族に迷惑をかけられないとひるむ木戸をいいくるめ、二度と当事件について口外しないことを誓わせた。まさに五相会議の決定にもとづき、大島町事件の徹底的な「隠蔽」をはかったのである。

王正廷の来日

大島町事件および王希天事件を告発する報道をうけ、水野が外務省とはかり、即席に企画・組織した中国人調査団。この調査団派遣の話は、一〇月二〇日におこなわれた中国協済日災義賑会主催の水野歓迎会に参加した元駐日代理公使の張元節にも伝わっていた。張は北京政府外交部に対し、政府からも調査員を派遣し、合同して調査にあたることを要請した(112)。おそらく水野にもその話をもちかけていたであろう。しかし、さきに述べたように、水野は調査員の選定にあたり、政治家・外交家をはずしていた。あくまで民間有志の調査という建前で、三人の宗教家を単独で送り込んだのである。

もちろん、北京政府外交部もこのまま座視するわけにはいかない。大島町事件と王希天事件のほか、横浜総領事代理の孫士傑から神奈川県下における中国人の被害報告が届いていた(113)。それによると、足柄下郡土肥《どい》村（現在の足柄下郡湯河原町）で働いていた青田出身の労働者一七人が九月四日、武器を持った日本人一〇〇人あまりに襲撃され、三人が死亡、二人が重傷を負ったという。彼らを雇っていた日本人親方も襲撃の輪に加わった。孫は日本政府がこの土肥村事件の責任をまぬかれないとし、きびしく対処することを求めた。一一月六日、外交部が提出した被害を調査する専門員の日本派遣案が、閣議を経て正式にみとめられた(114)。

その翌日、施履本代理公使が一〇月二〇日に伊集院外務大臣へ送った抗議・要望書に対する返書が出された。そこでは、「厳密調査」をおこなった結果として、王希天についてつぎのように説明されていた。

> 中華僑日共済会長吉林学生王希天は、九月十日東京市外大島町を徘徊中、亀戸警察署に於《おい》て万一の危険を慮《おもんぱか》り、一時同署に収容保護を加へ、十二日早朝習志野救護所に送致する為、同方面警備の任に当り居たる軍隊に引継たるに、同軍隊係員は王が一見普通労働者と挙措《きょそ》を異《こと》にする点あるを発見し、為念《ねんのため》取調べたるに相当の教育ある者にして、又日本語にも熟達し居《お》り、習志野に送致するの必要なしと認めたる折柄、同人も亦其《またそ》の寓所たる早稲田に帰還し度《た》しと申述べたるを以《もっ》て、同係員に於

て直に其の希望を容れ、之《これ》を放還せり。然るに其後、同人は其寓所に帰還せざる趣に付、帝国官憲に於て目下極力其行衛《ゆくえ》捜査中なり。(115)

大島町を回っていた王希天は、一時亀戸警察署に保護された。九月一二日朝、習志野収容所へ送ろうと、軍隊に王を引き渡したところ、その必要なしとみなされ、本人の希望もあり放免された。その後、行方が分からなくなり、官憲が懸命に捜査している。大島町事件については、より簡潔に「帝国官憲に於《お》いて鋭意調査をなしつつあり」とのみ記されていた。

この返書がなされた一一月七日は、さきに述べたように、五相会議で王希天事件と大島町事件を「徹底的に隠蔽」することに決した日にあたる。一二月三日にも施履本代理公使宛に、土肥村事件など追加の調査結果が送られたが、王希天事件と大島町事件に関する言及はない。(116)これが両事件に対する日本政府の実質的な最終見解となった。

外交総長の顧維鈞は、調査団の人員として王正廷、沈其昌、劉彦を任命した。本章ですでに述べたように、王は中華留日ＹＭＣＡの初代幹事となり、その屋台骨を築いた人物である。一九一九年一月より開かれたパリ講和会議では、顧とともに中国代表としてのぞみ、山東問題をめぐり日本と舌戦を交わした。これにより名を上げた王は、魯案善後督弁に任ぜられ、「山東懸案解決に関する条約（山東還付条約）」に附随する細目協定の交渉・締結に尽力した。その後、短期間であるが外交総長も歴任した。王はキリスト教徒でありながら、世界紅卍字会の総会会長をつとめており、関東大震災の報に接し、積極的に支援活動をおこなっていた。(117)約一六年ぶりの訪日であった。

沈其昌は明治大学で法学を学んだ経験を持つ外交部参事上行走であり、劉彦も早稲田大学政治経済学科出身で衆議院の外交委員会委員長をつとめていた。顧維鈞は当初、王正廷でなく前司法総長の江庸に調査員を依頼した。江は劉と同じく早稲田大学政治経済学科を卒業し、日本留学生監督を担当するなど、日本の事情に通じた知日派であった。しかし、江は病気を理由に、調査員就任を辞退した。そうした中、私人として日本を訪問しようとしていた王に、調査の任務が課せられたという(118)。

王正廷はそもそも、いかなる目的で日本を訪れようと考えていたのであろうか。王は一九二三年三月、中俄交渉督弁に就任し、ソビエト・ロシアと国交樹立に向けた交渉にあたっていた。その背景には、中国国民党総理の孫文とソビエト・ロシア全権代表のアドリフ・ヨッフェ（一八八三―一九二七）が、一月に発表したいわゆる孫文・ヨッフェ共同宣言があった。孫文・ヨッフェ共同宣言では、帝政ロシアが強制した不平等条約を放棄するとした第二次カラハン宣言にもとづき、交渉を進めることがうたわれた。孫文に遅れまじと、北京政府も対ソ交渉に乗り出したのである。

日本で地震が発生した翌日にあたる九月二日、レフ・カラハン（一八八九―一九三七）率いるソビエト・ロシア代表団が北京に到着し、本格的な交渉がはじまった。しかし、交渉はカラハン宣言の解釈などをめぐり、双方の意見が衝突し、ほどなく膠着《こうちゃく》状態におちいった。ソビエト・ロシアをめぐっては、日本でも国交樹立を模索する動きがあった。ヨッフェは二月から八月まで日本に滞在しており、川上俊彦《かわかみとしつね》（一八六二―一九三五）が予備交渉をおこなった。王正廷の来日目的には、この対ソ交渉に関わることがあったと考えられる。日中両国のメディアでも、王の来日と対ソ交渉の関係がとりざたされ、王自身も来日前、それをみとめる発言をしたと報じられた(119)。

そのほか、日本政府は王正廷が交通銀行、および王が経営する上海華豊紡績への借款について協議する用務などを帯びていると踏んでいた(120)。また、王が訪日前に洛陽にいた直隷派領袖の呉佩孚《ごはいふ》（一八七四―一九三九）を訪ねたことから、呉に対する日本の態度を聞き出す密命をうけたとの見方もあった。いずれにせよ、被害調査以外にも、王に訪日目的があったのは確かであろう。

王正廷一行は一一月三〇日に北京を出発し、奉天を経て朝鮮半島へと移動した。一二月六日、釜山発の船で下関に到着し、そこから鉄道で東京に向かった。東京駅では、出淵勝次亜細亜局長、森俊六郎満鉄理事、小貫慶治東亜興業総支配人、戸田直温鉄道省外事課長、牧野伸顕東亜同文会会長代理らの出迎えをうけた。上海から出発した沈其昌、劉彦とは、東京で合流した。王の夫人をふくめ、総勢一三人の陣容であった。

北京政府が調査員として派遣した有力政治家だけに、王正廷には約二週間の東京滞在中、たえず警視庁の内偵がつき、その行動が監視された。監視記録を見ると、国会や諸官庁を訪問し、山本権兵衛首相をはじめ、後藤内務大臣、伊集院外務大臣、平沼司法大臣、犬養逓信大臣、井上準之助大蔵大臣、田健治郎農商務大臣、田中義一陸軍大臣、財部彪海軍大臣、牧野伸顕宮内大臣、粕谷義三衆議院議長、徳川家達貴族院議長と、政界のトップと会談を重ねたのが分かる。王が山本首相、後藤内務大臣、平沼司法大臣に中国人殺傷の真相究明を求めたのに対し、三人はいずれも、震災時の困難な状況を強調し、今後できる限り公平な調査につとめたいと答えたという(121)。これまでと同じ通り一遍の回答である。

沈其昌と劉彦は一二月一五日、外務省を訪れ、出淵亜細亜局長と王希天事件と大島町事件をめぐり会談をおこなった(122)。この会談でも、出淵は施履本代理公使に送った調査結果がすべてであり、「風説」に惑わされるべきでないと説得した。当然ながら、沈と劉は納得しなかったようで、出淵の日記には「事実を否認する覚悟にて応答すること、心中大に苦しきもの也《なり》。外交官の任務も亦《また》難い哉《かな》」と、苦渋の思いがつづられていた(123)。

一二月一三日、王正廷は東京帝国大学教授吉野作造の邸宅に赴き、丸山伝太郎、小村俊三郎らと打ち合わせをおこなった。王がその席で、自らの使命を交渉でなく調査にあると述べると、小村がこう反応したという。

小村は本事件は内政と外交との両問題に係《かか》る、内政に付《つい》ては司法権に依るべきものなるも、未だ其《その》発動を見ざるは甚だ遺憾なり、此《この》方面に関しては国民として糾弾せざる可《べか》らず、是《これ》人道上忽《ゆるがせ》にする能《あた》はざる所なればなり、外交に関しては貴下等の所信に従ひ宜しく充分の交渉を開始せられたし、日本政府に於《おい》ても本問題を此儘《このまま》葬り去ることは将来の禍根たるべく、又之《これ》を為《な》すこと能はざる所なるべし、而《しか》して徒《いたず》らに調査に日を移すは決して策の得たるものに非《あら》ず、可及的速《かきゅうてきすみやか》に帰国せられ、正式交渉に出でらるるを可なりと思料すと述ぶ。(124)

いまさら調査しても無駄である。それよりもすぐに帰国し、日本政府との交渉にそなえた方がよい。小村と丸山がみつけた証人の木戸四郎は、巡査部長の脅しをうけ、もはや協力を拒んだであろう。大島町周辺にはきびしい箝口令《かんこうれい》が布かれ、児童が無邪気に証言するような状況もなくなっていたにちがいない。真相究明へのあきらめともとれる発言であった。これをうけてか、王自身が日本滞在中、大島町に足を運ぶことはなかった。(125)

とはいえ、王正廷調査団の来日中、日本の政界で真相究明を求める動きがなかったわけではない。一二月一一日に開会した第四七会帝国議会で、元陸軍軍人である衆議院議員の仙波太郎《せんばたろう》(一八五五—一九二九)が三〇人の賛成者とともに、「支那人誤殺事件に関する質問主意書」を提出し、中国人殺害に対する政府の姿勢を質した。また、永井柳太郎《ながいりゅうたろう》（一八八一―一九四四）も三〇人との連名で、「支那政府特派調査委員の資格及《および》待遇に関する質問主意書」を衆議院に提出した。

中国政府が日本の捜査を信用せず、調査団を送り込んできたのは、看過できない事態である。永井は一二月一五日の衆議院本会議で、その原因が政府の不誠実な対応にあるとし、こう批判していた。

支那政府は支那人誤殺事件に関して日本政府の調査及《および》報告に満足せず、支那政府自ら調査委員を任命して、支那人誤殺事件の真相を極めんとするに至つたのであります。現に去る十日の午後に於《おい》て、支那人誤殺事件の調査委員に任命せられた王正廷氏一行の人人が、外務省に外務大臣を訪問して、何等かの挨拶をした事実があります。私は此《この》事実は独立国として、又法治国として日本の名誉と信用とに取つては、由々しき大事であると信ずる者であります。……

凡《およ》そ此度《このたび》の支那政府と日本政府との間に於ける支那人誤殺事件に対する意思の疎隔は、支那政府が明に場所を指摘し、其《その》場所に就《つい》て調査せられんことを要求して居るに拘《かかわ》らず、日本の外務省は十一月八日と十二月三日との両度に亘《わた》つて、支那人誤殺事件の犠牲となつた人々の、姓名及其場所を報告せられたけれども、故意か偶然か支那政府の指摘したる、且《か》つ支那民間に於ける囂々《ごうごう》たる議論の焼点となつて居る地点に付きましては、三箇月の久しきに亙《わた》る今日まで何等の調査を行はず、調査したりとしても其結果を発表して居らないと云《い》ふことが、其根本原因を為して居るのであります。(126)

日本政府が中国政府の求める大島町事件と王希天事件の調査を怠っていることが、そもそも不信の元となっている。国際的に納得をえられる捜査ができなければ、法治国家としての体面は保たれない。依然として「不明」「調査中」をくりかえす閣僚らを前にした、永井の毅然たる演説であった。

永井が演説したこの日、王正廷、沈其昌、劉彦ら調査団に宛て、王希天追悼会の案内状が送られた。会の発起人は、陸奥宗光の長男で伯爵の陸奥広吉《むつひろきち》（一八六九―一九四二）、元満鉄理事長で衆議院議員の国沢新兵衛《くにさわしんべえ》（一八六四―一九五三）、山室軍平、丸山伝太郎、日本YMCA同盟主事の斉藤惣一《さいとうそういち》（一八八六―一九六〇）、元日本興業銀行総裁の志立鉄次郎《しだちてつじろう》（一八六七―一九四六）の六人であった。王希天の交友範囲の広さがうかがわれよう。案内状の文面は、左の通りである。

拝啓　中華民国王希天君は資性厚志操堅実、而《しこうし》て気概に富み、夙《はや》く本邦在留自国労働者の為、共済会を組織し、其《そ》の風紀の改善、境遇の向上に尽瘁《じんすい》せられ居候処《おりそうろうところ》、過般震火災の直後、多数民国人の鮮人と共に不慮の残害を受けたるに際し、毅然身を挺して其の間に奔走せられしに、九月十二日の頃、突如亀戸附近に於《おい》て行衛《ゆくえ》不明となられ候。其の当時の事情より推定して何者かの手に罹《かか》り、永眠せられたること疑ひなく、寔《まこと》に痛恨哀悼の至に堪えざる次第に御座候《ございそうろう》。茲《ここ》に同君を知る者相謀り、来《きたる》十二月二十日（木曜日）午後三時神田区一ツ橋通救世軍本営に於て同君追悼会相開候間、御多忙中恐縮に存候《ぞんじそうら》得共《えども》、吾等の微志御賢察御参会被成下候《なしくだされそうら》はば本懐の至に奉存候《ぞんじたてまつりそうろう》。此段御案内申上候。敬具(127)

王希天は行方不明となった当時の状況から、何者かに殺害されたのは間違いない。王の追悼会を開く理由がこう記されていた。

一二月二〇日に開かれた追悼会には、王正廷、沈其昌、劉彦ら調査団をはじめ、日中両国人合わせて約

図３-20　救世軍本営での王希天追悼会（『王希天小史』）

一〇〇人が参会した[128]（図3―20）。よまれた弔辞をみても、「王君を殺害せし者は君の為人《ひととなり》を知らざりし人なるべし」（陸奥）、「前途有為の君が不幸殺害せられたるは、人類幸福の為真に遺憾なり」（山室）、「王君は多数の同胞の為に自ら死地に入り、遂に其《そ》の犠牲となれり」（志立）というように、王希天が殺害されたことが既成事実化されていた。これは、あくまで生死不明の立場をとる日本政府への異議申し立てをふくんでいただろう。王正廷も「今日王君の追悼会を営むは真に痛嘆に堪へず」と、王希天の死を悔やんでいた。

一九二四年一月六日、王正廷は行きと同じルートを戻り、北京へと帰着した。王の日本訪問に対しては、中国人被害調査が形式的でなおざりにされているなどと、批判する声があった[129]。たしかに、王の東京での行動を見ると、経済団体が主催する歓迎会への参加や、渋沢栄一をはじめとした実業界の要人らとの会見が多く、やはり調査とは別の任務があったことをうかがわせる。むしろ王は来日し、事件の真相を求める留日学生や日本人との交流を通じ、事の重大さを認識したのではないか。

王正廷は一月三一日、調査結果報告書を北京政府に提出した（図3―21）。調査結果は、大きく大島町事件、王希天事件、横浜およびその近辺での殺傷事件、の三項から構成された[130]。大島町事件および王希天事件を裏づける証拠として、丸山伝太郎が作成した大島町での聞き取り調査書や、発売禁止ながら一部出まわった『読売新聞』一九二三年一一月一七日付の記事・社説、王希天追悼会の案内状が添付されていた。この報告書をもとに、顧維鈞外務総長は二月二五日、在中国特命全権公使の芳澤謙吉に宛て、厳重抗議をおこなうとともに、(一) 犯人の公表・処罰、(二) 被害者家族への救恤《きゅうじゅつ》金給付、(三) 再発防止策の実施を求めた。(131)

これに対し、日本側が (一) について、それまで以上の犯人捜査・処罰にふみきらなかったのはいうまでもない。(二) に関しては、いくらかの救恤金を支払おうとする動きが日本政府内であった。(132) しかし、震災前に起こった長沙事件との兼ね合いや内閣の更迭があり、具体的な交渉へと入らずに終わった。結局、王希天事件と大島町事件は何ら決着のつかないまま、うやむやに幕引きがはかられたのである。

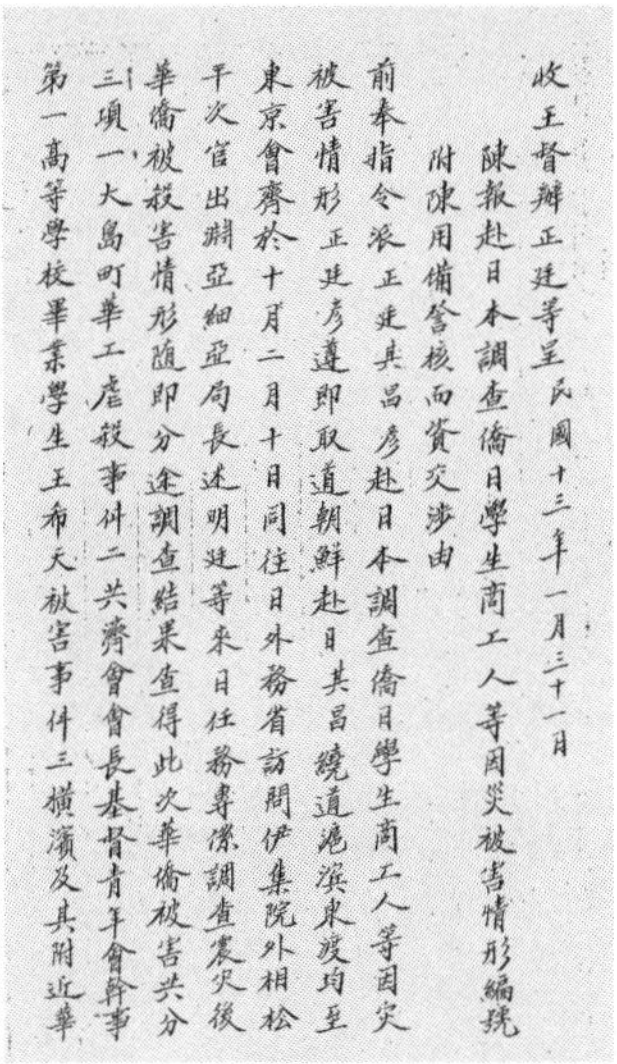
收王督辦正廷等呈民國十三年一月三十一日
陳報赴日本調查僑日學生商工人等因災被害情形編[illegible]
附陳用備咨核而資交涉由
前奉指令派正廷共昌彥赴日本調查僑日學生商工人等因災
被害情形正廷彥遵即取道朝鮮赴日共昌繞道滬濱東渡均至
東京會齊於十月二十日同往日外務省訪問伊集院外相松
平次官出淵亞細亞局長述明廷等來日任務專謀調查震災後
華僑被殺害情形隨即分途調查結果查得此次華僑被害共分
三項一大島町華工虐殺事件二共濟會會長基督青年會幹事
第一高等學校畢業學生王希天被害事件三橫濱及其附近華

図3-21　王正廷が提出した調査報告書（『日本震災惨殺華僑案』第4冊抄檔）

王希天事件の真相

日本政府があくまで消息不明としてあつかった王希天。しかし、王と交わりのあった日中両国の知人らは、王が殺害されたとみなし、その死を悔やむ追悼行事をいとなんだ。本章はじめにとりあげた温州華蓋山の吉林義士王希天君紀念碑建造も、その一つである（図3—22）。とはいえ、王が留置所から兵士に連れ出されたという目撃談は

図3-22　建立当時の吉林義士王希天君紀念碑（『王希天紀念文集』）

あったものの、実際にいかなる運命をたどったのかについては、長らく不明のままであった。

時の流れは残酷なものであり、日本はもちろん、中国でも王希天を追想する念は薄れていった。吉林義士王希天君紀念碑は日中戦争中に倒壊され、戦後も長らくその場に放置された。長春にあった王の旧家・店舗も、一九五七年の反右派闘争で攻撃の標的とされてしまった。

そうした中、王希天事件にあらためて光があてられ、真相究明にとりくまれたのは、関東大震災から半世紀経った一九七〇年代のことであった。震災時に一兵士として大島町に出動した久保野茂次の日記が一九七五年に公開された。その日記には、同僚から聞いた話として、久保野が属した野戦重砲兵第一連隊の第六中隊が、王希天を亀戸警察署から付近の逆井《さかさい》橋へと誘い出したこと、そこで待機していた「垣内中尉」が、王の背後より切りつけ、殺害したことが記されていた。(133) 田原洋はこの垣内中尉こと垣内八洲夫をつきとめ、彼自身の口から王を切ったことをみとめる発言を引き出した。(134) 垣内によれば、佐々木兵吉大尉の指示にもとづく行為であったという。大島町へ赴いた王の足取りには、いまだ不明な点が残るものの、一兵士に殺害されたことが明らかとなった。

特定の個人に関わる王希天事件に比べると、大島町事件の実態究明が難しいのはいうまでもない。事件に直接関与した人物が、新たに証言・証拠を示すようなこともなかった。当時の人々がみな鬼籍に入った今日、真相は闇の中である。

ただ当時、大島町事件をもっとも知りうる立場にあった広瀬久忠警視庁外事課長が、事件後ほどなく殺害された中国人および朝鮮人の数について、三～四〇〇人と具体的な数を出して発言している事実は重い。湯浅倉平警視総監や正力松太郎警視庁官房主事も、約三〇〇人の中国人労働者が殺されたことを言明していた。大島町事件の唯一の生き残りとされる黄子蓮の証言や王兆澄の聞き取り調査、北京政府が日本に提出した被害報告書など、数にばらつきがみられるが、いずれも死者が三桁におよんだとしている。木戸四郎をはじめとする住民らの証言をふまえても、犠牲者が数百人にのぼったことは間違いないであろう。

何より問われるべきは、大島町事件と王希天事件を認知しながら捜査せず、「徹底的に隠蔽」をはかった日本政府の姿勢である。永井柳太郎は法治国家として両事件の真相を究明しなければ、日本人が中国で匪賊《ひぞく》などに襲われても文句をいえなくなると指摘した(135)。まったくその通りというほかない。中国側の要求を不問に付し、謝罪・賠償をせずにすませたことが、悪しき前例となり、大きな禍根を遺してしまった。

大島町でこれだけ多くの中国人労働者が殺された理由についても、本来であれば加害者を割り出し、裁判で明らかにしなければならなかった。日本政府は、公にみとめた少数の中国人遭難者について、一様に「誤殺」と釈明していた。たしかに、朝鮮人と間違われ、死傷した中国人も存在した。しかし、本章はじめで述べたように、大島町に居住した多くの中国人労働者たちは、辮髪を垂らしたり、伝統的な中国服を着たりするなど、一見して中国人と分かる身なりをしており、一概に誤殺によるものとは考えがたい。さまざまな理由が考えられるが、本章でみてきたように、日本人との間に生じていた雇用をめぐる軋轢が、大島町事件や王希天事件、土肥村事件の大きな社会的要因となっていよう。これは、多くの外国人労働者をうけいれている今日の日本が、教訓としなければならない歴史的問題である。

久保野茂次の日記には、王希天が勾留された亀戸警察署内で、第六中隊の将校らと協力し、中国人労働者の習志野護送を手伝ったことが記されている。久保野がいだいた王の印象は、「快活な人」であった。誰とでも分け隔てなく接した王の人柄がうかがわれる。関東大震災から一年後の一九二四年九月に編まれた『王希天小史』には、王の「名言」としてつぎのような言葉が紹介されている。

我々の運命は、我々自身で切り開く。危険を冒し、創造し、外へと踏み出すべきだ。ただし、神を真に信じなければならない。さもなければ、必ず失敗するであろう。

人のために苦しい目にあうのは、我々キリスト教徒の真なる本分である。ただし、我々の苦しみには喜びがある。

本分をつくすために凌辱をうける。その喜びは極まりない。

つべこべ言わずに、仕事をおこなう。空談をなくし、実行につとめる。

報酬は求めない。我々の報酬は天上にあるのだから。

キリスト教徒は社会主義を徹底的に理解しなければならない。

世界は一家であるのだから、連合させるのが望ましい。

各民族はもともと同胞であり、互いに愛し合うのが望ましい(136)。

琴線にふれる感動的な文章である。王希天はキリスト教徒として、民族の壁を越えた日中友好の実現を夢みていた。震災後、王はアメリカ留学をとりやめ、その資金を震災復興のために寄付したともいわれる(137)。王の殺害は、日中交流史においてあまりに痛恨な出来事であった。

第二部　朝鮮人と関東大震災

第四章　〝「不逞鮮人」来襲〟

――秘密結社「義烈団」の虚像と実像

「不逞鮮人」と義烈団

関東大震災発生時、頻繁に用いられた言葉に「不逞鮮人」がある。これはすなわち、「不逞な朝鮮人」を意味している。「不逞」を辞書で引けば、「不平をいだき、従順でないこと」「勝手な振舞をしてけしからぬこと」と出てくる（『広辞苑』第七版）。第二・三章で論じた日本国内における中国人留学生・労働者をめぐる諸問題を考えれば、「不逞支那人」といった言葉が使われても不思議ではない。しかし、管見の限り、そうした用例は「不逞鮮人」に比べるとごくわずかである。「不逞」はもっぱら朝鮮人に付せられた修飾語であった。

「不逞鮮人」とは、一体いかなる者を指すのか。朝鮮軍司令部が一九二四年六月に作成した『不逞鮮人に関する基礎的研究』は、「不逞鮮人」について「日本の統治に不満を有し、何等かの形式に於《おい》て之《これ》が実行を策し、又は実行しつつあるもの、及《および》独立光復を標榜する一般匪賊《ひぞく》」と定義し、それが三一独立運動を契機として一般化した呼称であるとしている。(1)三一独立運動は一九一九年三月一日、日本の植民地下に置かれていた朝鮮人が、大韓帝国初代皇帝であった高宗《コジョン》の葬儀を前に、京城（現在のソウル）のパコダ公園に集結し、独立宣言をおこなったことにはじまる。高宗は韓国併合前の一九〇七年六月、オランダのハーグで開かれた万国平和会議に密使を送り、第二次日韓協約（一九〇五）により日本に奪われた外交権を回復しようと試みた（ハーグ密使事件）。結局、高宗の企ては予期した成果をえることなく失敗に終わり、退位を余儀なくされた上、亡国の憂き目にあった。この悲運の高宗が急死すると、日本に毒殺されたという噂が流布し、朝鮮人の民族感情を強く刺激したのである。

国際的情勢に目を向けると、アメリカ大統領のウッドロウ・ウィルソン（一八五六―一九二四）が一九一八年一月、「民族自決」をもりこんだ一四カ条の平和原則を提唱した。この民族自決は、アメリカが敵対する同盟国を対象とした限定的なものであったが、第一次世界大戦が終結すると、朝鮮人にも適応されるべしとする機運が高まった。三一運動でよまれた独立宣言書は、こうした国内外の動向をうけ、新宗教である天道教、キリスト教、仏教の三派からなる「民族代表」三三人が企画・作成したものであった。

三月一日の決行当日、民族代表はパコダ公園に赴く予定を急遽《きゅうきょ》変更し、泰和館という料亭に集合した。そこで独立宣言書を朗読し、祝杯をあげた後、朝鮮総督府に自首した。実際に、パコダ公園へ集まったのは、民族代表に協力した延禧専門学校（現在の延世大学）や普成専門学校（現在の高麗大学）の学生たちであった。[2]公園に集まった数千人におよぶ学生らは宣言書をよみあげた後、独立万歳を唱え、街中をデモ行進した。宣言に関わった者は即座に逮捕されたものの、これが発火点となり、民族独立を求める動きが朝鮮半島全体へと燃え広がったのである。

三一独立運動は、朝鮮総督府の警察・軍隊による武力鎮圧をうけ、ほどなく終熄《しゅうそく》に向かった。しかし、一九一九年四月に上海で大韓民国臨時政府が樹立されるなど、朝鮮半島内外で独立をめざした動きは絶え

宮様御二方おかくれか
鎌倉に御滞在中
不逞鮮人各所に放火し
帝都に戒厳令を布く
三百年の文化は一場のゆめ
ハカ場と化した大東京
鮮人いたる所
めつたぎりを働く
二百名抜刀して集合
警官隊と衝突す
鬼氣全市に漲ぎる
其の夜

図4－1　「不逞鮮人」放火を伝える記事（『東京日日新聞』1923年9月3日）

なかった。「不逞鮮人」は、こうした朝鮮総督府の統治をうけいれず、独立運動を展開する朝鮮人を指した呼称であった(3)。

関東大震災では、この「不逞鮮人」が震災の混乱に乗じ、放火や殺人、強盗、強姦など、犯罪行為をおこなっているという流言蜚語が飛び交った。震災直後の新聞報道をみても、「横浜方面の不逞鮮人等は京浜間の線路に向て鶴嘴《つるはし》を以《もっ》て線路をぶちこはした、一日夜火災中の強盗強姦犯人はすべて鮮人の所為であつた」（『東京日日新聞』一九二三年九月三日、図4—1）、「東京全市の火災を機として不逞鮮人跋扈《ばっこ》し、盛んに横行し、何等かの陰謀を企て其《その》行動を進めて居る、右より察するに、山本伯（山本権兵衛—筆者）の暗殺説は彼等一味の所為ならんと言はれて居る」（『新潟毎日新聞』夕刊、一九二三年九月三日、図4—2）、「目下東京市内に於《お》ける大混乱状態に附け込み、不逞鮮人の一派は随所に蜂起せんとするの模様あり、中には爆弾を持つて市内を密行し、又石油缶を持ち運び、混乱に紛れて大建築物に放火せんとするの模様あり」（『大阪朝日新聞』夕刊、一九二三年九月四日）などと、「不逞鮮人」に関する記事が掲載されている。雑司ヶ谷上り屋敷（現在の東京都豊島区）の自宅で被災した東京商科大学教授の上田貞次郎（一八七九—一九四〇、図4—3）は、日記に当時の様子をこう書きとめていた。

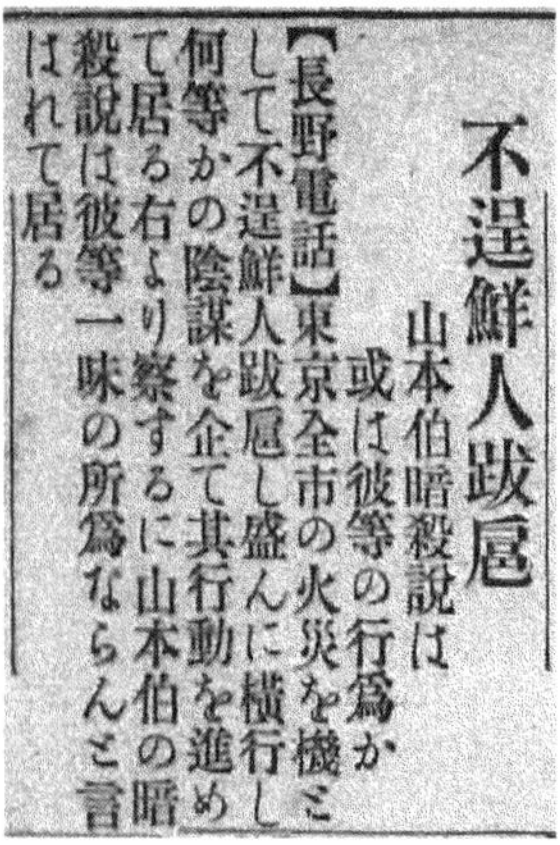

不逞鮮人跋扈
山本伯暗殺説は
或は彼等の行爲か
【長野電話】東京全市の火災を機と
して不逞鮮人跋扈し盛んに横行し
何等かの陰謀を企て其行動を進め
て居る右より察するに山本伯の暗
殺説は彼等一味の所爲ならんと言
はれて居る

図4－2　「不逞鮮人」の山本権兵衛首相暗殺説を伝える記事（『新潟毎日新聞』1923年9月3日）

図4－3　上田貞次郎（『上田貞次郎先生の想い出』）

二日には学校から板倉（上田の兄が住んでいた麻布区板倉町―筆者）へ廻らうかと思つたが、又宅の方が気になるので学校の自転車をかりて帰つた。さうすると上屋敷の交番から不逞鮮人が放火をするからとの注意が来て、夜は上屋敷会員総出で警戒することになり、余は若林氏と共に門前に番をすることになつた。夜半以後は川合に代らせることにしたが、この夜警は六日まででつづけた。

朝鮮人暴行の流言は何《ど》うしたわけか知らぬが、実に速く拡がつた。九月二日の夜は、既に全市民が武装して居たといつてもよい。

流言の源は鶴見の警察署長だといふが、それがかく速かに伝はつたのは、警視庁の高い辺でそれを誤信して宣伝したのではないかを疑ふ。兎《と》も角《かく》、此《この》流言の為《た》めに朝鮮人の殺されたものは多数あつたが、内地人で誤殺又は負傷させられたものもあつた。それから自警団の往来妨害

も朝鮮人に対する恐怖からであった。(4)

地震発生翌日の九月二日から「不逞鮮人」来襲の注意があり、町内会で六日まで夜通し警戒にあたった。二日の夜は、まるで全市民が武装したようであった。当時の生々しい様子がうかがえよう。

右の引用文にあるように、この「不逞鮮人」にまつわる流言により、多くの朝鮮人が殺害された。上田は殺された朝鮮人の数を五〜六〇〇〇人と推定し、震災がもたらした「最大の悪副産物」「日本人の国民的欠点を示したもの」と記していた。また、「朝鮮人を理解せよ」と題した文章を『青年』に寄稿し、「不逞鮮人」が刀や爆弾を持って襲ってくるといった流言に惑わされ、二度と取り返しのつかない過ちを犯さないよう、朝鮮人への態度を根本的に改めることをうったえた。(5)

このように地震発生からほどなく喧伝《けんでん》され、社会をパニックに陥れた「不逞鮮人」来襲の流言。実際のところ、震災中に朝鮮人による犯罪行為はどれくらいあったのか。司法省刑事部が作成した『震災後に於《お》ける刑事事犯及之《およびこれ》に関連する事項調査書』によれば、東京市で九月一日の震災直後から五日間、独自出火の場所が一三八ヶ所あり、そのうち放火は八件、放火犯が朝鮮人とみとめられるのは三件であるという。(6)ただ、この三件は容疑者が現場で殺されたり、逃走したりしたために真相がはっきりしない。

放火のほかには、殺人二件、殺人未遂二件、殺人予備二件、強盗三件、強盗傷人一件、強盗強姦一件、強姦一件、傷害二件と、流言となった重犯罪行為が挙げられている。(7)しかし、これらも容疑者の多くが「氏名不詳鮮人」となっており、はたして本当に朝鮮人であったのかは疑わしい。正式に検挙・取り調べをうけたのは、強盗犯一人だけであった。こうして不確かな事件まで並べたてながらも、調査書は「鮮人の不逞行為は其《そ》の声の大なるに比しては、其の実の小なりしものと断ぜざるを得ず」と結論せざるをえなかった。「不逞鮮人」の陰謀を裏づけるような組織的犯罪行為は確認できなかったのである。

これに対し、近年「不逞鮮人」来襲が流言でなく、事実であったとする見解がある。その代表的著作である工藤美代子『関東大震災――「朝鮮人虐殺の真実」』（二〇〇九）が着目するのが、「義烈団」の存在である。工藤は義烈団が震災前、一九二三年秋に予定されていた皇太子・摂政宮裕仁親王（のちの昭和天皇）と久邇宮良子女王の結婚式をねらい、皇太子の暗殺を企てていたことを指摘する。この暗殺計画の準備を進める最中、関東大震災が起こった。その結果、「彼らの目標日は急遽《きゅうきょ》、震災の混乱時に変更され、計画はばらばらになったもののテロの波は横浜を発進して帝都を襲ったと考えられる」というのである(8)。

北京に滞在していた義烈団団長の金元鳳《キム・ウォンボン》（一八九八―一九五八）は、震災による日本内地の民心動揺に乗じようと、部下を天津から東京へと派遣した。また、義烈団は決死隊を選抜し、上海で最終訓練を開始した。こうした官憲文書の内容をもとに、工藤は「まさに、テロリスト集団による日本転覆の革命前夜を思わせるような周辺状況といわねばならない」と主張する。

工藤はまた、無辜《むこ》の朝鮮人が殺害された数を二三三人、テロリストとして殺害された数を八一〇人とそれぞれ推計する。前者は自警団などによる「過剰防衛」であったとみなされる。後者については、「その殺害された者はいわずもがな「義烈団」一派と、それに付和雷同したテロリストである。テロリストを「虐殺された」とはいわないのが戒厳令下での国際常識だ」とし、「虐殺」とよぶことを否定する。ここで注目したいのは、八〇〇人以上におよぶ義烈団員、およびシンパのテロリストが日本内地に潜伏していたとみなしている点である。

今日、義烈団の名を聞いて多くの人々が思い浮かべるのは、韓国の映画『密偵（밀정）』（二〇一六、図4―4）かもしれない。映画の主な舞台となっているのは、日本の植民地下にあった京城である。主人公で

ある朝鮮人警務のイ・ジョンチュルは、義烈団員の核心メンバーであるキム・ジャンオクを追いつめ、自決させるなど、義烈団の捜査にあたっていた。イとキムは以前、上海で生活を共にした友人であった。

イ・ジョンチュルが捜査を進める中、義烈団の新たな資金運搬役として写真館と古美術商をいとなんでいたキム・ウジンが浮上する。イは客を装い、キムに接近する。キムはイの内偵に感づきながらも、何食わぬ顔で上海から京城へ荷物を持ち込むために便宜をはかってくれるよう依頼した。

その後、義烈団長のチョン・チェサンが上海に入り、ハンガリー人の爆弾製造専門家を呼びよせたという情報が警察にもたらされた。爆弾は朝鮮総督府を標的としたものであり、京城に持ち込まれるのを阻止しなければならない。これをうけ、イ・ジョンチュルは上司の東部長より、警部の橋本とともに上海へ赴くことを命ぜられた。

イ・ジョンチュルは上海に逃亡していたキム・ウジンに、警察を辞めて上海で事業をはじめたいとふたたび接近をはかる。これに対し、キムはイの機先を制するように、チョン・チェサンとひきあわせた。義烈団長との突然の対面に戸惑うイ。チョンはイに二重スパイとなり、京城への爆弾運搬に力を貸してくれるよう働きかける。イはしぶしぶ応諾した。

イ・ジョンチュルは、キム・ウジンら義烈団一行が鉄道で安東県（現在の遼寧省丹東）から京城へと爆弾を運ぶのを、橋本ら同僚にさとられないよう手をつくした。しかし、義烈団員にもスパイがおり、イが二重スパイであることを気づかれ

図4－4　映画『密偵』

図4－5　『密偵』のラストシーン。マント姿の青年が爆弾を積んだ自転車で朝鮮総督府へとつきすすんでゆく

てしまう。イは車輌内で橋本を殺害し、何とか事を収めた。

　こうして爆弾は京城まで持ち込まれたものの、キム・ウジンら義烈団の核心メンバーがつぎつぎと検挙された。ついには、イ・ジョンチュルにも捜査の手が伸びてゆく。イは裁判で、二重スパイを装って義烈団を一網打尽にする策略であったと主張し、自らの無実を主張した。しかし、これこそ策略であり、無罪放免されたイはキムに託された爆弾を持ち、警務局クラブへと潜入する。

　その日の夜、警務局クラブでは、警務局の官僚や帝国議会議員、中枢院の親日派が集まり、「在朝鮮剣道人の会」の晩餐会が開かれていた。イ・ジョンチュルは東部長による乾杯をみとどけた後、爆弾を破裂させ、建物もろとも吹き飛ばした。多数の死傷者が出る惨事となった。しかし、ここで用いた爆弾は持ち込まれたものの半分にすぎない。イから残りの爆弾を託された若い義烈団員が、自転車で朝鮮総督府の門をすり抜け、突き進んでゆくシーンで映画が終わっている（図4―5）。

　朝鮮総督府爆破計画をめぐる日本の警察と義烈団の熾烈な攻防。イ・ジョンチュル役をソン・ガンホ、チョン・チェサンをイ・ビョンホンがつとめるなど、韓国の名だたる俳優が迫真の演技をみせる壮大なスパイ・アクションとなっている。多くの賞を獲得しており、いわゆる抗日映画ながら日本での評価も悪くない。義烈団が日本政府のきびしい統制をかいくぐり、破壊工作に邁進《まいしん》した様子が印象的である。

もちろん、『密偵』はフィクションである。ただ、イ・ジョンチュルやキム・ジャンオク、キム・ウジン、チョン・チェサン、橋本などは、いずれも実在した人物がモデルとなっている。ストーリーも、義烈団が関東大震災発生の年にあたる一九二三年初旬に企てたいわゆる鍾路警察署爆弾事件と第二次暗殺・破壊計画をもとに創作されている。

『密偵』の原作は、キム・ドンジン『1923 京城を揺るがした人々（1923 경성을 뒤흔든 사람들）』（二〇一〇）という著作である。この著作では、一九一九年一一月に結成された義烈団の歩みが、鍾路警察署爆弾事件と第二次暗殺・破壊計画をクライマックスに描かれている。両事件については、「物理的には失敗したかもしれないが、国内外の数多くの独立運動家と朝鮮民衆の脳裏に、不屈の抗日精神をうえつけた歴史的な事件として後世に伝わった」と評している。[9] 副タイトルに「義烈団、京城の心臓を撃つ！」とあるように、義烈団がいかに朝鮮総督府を震えあがらせたかが強調されている。

このように日本と韓国における義烈団評価を見ると、両者は立場がまったく異なるものの、義烈団が日本政府を根底から脅かす存在であったととらえる点では、興味深いことに一致しているのが分かる。義烈団は一体、いかなる組織であったのか。具体的にどのような活動を展開していたのか。それは、はたして関東大震災時の「不逞鮮人」来襲を裏づけるようなものであったのかどうか。

義烈団に関する学術的な考察は、これまで日本でほとんどなされてこなかった。[10] 断片的であいまいな義烈団像が流布しているのが、現状である。しかし、関東大震災の朝鮮人虐殺問題を考える上で、義烈団の存在は決して無視できない。

本章では、義烈団の実態を解明するにあたり、まずその結成にいたる歴史的経緯についてみてゆくことにしたい。

図4－6　金元鳳（右端）と義烈団員（韓国国史編纂委員会蔵）

中国への活路

義烈団は、北京や上海など中国を活動拠点とした秘密結社であった。三一独立運動後、民族独立をかかげた朝鮮人の秘密結社が、朝鮮半島内外で数多く結成された。ただ、その大半はさしたる活動をおこなうことなく、短命に終わった。そうした中、義烈団は金元鳳（図4―6）という人物が求心力となり、つぎつぎと暗殺・破壊計画を立案・敢行した数少ない継続的な組織体であった。ここでは、朝鮮総督府が編集した『義烈団要記』と『高等警察要史』にある義烈団についての記述を紹介したい。

元来同団（義烈団―引用者）の組織は徹頭徹尾、金元鳳中心の朦朧《もうろう》主義にして、団体の結合其《そ》のものは頗《すこぶ》る強固なるが如きも、範囲の拡大するに伴ひ、其の結束は寧ろ脆弱となるを以《もっ》て、来る者は拒まず、去る者は逐《お》はず的の態度を持し居るを以て、団員の限界甚だ明瞭ならず、見様に依りては、在支那不逞鮮人輩は殆ど全部義烈団員なるが如くにも察せられ、又一面より見れば、金元鳳一人の義烈団なりとも言ひ得べし。要するに、義烈団とは金元鳳なる人物を中心として、期せずして集りたる決死的不平連の集合団体にして、其の外囲に附随する分子は離合常なく一に中心の引力に依り、之に蝟《い》集《しゅう》せるものなりと言ふを得べし。(11)

大正八年三月の騒擾後、不逞の徒が上海方面に蝟集して、仮政府（大韓民国臨時政府―筆者）を中心に、或《あるい》は之《これ》に関係なくして国権回復運動を標榜して、組織せる所謂《いわゆる》不逞団体は、支那本部地方のみにても数十を以て数ふべしと雖《いえど》も、其の標榜する処に向て敢然と行動実現を積極的に敢行せるもの、真に寥々《りょうりょう》たる中に、独り其の標榜する破壊兇暴行為を実際化し、若《も》しくは実際化せんとするは実に義烈団なりとす。…彼等の動作、極めて軽敏慓悍《ひょうかん》、秘密厳守は実に彼等の生命とも謂《い》ふべく、団員相互間と雖も、他の動静を知ること極めて罕《まれ》なり。(12)

極度の秘密主義をとり、義烈団の団員間でも互いに何をしているのかほとんど把握していない。団員の境界は曖昧《あいまい》であり、中国に滞在する朝鮮人がことごとく団員のようにもみえるし、真の団員は金元鳳一人のみだといえなくもない。金を中心としつつ、アメーバのように変幻自在に伸縮している。

最初の引用文は一九二四年、二つ目は一九三四年にそれぞれ作成されたものである。一九一九年末に結成された義烈団に対し、官憲はそれなりの年月が経ちながら、その実態をつかみきれていなかった。関東大震災直後の時点で、金元鳳の素顔すらはっきりと特定できずにいたのである。

このように義烈団をあやつり、官憲を翻弄した神出鬼没の金元鳳。イ・ビョンホンが『密偵』で演じた義烈団団長チョン・チェサンのモデルこそ、金にほかならない。義烈団がいかなる組織であったかを理解するには、何よりその扇の要《かなめ》たる金の素性をおさえる必要がある。以下では、金の述懐をもとにした朴泰遠『金若山と義烈団』（一九四七）をたよりに、義烈団結成にいたる過程をみてゆきたい。(13)

金元鳳は一八九八年九月、慶尚南道密陽の農家に長男として生まれた。父親は地主であり、叔父が翻訳官をつとめたり、漢方薬局をいとなんだりするなど、両班《やんばん》と常人の中間にあたる「中人」の家柄であった。家は裕福でなかったという。蜜陽は豊臣秀吉がしかけた文禄の役（一五九二―三）で、朝鮮軍がはじめて迎撃しながらも、大きな被害をうけた鵲院関《じゃくいんかん》の戦いの舞台となっており、日本と歴史的因縁が浅からぬ地域であった。金は文禄・慶長の役で朝鮮軍を率いて活躍した李舜臣《イ・スンシン》を崇拝していた(14)。

金元鳳が朝鮮の伝統的な初等教育機関である書堂に通い始めたのは一九〇五年のこと。この年の一一月には、日本との間に第二次日韓協約が調印された。これにより、大韓帝国は外交権を失い、日本の保護国となった。日本が行政を司るべく、漢城（現在のソウル）に設置した統監府は一九〇六年八月、普通学校令を公布し、初等教育機関にあたる普通学校を各地に新設した。金は一九〇八年、その普通学校の二学年に編入した。普通学校の修業年限は四年であった。

一九一〇年八月、日本は「韓国併合に関する条約」にもとづき、大韓帝国を併合した。この時、金元鳳は密陽の同和学校に転学していた。同和学校は一九〇八年に開学した私立学校であり、全鴻杓《チョン・ホンピョ》（一八六九―一九二九）が校長をつとめていた。全は同和学校のほかにも、多くの私立学校設立に関わるなど、熱心な教育家・愛国者であった。生徒に対しては、失われた国土と主権を回復するために、日本との闘争を怠らないよう日々説いていたという。官憲文書でも、同和学校のことがつぎのように記されている。

義烈団の発祥地とも称すべき慶南密陽には日韓併合前後、全鴻杓なる者の校長たりし私立同化《マ》学校《マ》なるものありて傲岸《ごうがん》不敵の気魄《きはく》を養成したるため、同地方に於《お》ける悲憤慷慨の士は殆んど此《この》校より出て随て本校出身者にして刑余の人ならざるなきの実況なりと云《い》ふ。現に金元鳳、金相潤、韓奉根、金大池、金泉等は皆同校の出身なりと。而《しこう》して該校は其後廃校したりと云ふ(15)。

同和学校は密陽における抗日独立運動家の養成所とみなされていた。金元鳳の思想形成においても、全鴻杓校長の影響は小さくないであろう。義烈団結成にあたっては、金をはじめ同和学校出身者が主力をなした。引用文にあるように、同和学校は地元政府に目をつけられ、一九一二年に閉校へと追い込まれた。

その後、金元鳳は京城に上京し、中央学校に席を置いた。早稲田大学を卒業した金《キム》・性洙《ソンス》（一八九一―一九五五）が経営する中央学校には当時、各地から優秀な学生が集っていた。そうした中にあって、金元鳳は弁論大会で雄弁をふるうなど、全校に名が知れわたっていたという。ただ、全国の景勝地をめぐる無銭旅行にくりだすなど、中央学校での学業生活は長くつづかなかったようだ。

それから金元鳳が活路を見出したのが、中国であった。金は一九一六年一〇月、天津の徳華学堂に入学した。徳華学堂は一九〇七年、ドイツ商人らの出資によりドイツ租界に設立された初等・中等教育機関である。(16) もともと、ドイツ人子女のために設けられた学校であったが、ほどなく中国人、さらには朝鮮人移民をうけいれるようになった。

金元鳳は日本からの独立をはたすべく、早急に軍隊を組織し、訓練したいと考えていたという。ただ、軍隊を組織するには、まず軍事学を学ばなければならない。留学先としては、世界でもっとも強力な軍隊を持つドイツが好ましい。さしあたってドイツ語を学ぼうと、金は徳華学堂に入学したのであった。

その二年ほど前にあたる一九一四年六月末、サラエヴォを訪れたオーストリア＝ハンガリー帝国の帝位継承者であるフランツ・フェルディナント大公夫妻が、帝国からの独立をめざしたボスニア系のセルビア人に暗殺された。このサラエヴォ事件をきっかけに、オーストリア＝ハンガリーが七月二八日、セルビアに宣戦布告をおこない、砲撃を開始した。オーストリア＝ハンガリーとドイツの同盟国と、セルビアの後ろ盾となったロシアとイギリス、フランスの三国協商を核とした連合国との間で争われた第一次世界大戦の勃発である。日本は八月二三日、日英同盟を理由にドイツに宣戦布告し、ドイツが東洋艦隊の根拠地としていた山東省の青島へと出兵した。

実のところ、第一次世界大戦において朝鮮人の間にドイツの勝利を期待する向きがあった。その表れの一つとして、一九一五年春に上海で結成された新韓革命党がある。[17] 新韓革命党は日本の出兵時、青島にいた柳東説《ユ・ドンヨル》（一八七九―一九五〇）と成楽馨が上海に赴き、独立運動団体・同済社の領袖である朴殷植《パク・ウンシク》（一八五九―一九二五）と申圭植《シン・ギュシク》（一八八〇―一九二二）、および李相卨、李春日、劉鴻烈と協議し、組織したものであった。

ドイツがヨーロッパ戦線に勝利すれば、必ずや中国と連携し、日本を攻撃するであろう。その時こそ朝鮮独立のチャンスである。こうした展望をもとに、事前に準備を進めようというのが、新韓革命党の設立趣意であった。察するに、金元鳳がドイツで軍事学を学ぼうとしたのも、ドイツ勝利への期待があったからであろう。

いうまでもなく、戦況はそれと反対の方向へと進んでいった。一九一七年八月、中立を保っていた中国がドイツとオーストリア＝ハンガリーに宣戦布告し、連合国として第一次世界大戦に参戦した。一九一八年一一月、オーストリア＝ハンガリーにつづき、ドイツが降伏し、休戦協定が締結された。天津のドイツ租界は中国へと返還され、徳華学堂の経営もドイツ人から中国人宣教師へとゆずりわたされた。時期は不明であるが、金元鳳はそれより前に徳華学堂を離れ、いったん朝鮮半島へと戻っていた。

『金若山と義烈団』によれば、ふたたび中国へと飛び出した金元鳳は一九一八年九月、南京の金陵大学に入学したという（図4―7）。現在の南京大学は金陵大学の後身にあたる。この南京行にあたっては、中央学校で知り合った李命鍵《イ・ミョンゴン》と金科佺《キム・ドゥボン》（一八九〇―一九六四）の二人と行動をともにした。ただ、現存する金陵大学入学生の学籍簿には、金元鳳ら三人の氏名は確認できない。(18) 彼らは正規学生でなく、入学予備班の学生か、あるいはモグリで学んでいたのかもしれない。

金元鳳、李命鍵、金科佺は、のちに若山、如星、若水という号をそれぞれ名乗った。読んで字のごとく、山に若《し》く、星に如《し》く、水に若くである。一説には、金元鳳のおじである黄尚奎《ファン・サンギュ》（一八九〇―一九三一）が三人を結びつけ、号をつけたといわれている。(19)

金陵大学は、メソジスト派のアメリカ人宣教師が一八八八年に設立した匯文書院を源流とする教会学校であった。(20) 当時、最良の教会大学と評され、約五〇〇人の学生が在籍した。金陵大学出身の朝鮮人としては、独立運動家の呂運亨《ヨ・ウニョン》（一八八六―一九四七）が知られる。金元鳳ら三人は金陵大学で英語を学んだという。

図4－7　金陵大学（『南京大学百年史』）

「義伯」金元鳳

一九一八年一月、アメリカ大統領のウィルソンは、戦後の講和会議をみすえつつ、民族自決や植民地問題の公正な調整をうたった一四カ条の平和原則を発表した。この平和原則は、日本の植民地下にあった朝鮮にも適用されるのではないか。終戦が近づくにつれ、朝鮮人の間に独立の機運が高まった。

一九一九年一月一八日、パリで連合国による講和会議がはじまった。日本からは、西園寺公望や牧野伸顕をはじめとする五人の全権委員が、講和会議にのぞんだ。上海で新韓青年党を率いた呂運亨は、ウィルソン大統領の特使として上海に来たチャールズ・クレインに独立請願書を手渡すとともに、金奎植《キム・ギュシク》（一八八一―一九五〇）を朝鮮人代表としてパリに派遣した。[21]金はパリで、アメリカをはじめとする各国代表団にロビー活動を展開したものの、講和会議で朝鮮独立がとりあげられることはなかった。

『金若山と義烈団』には、金元鳳も金一という人物をパリに送り出したとある。ただ、これは講和会議に参加するためでなく、西園寺ら日本の要人を暗殺するためであった。結局、金一が実行直前に拳銃と弾薬を紛失してしまったことで、未遂に終わった。拳銃を処分したのは、パリに来ていた朝鮮の同胞であったとされる。事の真偽は分からないが、金元鳳が義烈団結成前より、外交でなく直接行動による独立をめざしたことを示すエピソードといえよう。

パリ講和会議開会中の一九一九年三月一日、本章はじめでふれた三一独立運動が朝鮮半島で起こった。金元鳳は三一運動の第一報に接し、心を高ぶらせた。しかし、その具体的状況が明らかになるにつれ、失望を禁じえなかった。というのも、せっかく全国でいっせいに蜂起しながら、武力抗争をともなわなかったからである。

金元鳳は三一運動にさきだち、李命鍵とともに南京を離れ、中国東北部の奉天へと向かった。一足先に吉林で活動していた金科佺から呼び出されたためである。彼らは軍隊を組織しようと、農地の購入をこころみた。いわゆる屯田兵《とんでんへい》の養成である。しかし、望むような農地は手に入らなかった。三一運動直後に奉天で落ち合った三人のうち、李命鍵と金科佺は朝鮮半島に戻ることを決意した。[22]金元鳳は二人を送り出した後、吉林へと移動した。

吉林には、金元鳳のおじである黄尚奎、天津から一時帰郷した折に交際した孫逸民《ソン・イルミン》（一八八四―一九四〇）と金佐鎮《キム・ジャジン》（一八八九―一九三〇）が亡命していた。彼らは一九一九年二月、組織的な独立運動を展開しようと大韓独立義軍府を結成した。大韓独立義軍府が作成・公表した大韓独立宣言書では、「肉弾決戦」により独立を勝ちとることがうたわれていた。おそらく金元鳳は三人のいずれかと、事前に何らかの連絡をとりあっていたのであろう。

吉林移動後における金元鳳の動静については、のちに義烈団創設時のメンバーである李鍾岩《イ・ジョンアム》（別名・梁健浩、一八九六―一九三〇、図4―8）がつぎのように供述している。

> 大正八年四、五月頃、梁健浩は吉林に於《おい》て金元鳳と同居中、韓鳳根、金玉等も相集り、急進的独立運動を謀議し、其《そ》の方法として鮮内重要建物、親日鮮人の破壊暗殺を急務とし、先《まず》爆弾製造及《および》使用法研究の目的にて同年七月、梁は金元鳳と共に上海に至れるが、時恰《あたか》も上海に在《あ》りては、呂運亨の主宰せる仮政府の別働隊とも謂《い》ふべき救国冒険団に於ては、兇暴計画の目的に盛《さかん》に爆弾製造操作を研究中にて、殊に金聲根最も熱心之《これ》に当れり。由て梁、金は之と共に習修し、金は約一箇月にして吉林に引返し、同志郭在驥を上海に遣《や》りて金聲根を吉林に招聘し、約一箇月後金、梁、郭三名相携へて吉林に至《いたれ》り。(23)

図4－8　李鍾岩（『義烈団副将　李鍾岩伝』）

李鍾岩が金元鳳とはじめて出会ったのは、吉林省通化県にあった新興武官学校であった。新興武官学校では三一運動後、日本陸軍の将校であった池青天《チ・チョンチョン》（一八八八—一九五七）や金擎天《キム・ギョンチョン》（一八八八—一九四二）が教鞭をとり、亡命してきた多くの朝鮮人青年を集めていた。金元鳳は時間的にみて、在学したというよりも、そこで義烈団へとつながる同志をさがしていたと考えられる(24)。

右の引用文では、金元鳳と李鍾岩は一九一九年七月に上海へ行き、救国冒険団の金聲根《キム・ソングン》（一八三五—一九一九）から爆弾製造・使用法を学んだと記されている。金聲根は吉林にも出向いた。救国冒険団は、四月に上海で誕生した「仮政府」、すなわち大韓民国臨時政府と協力し、武力闘争による独立をめざした団体であった。また『金若山と義烈団』では、金東三《キム・ドンサム》（一八七八—一九三七）が上海から吉林へと呼びよせた湖南出身の周況という人物から、爆弾製造方法を学んだとしている。

こうして同志を集め、爆弾製造・使用法を習得した金元鳳は一九一九年一一月九日、吉林城巴虎門外にある中国人の家で会合を開いた。『金若山と義烈団』によれば、集まったのは金をふくめ一三人。金元鳳、尹世冑《ユン・セジュ》（一九〇一—一九四二）、李成宇《イ・ソンウ》（一八九九—一九二九）、郭敬《クァク・ギョン》（在驥、一八九三—一九五二）、姜世宇《カン・セウ》、李鍾岩、韓鳳根《ハン・ボングン》（一八九四—一九二七）、韓鳳仁《ハン・ボンイン》（一八九八—一九六八）、金相潤《キム・サンユン》（一八九七—一九二七）、申喆《シン・チョ》休《リュ》、裵東宣《ペ・ドンソン》（重世、一八九三—一九四四）、徐相洛《ソ・サンラク》（一八九三—一九二三）、ほか一名であった。このうち、金元鳳と同じく出身地が密陽であったのは、尹世冑、金相潤、韓鳳根、韓鳳仁の合わせて五人、新興武官学校の関係者が、金元鳳、尹世冑、李誠宇、姜世宇、李鍾岩、韓鳳根、韓鳳仁、金相潤、申喆休、徐相洛の一〇人となる。

金元鳳らは夜通しで会合をおこない、義烈団を結成することを決議した。なお、この会合人数については諸説あり、官憲文書でも一〇人や一一人であったりする(25)。近年では、『金若山と義烈団』で氏名が挙げられた一二人のうち、韓鳳仁と裵東宣が義烈団創設に関わった形跡がなく、創立時の団員は一〇人であったとする説がある。[26] いずれにしても、みな一〇～二〇代の若者であった。
会合では、つぎのような「公約一〇条」が定められた。

一　天下の正義の事を猛烈に実行することとする
二　朝鮮の独立と世界の平等のために、身命を犠牲にすることとする
三　忠義の気概と犠牲の精神が確固たる者のみが団員となる
四　団義を先んじてつくし、団員の義をすみやかにつくす
五　義伯一人を選出し、団体代表とする
六　いついかなるところにあっても、毎月一回状況を報告する
七　いついかなるところにあっても、招集に必ず応じる
八　殺されても団義をつくす
九　一は九のために、九は一のために献身する
一〇　団義に背いた者を死刑に処する

義烈団という名称は、第一条「天下の正義の事を猛烈に実行することとする」からとられている。第五条の団長たる「義伯」には、その場で金元鳳が選出された。秘密結社よろしく、団の命令には死を賭《と》しても絶対的に服従し、それに背けば処刑される旨が第八条や第一〇条に記されている。

さらに金元鳳らは、「暗殺対象」として（一）朝鮮総督以下高官、（二）軍部首脳、（三）台湾総督、（四）売国賊、（五）親日派巨頭、（六）敵の密偵、（七）反民族敵土豪・劣紳、の七つを定めた。台湾総督が標

的とされているのが目を引く。また、(一)朝鮮総督府、(二)東洋拓殖会社、(三)毎日申報社、(四)各警察署、(五)そのほかの敵の重要機関、の五つが「破壊対象」とされた。東洋拓殖会社は、一九〇八年一二月に設立されたいわゆる国策会社である。当初はおもに、日本人の朝鮮半島への移民・開拓事業を担った。毎日申報社は当時、ハングルで書かれた唯一の新聞『毎日申報』を発行していた。社長が日本人であり、その報道・論説は朝鮮総督府の統治に協調的であった。

義烈団の頭である義伯に選ばれた金元鳳。公約の第九条「一は九のために、九は一のために献身する」の「一」が義伯を指しているとすれば、ほかの団員に対して強大な権限が与えられたこととなる。金は一体、いかなる人物であったのか。左の引用文は、金の性格について記したものである。

一見優柔不断なるが如き性質、極めて獰猛にして傲岸《ごうがん》不敵の鬼魄《きはく》を蔵し、行動亦頗《またすこぶ》る軽妙にして神出鬼没の特技を有す。能《よ》く部下のため財を散じて敢へて惜まず、頗る恬淡《てんたん》の風あり。随て部下亦彼を遇するに義伯と称し、信望極めて敦《あつ》しと云ふ…(27)

金若山は古風なタイプのテロリストで、冷静にして恐れを知らぬ一匹狼である。上海で会った他の人々とはまったく違っていた。同志はみんな仲が良いのだが、金は無口で運動競技に加わることも断り、ほとんど語らずほとんど笑わず、図書館で読書をして時を過ごした。ツルゲーネフの『父と子』が好きで、トルストイも読破した。彼は女の子に興味がなかったが、女の子たちは遠くから熱烈に慕っていた――彼はたいへんにハンサムでロマンチックな風采をしていたのだ。…金若山は二重人格で、友人に対して極端に優しく親切であったかと思うと極端に冷酷にもなりえた。(28)

はじめの引用文は官憲文書、二つ目は一九三〇年代に金元鳳と交際のあった金山（張志楽、一九〇五―一九三八）が、アメリカ人ジャーナリストのニム・ウェールズに語った一節である。普段は穏やかでやさしい性格ながら、ときに無慈悲で凶暴な一面をのぞかせる。これ以外の金元鳳評でも、同様に彼の性格にみられる二面性が指摘されている。周りの者から信頼されるとともに、近寄りがたいカリスマ的な雰囲気を持ち合わせていたのであろう。

その一方で、義烈団創設時における金元鳳は満二二歳の若き青年であった。これまでの経歴をみても、実際に武力闘争をおこなったり、独立運動団体に参画したりした実績はない。義烈団創設メンバーの中には、そうした経験を持ち、金よりも年配の者が存在した。資金的な問題をふくめ、なぜ金が義伯になりえたのかは一考の余地があろう。

これについては、黄尚奎が甥である金元鳳の後ろ盾になっていたともいわれている[29]。黄は密陽出身であり、地元で一合社や大韓光復会などの抗日結社で活動した。中国東北部へ亡命後は、大韓独立義軍府の創設に加わり、その財務を担当した。キャリアが豊富であり、さきに名前の出た会合メンバーよりも年長にあたる存在であった。金を新興武官学校へと赴かせたのも、黄の指示であったかもしれない。金でなく黄が初代の義伯であったとする見解もある[30]。義烈団創設に関する資料は限られており、正確なところは分からないが、黄が金の後見人的な役割をはたしたことは十分に考えられよう。ともあれ、義烈団が初期段階より金中心の組織となったのは間違いない。この義烈団が本格的に始動するのが、翌一九二〇年からであった。

第一次暗殺・破壊計画

義烈団創設後ほどなく、日本の在吉林総領事館は義烈団とおぼしき団体の情報をつかんでいた(31)。ただ、その時点では、生まれては消えてゆく無数の抗日団体の一つとしかみなされていなかったであろう。義烈団の存在が日本政府にはっきりと認識される出来事となったのが、一九二〇年夏に発覚したいわゆる第一次暗殺・破壊計画である。

さきにふれた七つの暗殺対象と五つの破壊対象をみれば分かるように、主なターゲットの所在地は、朝鮮半島にあった。ただ、暗殺・破壊活動を遂行するのに必要な爆弾や銃など、武器類を朝鮮半島内で製造することは困難であった。そこで、義烈団がまず企てたのが、中国から朝鮮半島へのこれら武器類の搬入である。のちに、義烈団はこれを第一次暗殺・破壊計画と名づけている(32)。

この第一次暗殺・破壊計画について、リーダー役をつとめた郭敬は逮捕後、つぎのように供述していた。

> 私等が爆弾を行使せんとしたる目的は、要路の大官を暗殺するは素《もと》よりなるも、先づ朝鮮に於《お》ける政治の中心たる総督府及《および》朝鮮民族の生活を妨害する東洋拓殖会社、竝《ならび》に朝鮮民族の耳目を暗黒ならしむる毎日申報社及時事新聞社等の建物を破壊し、朝鮮各道の民心を刺激し、之《これ》に依りて国家独立の目的を達せんとするに在《あ》りました(33)。

ここで襲撃先として挙げられている朝鮮総督府、および東洋拓殖会社、毎日申報社、時事新聞社の本社は、いずれも京城にあった。これら朝鮮中心部の象徴的な施設を爆破することで、朝鮮人の独立意識を喚起しようとはかったのである。

計画を実行するためには、当然ながら武器を入手し、それを運搬する過程でともなう諸費用を調達しなければならない。その資金を提供したのが、尹致衡《ユン・チヒョン》（一八九三―一九七〇）という人物であった。尹は密陽出身で、黄尚奎とともに一合社を組織した一人である。三一独立運動を主導した咎《とが》で警察の手配をうけ、吉林に亡命していた。尹は奉天に在住した具栄佖に活動資金二〇〇〇円を預けた。(34) 一九一九年一一月初旬、金元鳳と李成宇は奉天に赴き、具から三〇〇円をうけとり、上海へと向かった。

上海では郭敬も合流し、爆弾類の入手に奔走した。そして一九二〇年三月、鉄・真鍮製の弾皮三つと装塡する爆薬を中国人から購入した。金元鳳らはこれらの原材料をもとに、三個の爆弾をフランス租界にあった密陽出身の金大池宅で製造した。金元鳳が義烈団結成前、上海で爆弾製造法を学んだことは、さきに述べた通りである。金元鳳はこの爆弾三個を大韓民国臨時政府の外務部次長であった張健相《チャン・ゴンサン》（一八八二―一九七四）に依頼し、安東県税関へ輸送した。(35) 安東県は現在の遼寧省丹東にあたる。遼東半島東部に位置し、北朝鮮と国境を接する古くからの貿易地であった。

安東から朝鮮半島への持ち込みは、郭敬が担当した。税関で爆弾の入った小包をうけとった郭は、それを現地で元宝商会をいとなむ李炳喆に委託した。李は四月中旬、爆弾を高梁《コーリャン》二〇袋の内にしのばせ、密陽駅前の運送店に送った。李自らも密陽に移動し、高粱袋をうけとると、密陽内の金鉼煥なる人物の店舗に運び、爆弾を床下に蔵匿《ぞうとく》した。

これと前後して朝鮮入りした郭敬は、密陽で計画に賛同していた李寿澤《イ・ステク》（一夢、一八九一―一九二七）と面会した。李も黄尚奎や尹致衡と一合社で抗日運動をおこなった人物である。三一独立運動によりいったん吉林へ亡命するも、朝鮮半島に戻っていた。郭はまた、さきに朝鮮に帰還した韓鳳根や申喆休、尹世冑、徐相洛、金相潤ら義烈団員と会談し、爆弾がすでに密陽へと運び込まれたこと、すみやかに計画実行の準備にあたるべきことを伝えた。

上海にとどまった金元鳳と李成宇は、ひきつづき武器の確保につとめた。その結果、ふたたび中国人から爆弾一三個（そのうち七つは導火線用、六つは擲弾《てきだん》）の原材料、ならびにアメリカ製拳銃二挺、弾丸一〇〇発を、二三〇円で新たに購入するにいたった。(36) 今度は李成宇が中国人に変装し、これらの武器類を行李につめ、四月下旬に安東県へと運搬した。朝鮮半島への搬入は、前回と同じく李炳喆が請け負った。李炳喆はまたも高粱二〇袋に武器類を隠し、これを釜山にいた裵東宣に送った。

裵東宣はどうも、李炳喆から事後的に武器類の発送を知らされたようである。京城でその話を聞いた裵は、すぐに釜山へと戻り、使用人の李周賢に命じて高粱袋を運送店でうけとらせた。そして、慶尚南道の進永駅前にある米穀商の姜元錫方へと移送した。姜元錫方で高粱袋をひきとった裵は、さらに姜詳振方へと転送し、その倉庫に隠匿した。姜詳振は裵東宣の親戚であった。

こうして二度にわたりおこなわれた朝鮮半島への武器類移送は、一九二〇年四月までに完了した。郭敬と李成宇は上海、吉林、安東、京城を往来し、各地の関係者らと連絡をとり、計画実行の準備を整えた。しかし、なかなか決行するまでにいたらない。そうこうしているうちに、警察に探知されてしまった。

七月八日、警察は金鉼煥の店舗を家宅捜索し、爆弾を押収した。また二〇日、裵東宣から計画を聞いていなかった李周賢は、裵が警察に追われているのを知り、武器類の隠匿先を通報した。朝鮮で活動していた郭敬、李成宇、黄尚奎、尹世冑、申喆休、尹致衡、裵東宣ら、義烈団の団員およびその周辺人物が芋づる式に検挙・逮捕された（李一夢ものちに当事件で逮捕）。第一次暗殺・破壊計画は、ここに完全なる失敗に終わってしまった（図4―9）。

四月の時点で爆弾を朝鮮半島に搬入しながら、なぜ二ヶ月以上もの間、計画実行にふみきらなかったのか。李成宇の供述によれば、上海の金元鳳と朝鮮半島で計画を統括する李一夢の間で、つぎのようなやり取りがあったという。

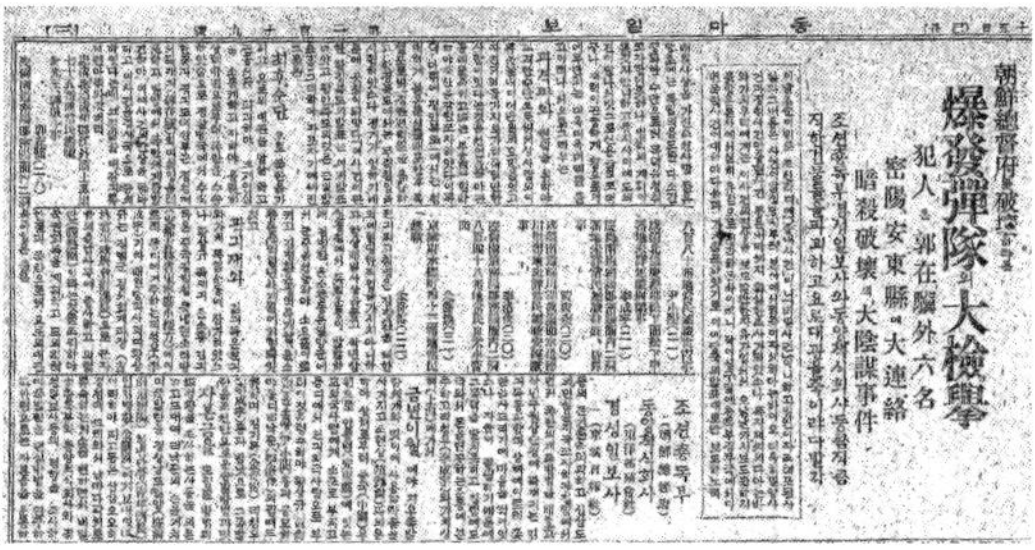
朝鮮總督府
爆發彈隊의大檢擧
犯人은郭在驥外六名
密陽, 安東縣에大連絡
暗殺破壞의大陰謀事件

図4-9　第一次暗殺・破壊計画の検挙を伝える新聞記事（『東亜日報』1920年7月30日）

> 金元鳳より爆弾実行の時頃を定めて報告せよと云《い》ひ来りたるが、一向実行を担任する李一夢に於《おい》て、実行後其者《そのもの》等を逃がすに付、相当の金を持たせて遣《や》らねばならぬ、又実行と共に誓告文を撒布し、人心を刺激せしめねばならぬと云ふことに付協議を為《な》したる…(37)

六月に入り、しびれを切らした金元鳳が、すみやかに決行日を定め、それを伝えるように命じた。これに対し、李一夢は実行者の逃走費用や宣伝ビラを用意する必要性を説いた。文面からは、李が資金的な要請をおこなったことがよみとれよう。

実際、金元鳳は李一夢に送金をおこなった。左の引用文は、金元鳳より送金・伝達を請け負った李洛俊の供述である。

> 六月上旬頃釜山に於《おい》て李一夢に面会し、安鍾黙が金元鳳の金を交け、爆弾実行の為来りたる旨告げたる処、然《しか》らば一週間後に自分が爆弾を携帯出来すべきに付、先に往て居れと云《い》ひ、旅費金十円を呉《く》

れたる…(38)

安鍾黙は李洛俊の変名である。李洛俊は安東で、独立運動家の旅行証明発行や宿泊所周旋をおこなっていた。送金をうけた李一夢は、金元鳳の命令にしたがい、自らが爆弾を京城へと持ち込むことに応じたとある。

しかし、京城の施設襲撃は結局、実現にいたらなかった。ふたたび、李成宇の供述をみてみたい。

爆弾の使用は金策出来ざりし為《た》め、遅延せしものにして郭敬は其《そ》の為め二回も大邱《テグ》に行きしが、不調に了《おわ》りたり。若《も》し金策調《ととの》ふに於《おい》ては、被告と郭敬とが同志なる申愚童(申喆休)、韓鳳根、金泰照(金奇得)、徐相洛、金玉等を京城に呼集し、決行する筈なりし…(39)

金策さえつけば、同志らを京城に呼びよせ、爆破計画を実行できるはずであった。依然として、資金的なやりくりで計画が滞っていた旨が述べられている。

また、郭敬の供述によれば、李洛俊が李一夢のもとに向かった後、黄尚奎と相談した結果、「京城は近来警察が八釜《やかま》しき故、爆弾を京城に持参せざる方可《か》なり」との結論に達したという(40)。さらに、郭は李一夢と会い、「警察が厳重なる故、一ケ月位後に実行すること」をうちあわせた。おそらく、資金をめぐるトラブルや京城の警備がきびしいことなど、複合的な要因が重なり、計画実行は見送られていたのであろう。

第一次暗殺・破壊計画が警察に発覚した理由については、京畿道警察部高等警察課で捜査を担当した金泰錫の証言がある(41)。金は日本の植民地支配からの解放後の一九四九年、反民族行為特別調査委員会の調査で、郭敬と黄尚奎が資金を流用し、妓生《キーセン》を連れて豪遊・放蕩にふけったことへの怒りが義烈団内部にあった点を供述した。これが警察への密告につながり、一連の逮捕にいたったというのである。黄尚奎の資金流用については、官憲文書にも、つぎのような記述がみられる。

軍資金に名を籍《か》り、許鐸を財務部長とし、農民より金銭を強徴し、其《そ》の額四万三千余円に及べりと云《い》ふ。…財務部長と称したる不逞漢許鐸の如きは、前述の通り四万三千余円の内、其の大半は隠匿し、密に郷里に送金して私腹を肥し、残余は酒色に耽りたること果《はか》なくも一部鮮人の知る処となり、遂に内訌《ないこう》を生じ紛擾《ふんじょう》中、本年（一九二〇年―筆者）二月初旬吉林省城二道碼頭鮮人料理店長成楼に於《おい》て豪遊中の現場を突き止め、附近鮮人は激昂の余り十数名を誘ひ、許鐸の帰路を擁して其の非を詰《なじ》り、遂に殴打をなす…(42)

「許鐸」は黄尚奎が用いていた変名である。吉林の朝鮮人農民から徴収した四万三〇〇〇円あまりという巨額の金銭が目を引く。黄はこれを横領したために、一部の朝鮮人から恨みを買った。一九二〇年二月、料理屋でどんちゃん騒ぎした帰りに殴られたとされる。この資金は、大韓独立義軍府のものと考えられるが、時期的にみて第一次暗殺・破壊計画にも使われていたのかもしれない。

さらに、尹致衡は事件から四〇年以上経った一九六二年、活動資金を預けた具栄佖が、金泰錫ら警官と通じており、仲間を裏切ったと告発した。(43) 尹自身も具に誘い出され、警察に検挙されてしまったという。この年、「独立遺功者」として叙勲される予定であった具は、直前にそれを取り消されてしまった。はたして義烈団内で、実際にそうした背信行為があったのかは分からない。(44) ただ、計画を実行するにあたり、綿密な準備や相互の意思疎通が十分にできていなかったのは、確かであろう。一九二〇年四月には、上海フランス租界にある金聲根の家で、爆弾が破裂し、多数の負傷者が出る事件が発生していた。[45] 日本政府は、上海で製造された爆弾が朝鮮半島へと持ち込まれることを強く警戒した。義烈団の動きが、その強化された警備の網にどこかで引っかかったとしてもおかしくない。

一九二一年四月、第一次暗殺・破壊計画の容疑者に対する公判が始まった。六月に結審し、これまでに登場した人物では、郭敬、李成宇に懲役八年、金奇得、李洛俊、黄尚奎、尹世冑、申喆休に懲役七年、尹致衡に懲役五年、裵東宣に懲役二年、李周賢に懲役一年・執行猶予二年の判決がそれぞれ下された（のちに逮捕された李一夢は懲役二年六カ月）。もちろん、上海から持ち込んだ爆弾など武器類もすべて押収された。第一次暗殺・破壊計画は、船出したばかりの義烈団にとって大きなつまずきとなってしまった。

釜山警察署爆弾事件

日本の植民地支配を象徴する施設を破壊したり、高官・要人を暗殺したりすることで、朝鮮人の民心を刺激し、国家独立を達成する。そうした信念のもと、義烈団は第一次暗殺・破壊計画を企てた。しかし、そもそも突発的な暗殺・破壊行動が、独立への起爆剤となるのであろうか。むしろ反対に、植民地支配の強化を招き、民心を離反させてしまうのではないか。下手をすれば、同情をえていた諸外国からの支持も失いかねない。実際、朝鮮人独立運動家の中でも、義烈団の方針に懸念をいだく声があった。

朝鮮半島へ爆弾搬入後の一九二〇年五月、金元鳳は安昌浩《アン・チャンホ》（一八七八―一九三八）のもとを二度訪れたのが確認できる。[46] 安は当時、大韓民国臨時政府の「労働局総弁」をつとめており、実質的な臨時政府のまとめ役であった。さきに述べたように、金は爆弾を上海から安東へと送る際、臨時政府の助けを借りていた。それ以外にも、いろいろと便宜をえていたであろう。

安昌浩の日記によれば、彼は金元鳳に対し、爆弾を単独で規律なく使用するのでなく、「軍事当局」のもとで実力を養い、適当な時期に大々的に行動すべきであると勧告したという。この軍事当局とは、臨時政府の軍事機関を指していよう。安は武力闘争を否定しなかったものの、組織的・計画的でなければ実効性がないと考えていた。二〇歳下の金に、軽率な行動に走らないようたしなめたのである。

金元鳳は安昌浩の助言を聞きいれなかった。第一次暗殺・破壊計画の失敗は、金をさらなる暗殺・破壊行動へとかりたてた。義烈団がつぎなる標的としたのが、釜山警察署である。第一次暗殺・破壊計画では、多くの者が釜山警察署に連行された。『金若山と義烈団』では、その恨みを晴らす目的があったとする(47)。また、前回の状況にかんがみ、警備のきびしい京城は避けたのであろう。

釜山警察署襲撃を担ったのは、朴載赫《パク・ジェヒョク》（一八九五―一九二一、図4―10、11）という人物であった(48)。朴は釜山の生まれであり、学生時代に救世団という抗日結社で活動した経験があった。一九一五年三月に釜山商業学校（現在の開成高等学校）を卒業した後は、職を転々としていた。一九一七年六月、朴は語学勉強を志して上海へと渡り、現地の基督教《きりすときょう》青年会に籍を置いた。ただ、家族に無断での渡航であったために、父親から上海領事警察署へ捜索願いが出されていた(49)。

図4-10　朴載赫（『義烈志士朴載赫評伝』）

朴載赫はそれからいったん、朝鮮半島に戻るも、ふたたび海外へと飛び出した。朴がシンガポールを拠点に貿易活

図４－11　釜山こども大公園の朴載赫義士像（筆者撮影）

動をいとなんでいた中、上海で出会ったのが金元鳳であった。金は一九二〇年四月、朴に第一次暗殺・破壊計画へ加わるよう要請した。この時は家事を理由に断った朴に対し、金から再度、釜山警察署襲撃の依頼があったのが、八月上旬である。今度はこれを応諾し、爆弾一個と資金計三五〇円をうけとった。朴が爆弾をトランクの底につめ、上海から長崎を経由し、釜山へと戻ったのが九月六日のことであった。

約一週間後の九月一四日、朴載赫は釜山警察署襲撃を決行した。暗殺対象である警察署長の橋本秀平は、古書籍好きであるとの情報を事前にえていた。そのため、朴は中国の古書籍をあつかう商人を装い、警察署内へと侵入した。

官憲文書では、襲撃の様子がつぎのように記されている。

> 朴載赫は九月十四日午後二時三十分頃、無断釜山警察事務室内に入込み来り、公用あるが如く装ひ、同署長の右側近く進み寄りたるを以《もっ》て、署長は其《そ》の方に向直らむとする刹那《せつな》、足許に轟然《ごうぜん》たる音響と共に青煙附近に漲《みなぎ》れり。加害者は爆弾投擲《とうてき》の方法に付知識を有せず、之《これ》を投擲したる後、煙の閉ち籠めたる瞬間其の隙に乗じ、窓口より逃走せむとしたるものなるも事予想に反し、加害者は自己の投下したる爆弾に因りて右膝部に重傷を負ひ、其の場に打倒れたるも、同署長は右膝部に軽傷を受けしのみにして引続き執務し居《お》れり(50)。

朴載赫は橋本に接近し、爆弾を投げつけたものの、かえって自らの右膝に重傷を負ってしまった。橋本署長は軽傷ですんだ。『金若山と義烈団』は、橋本署長を殺害したと記している。(51)今日でも、橋本署長殺害説を踏襲している義烈団関連の著作・研究書が多くみられるが、誤りである。(52)

おそらく朴は上海滞在中、爆弾の使用法を一通り習ったであろう。しかし、いざ実践となると、そう思い通りにはいかない。軍事的経験のまったくなかった朴には、酷な役回りであった。朴はその場でとりおさえられてしまった。

密陽警察署爆弾事件

義烈団はなおも、新たな破壊工作を企てた。それが約三ヶ月後の一二月におこなった密陽警察署の襲撃である。そのお膳立てをしたのは、第一次暗殺・破壊計画で逮捕をまぬがれた金相潤（図4—12）と李鍾岩であった。

図4-12　密陽にある金相潤先生義烈闘争紀念碑。後ろの石壁には「祖国の名において、倭奴を膺懲（ようちょう）する　義烈団」と刻まれている（筆者撮影）

密陽警察署襲撃の実行役には、金相潤が一一月に密陽上南面岐山里にある墓地で出会い、勧誘した崔敬鶴《チェ・ギョンハク》（異名・寿鳳、一八九四—一九二一、図4—13）という人物が選ばれた。崔は密陽の生まれであり、地元の同和学校で学んだ。(53)さきに述べたように、同和学校には金元鳳や金相潤も通った。密陽における抗日独立運動家の養成所と呼ばれた学校である。『金若山と義烈団』は、崔と金元鳳が幼なじみであったと記している。[54] 昔からの縁《よしみ》で声がかけられたのであろう。

一二月二六日、崔敬鶴は李鍾岩から大小二個の爆弾をうけとった。この爆弾は、中国で爆弾製造法を学んだ密陽在住の高仁徳が提供した薬品・材料により製造された[55]。当初、密陽警察署襲撃は崔と李元慶の二人でおこなう予定であった。しかし、李元慶が体調不良のために、崔の単独実行となったという。崔の経歴を見るに、軍学校に通ったり、武力闘争に参加したりしたことはなかった。前回の釜山警察署襲撃と同じく、軍事の素人に任務がゆだねられたのである。

翌二七日におこなわれた襲撃の模様については、この事件に対する崔敬鶴への判決書でこう説明されている。

図４-13　密陽にある崔壽鳳（敬鶴）義士追慕紀績碑（筆者撮影）

同日午前九時四十分頃、同署正門より其《そ》の構内に侵入し、当時同署長渡邊末次郎が署員十九名を庁内事務室に集め、訓示中なるを見済まし、該事務室の窓際約一間の個所に近づき、同所より右の署員を目標として先づ第一弾を投擲《とうてき》し、更に署員が被告を逮捕せんがため、事務室を出でんとするを目蒐《めが》け、事務室横の玄関口より玄関内に第二弾を投擲したるも、前者は道巡査部長楠慶吾の右腕に衝《あた》りて軽く事務室の床上に落ち、其の衝突力弱かりしため炸裂するに至らず、後者は玄関内廊下の床上に激突し、一大音響と共に炸裂《さくれつ》したるも、偶々《たまたま》其の力強大ならず、単に附近の食器類を損壊したるに止まり、結局二個の爆弾を使用して署員殺害の目的を遂げざりしもの也(56)。

密陽警察署では毎週月曜日、管内巡査らを集め、朝礼がおこなわれていた。一二月二七日は月曜である。義烈団は事前にその情報をえており、朝礼の時間帯に決行したのであった。

この日は署長の渡邊末次郎を筆頭に、計二〇人が朝礼に参加した。崔敬鶴は密陽警察署に侵入し、事務室で朝礼が開かれているのを確認した後、まず窓越しに大型爆弾を投げ込んだ(57)。爆弾は中にいた署員に当たりながら不発に終わった。崔の投擲方法が悪かったか、爆弾の性能がよくなかったのであろう。逃走をはかる中、つづけて投げた小型爆弾は、音をたてて破裂したものの、人的被害はなく調度品を壊すだけにとどまった。崔は逃げ切れずに、署内で現行犯逮捕された。

こうして第一次暗殺・破壊計画にはじまり、釜山警察署、密陽警察署の爆破計画と、三回つづけて所期の成果をえることなく、失敗に終わってしまった。義烈団にとっては、まさに面目丸つぶれの事態である。当然ながら、義烈団リーダーである金元鳳の資質も問われよう。

さきにふれたように、『金若山と義烈団』は釜山警察署襲撃で、橋本署長を殺害したと記していた。当著作では、襲撃した後の様子がつぎのように描かれている。

爆弾の破片が部屋中に散乱し、流血が床に飛び散った署長室で、倭敵たちは一枚のビラをみつけた。そして、彼らはこのビラから、その怪しい人物がまさしく、同志たちの復讐のために遠く上海からき

た義烈団員であることを知った。彼らはたがいにみあい、いっせいに身震いした。(58)

所長を殺された警官たちは、義烈団の仕業であると知り、恐れおののいた。当時、金元鳳は正確な情報が世の中に伝わらない中、このように宣伝したのかもしれない。実際とは、大きくかけはなれた内容であった。

他方で、日本の治安当局は義烈団の行動に「身震い」はしないまでも、強い警戒感を持っていた。その表れとして挙げられるのが、朴載赫と崔敬鶴に対する判決である。朴は一九二〇年一一月、一審の釜山地方法院で無期懲役をいいわたされた。これに検事と被告側がともに控訴すると、翌年二月の大邱覆審法院で死刑判決が下された。朴はさらに上告を申し立てたが棄却され、翌月死刑が確定した。崔も同様の経過をたどり、一九二一年二月の釜山地方法院で無期懲役、検事が控訴して四月の大邱覆審法院で死刑判決、翌月に判決確定となった。朴が死刑執行前の五月に獄死し、崔は七月に刑が執行された。

朴載赫と崔敬鶴の罪状に適用されたのは、爆発物取締罰則の第一条「治安を妨げ、又は人の身体財産を害せんとするの目的を以《もっ》て爆発物を使用したる者、及び人をして之《これ》を使用せしめたる者は死刑、又は無期若《もし》くは七年以上の懲役又は禁錮《きんこ》に処す」である。しかし、朴と崔は暗殺しようと爆弾を用いたとはいえ、ほとんど実害を与えることなく終わった。それで死刑とは重すぎるといわざるをえない。また、第一次暗殺・破壊計画の被告に対する一審判決が出たのが、一九二一年六月であることを考えても、異例のスピードでの裁決であった。その裏では、すみやかに極刑に処すことで、それ以上の暗殺・破壊行為を抑止しようとする治安当局の意向が働いていたであろう。

第一次暗殺・破壊計画、釜山警察署爆破計画、密陽警察署爆破計画の失敗により、大きな痛手をこうむった義烈団。多くの団員・関係者が逮捕・処刑されてしまった。結成からたてつづけにおこなわれた破壊工作も、いったん休止した。上海の朝鮮人独立団体について調査した一九二一年四月二九日付の官憲文書では、義烈団員について「目下勢力なし」と記されている[59]。

金元鳳は釜山警察署爆破計画で朴載赫を送り出した後、拠点を上海から北京へと移した。その頃、北京では申采浩《シン・チェホ》（一八八〇―一九三六）、申肅《シン・スク》（一八八五―一九六七）、李会栄《イ・フェヨン》（一八六七―一九三二）、朴容萬《パク・ヨンマン》（一八八一―一九二八）らにより軍事統一促成会が結成された。軍事統一促成会は文字通り、各地に分立していた朝鮮人軍事関連団体の統合をめざしたものであった。一九二一年四月には、各団体の代表が北京郊外に集まり、軍事統一籌備（準備）会を開催した。

軍事統一籌備会では、ソヴィエト・ロシア、中国の東北部に散在した武装組織の編成などが議論された。ここで注目したいのが、大韓民国臨時政府の大統領であった李承晩《イ・スンマン》（一八七五―一九六五）を糾弾する「聲討文」が出されている点である。アメリカのプリンストン大学で博士号を取得した李は、まず朝鮮が国際連盟の委任統治領となり、日本の植民地支配を脱した上で、将来的に完全な独立をめざすという「外交独立論」を唱えていた。一九二一年一一月より始まるワシントン軍縮会議にも、臨時政府の代表を送り、朝鮮独立問題を議題にかけようと画策した。臨時政府内では、アメリカでの亡命生活が長かった安昌浩の立場も李に近かった。

これに対し、軍事統一籌備会に集った者たちは、あくまで武力闘争を通じて独立を勝ちとるべしと、李承晩の外交独立論に強く反発した。申采浩が起草した聲討文では、李の委任統治案が、二〇〇〇万人の同胞を裏切る「売国」「売族」的行為であると非難されていた(60)。独立を実現するためにも、李らを成敗しなければならない。聲討文に署名した五四人の中に、金元鳳も名を連ねていた。

実際、軍事統一籌備会のメンバーは、李承晩を大統領の座から引きずり降ろそうと実力行使に出た。その様子について、高等警察課の報告書にはこう記されている。

> 豫《かね》て上海に於《お》ける不平党と連絡して国民大会を開き、上海仮政府幹部を弾劾せむと計画しつつありし在北京反対党の一派は、李承晩等が民意を無視して只管《ひたすら》其《そ》の職に恋々《れんれん》たるの心事を陋劣《ろうれつ》なりとし、本月（一九二二年五月―筆者）四日李承晩以下仮政府幹部に対し、五日迄《まで》に仮政府在職者の総辞職を強要し、若肯《もしがえん》ぜざれば最後の手段に出づべき旨を以《もっ》てせり。然《しか》るに北京国民大会促進会及《および》北京青年団の代表者申哲、朴某、金若山等は冒険団員十余名と共に四日突如上海に入到し、同地国民代表会正救団其の他不平者と結束し、五日午後政府攻撃の演説会を開き、其の手段方法を協議せしが、此等《これら》の一団は若李承晩に於て強硬の態度あらば、即時非常手段を執るべく已《すで》に爆弾拳銃を携帯し居れりとの説あり(61)。

金元鳳（若山）たちは上海まで押しかけ、李承晩ら臨時政府の幹部に総辞職を要求した。これに応じなければ命を奪おうと、爆弾や拳銃を用意していたという。この事態をうけ、安昌浩は労働局総弁を辞任した。李は大統領を辞めなかったものの、ほどなく上海を離れ、アメリカへと向かった。李がふたたび上海に戻ることはなく、一九二五年三月に大統領職を剝奪された。

図4-14　金益相（外務省外交史料館蔵）

図4-15　ソウルにある金益相義士本籍地跡（筆者撮影）

こうして支援をうけた大韓民国臨時政府に対し、内ゲバのような行動を起こした金元鳳。たび重なる失敗にもかかわらず、暗殺・爆破による独立実現にこだわった。この一連の騒動で新たな団員をえた義烈団が、仕切り直しの一手として襲撃対象に定めたのが、原点回帰というべき朝鮮総督府であった。

権力の中枢である朝鮮総督府の警備は、第一次暗殺・破壊計画の時と変わらずきびしかったであろう。そうした中、単身で総督府に乗り込んで庁舎を爆破する。この大胆不敵といえる大役を請け負ったのが、金益相《キム・イクサン》（一八九五―一九四三、図4―14、15）という人物である。

金益相は総督府のある京城の出身であった。金の供述によれば、日本人と材木業をいとなんだ父親がだまされ、財産を失ってしまったという[62]。そのため、幼い頃より平壌で鉄工見習として働いた。

一九二一年六月、金益相は広盛煙草公司の機械監督として中国奉天に赴いた。その仕事に興味がなかった金は、ほどなく会社の資産を持ち逃げし、年来の念願であった広東の航空学校に入学しようとした[63]。しかし、あいにく航空学校は閉鎖されてしまっていたという。なお、広東軍政府を率いる孫文が広東軍事飛機学校を創設したのは、一九二四年九月である(64)。それ以前、大韓民国臨時政府を通じて朝鮮人を航空局飛行隊に入れ、航空技術を学ばせたことはあった。ただ、もともとツテのない金をうけいれるような航空教育施設は、存在しなかったといえる。

金益相はしかたなく引き返し、北京に滞在した。そこでめぐり逢ったのが、金元鳳にほかならない。金益相は金元鳳が語る独立への思いに感動し、義烈団へと加入した。そして、総督府爆破計画の実行役となることを申し出た。金益相もこれまでの実行役と同様、軍事的な経験は皆無であった。

一九二一年九月一〇日、金益相は金元鳳から二個の爆弾と二挺の拳銃をうけとり、北京を出発した。『金若山と義烈団』によれば、金益相は詰襟《つめえり》の学生服を着て日本人を装い、汽車に乗り込んだという(65)。安東から国境を越える際には、同乗していた子持ちの日本人女性のそばに座り、夫婦のふりをして検問を逃れた。終着駅の京城でも子供を抱き、問題なく改札口をすりぬけた。この夫婦偽装は、映画『密偵』でもキム・ウジンが列車内で橋本警部の目をかわすエピソードとしてとりいれられている。

京城にある弟の家で一泊した明くる一二日午前、金益相は計画を決行した。足袋《たび》を履くなど、日本人労働者に変装し、朝鮮総督府の後門から侵入した(66)。犯行の様子は、官憲文書につぎのように記されている。

犯人は第一弾を秘書課人事係室の葭戸《よしど》を開き、向側窓際に執務中の鈴木属を目掛け投擲《とうてき》し、廊下伝《づた》ひに会計課長室入口前の廊下（衝立《ついたて》及《および》卓子を置き応接用に充《み》つ）に至り、第二弾を投擲し、其《そ》の儘階梯《ままかいてい》を降り小使室前より殖産局の門を抜け、逃走せしものなる事は、前後の情況及《および》犯人の逃走を目撃せしものの言に徴し瞭なり。

鈴木属に投擲せし爆弾は同人の右頬に命り、床上に落下せしも幸に炸裂せず、第二弾は猛烈に炸発し、床上に直径五寸位の穴を穿《うが》ち、破片床上及側壁 並《ならびに》 階下に飛散し、床上にては破片応接用卓子三ヶ所を傷け、窓硝子《まどがらす》三枚を破壊し、尚《な》ほ四周の壁及扉約二十ヶ所を擦過し、階下にては直径五分位の破片事務用机二脚及椅子一脚各一ヶ所を貫通せしが、折柄係員其の席に在《あ》らざりし為め、幸に無事なるを得たり。(67)

秘書課の部屋に投げ込んだ最初の爆弾は、職員に当たりながら、またも不発に終わった。つづいて投げた二つ目の爆弾ははげしく炸裂し、床や机、窓ガラスを破壊した。幸い周囲に職員がいなかったため、死傷者は出なかった。金益相はかけつけた警備員らに、「危ない、危ない」と叫びながら逃走したという。

事件発生後、京畿道警察部は京城府内および隣接する地域に、犯人捜査の非常線を張った。土地勘のある金益相は、それをかいくぐるように路面電車や鉄道をのりつぎ、その日のうちに平壌へと逃れた。それから中朝国境を越え、金元鳳の待つ北京へと帰還した。

田中義一襲撃事件

人的被害はなかったとはいえ、朝鮮総督府への侵入を許し、爆弾を投擲されたことは、政府や警察にとって大きな失態であった。しかも、あろうことか犯人を取り逃がし、まったく足取りがつかめずにいた。犯人が金益相であり、義烈団の仕業であることが判明するには、約半年後に起きた前陸軍大臣の田中義一(一八六四—一九二九)襲撃事件まで待たなければならなかった。

一九二二年三月はじめ、田中はフィリピンのルソン島を訪問した。もともと、この出張は一月の予定で

図4－16　呉成崙（外務省外交史料館蔵）

あったが、病床にあった山縣有朋の容体が悪化したために延期されていた（山縣は二月一日に死去）。フィリピンではレオナード・ウッド総督と会談したり、学校・病院を視察したりするなど、二週間あまり過ごし、三月二一日に現地を出港した。途中で香港、上海にそれぞれ立ち寄り、神戸に戻る旅程となっていた。

田中が中国に立ち寄るという情報をつかんだ義烈団は、彼を暗殺する計画をたてた。ただ、田中が上海、南京、天津、奉天と中国各都市を回り、朝鮮半島経由で帰ると勘違いしていた(68)。そのため、上海に呉成崙《オ・ソンリュン》（一八九八―一九四七、図4―16）、南京に金益相、天津に李鍾岩と、それぞれの地点に一人ずつ刺客が配置された。

呉成崙は中国、ロシアと国境を接する朝鮮東北部の咸鏡北道で生まれた。幼い頃、父親に連れられ、間島（現在の中国吉林省延辺朝鮮族自治州）に移住した。さきにとりあげた李承晩の聲討文には、呉も署名していた。北京で金元鳳と出会い、一九二一年三月末頃に義烈団へと入団した。呉については、金山がニム・ウェールズに、金元鳳との対比で「冷酷ではなかったが、情熱の人であった」と評している(69)。李鍾岩は、金益相と前後して朝鮮から中国に戻っていた。

結局、直前の新聞報道により、田中が上海から船で直接日本に帰還することが判明した。今度こそ功を挙げたい金益相と李鍾岩は、上海で実行役に加えるよう要求した(70)。金元鳳は最終的にこれをうけいれ、呉成崙、金益相、李鍾岩の三人で実行にあたる按配《あんばい》となった。これが決まったのは、田中を乗せた松邦丸が入港するとされた前夜のことであり、ドタバタしていた様子がうかがえる。現場をよく下見したり、計画を綿密に練ったりする余裕もなかったであろう。

三月二八日午後三時頃、いよいよ田中が上海東北部の呉淞《ごしょう》から小型船に乗りつぎ、黄浦灘の税関碼頭（埠頭）へと降りたった。乗客や出迎え客であふれる中、暗殺計画が実行された。襲撃の顚末は、上海総領事の船津辰一郎が内田康哉外務大臣に送った報告書にこう記されている。

> 二十八日午後三時三十五分、上海バンド税関碼頭に上陸されたるが、此時《このとき》大将（田中義一—筆者）は出迎人に対し、挨拶《あいさつ》の辞を交《かわ》しつつありしに、突然支那服を着けたる一暴漢は碼頭入口の街路上より大型自働拳銃を発射し、又洋服を着けたる他の一名の暴漢は爆弾を投じ、以《もっ》て田中大将を狙撃したるの椿事《ちんじ》突発し、之《こ》れが為《た》め米国婦人即死一名、英人重傷一名、支那巡捕重傷一、苦力《クーリー》及《および》車夫負傷各一名、合計五名の重死傷者を出したるが、幸にして爆弾不発の為め、大将始め一行中には何等の被害なく（若《も》し爆弾破裂せんならば大将は勿論《もちろん》、附近に存りし邦人全滅せんこと疑なし）、予定の通り小官々邸に於《お》けるアットホームを終り、午後七時滙山碼頭より小蒸汽に因りて、同九時呉淞港碇泊中の「パインツリーステート」号に皈還《きかん》し、神戸港に向け出発せられたり。[71]

中国人の格好をし、群衆に紛れていた呉成崙が田中めがけ、拳銃を数発発射した。しかし、銃弾は田中に当たらず、そばにいたアメリカ人女性の胸部を貫いてしまった。また、洋装の金益相が爆弾を投げつけたものの、不発に終わった。あせったためか、爆弾の安全装置を外さずに投擲したようだ。呉と金は、銃を乱射しながら逃走をはかった。李鍾岩は襲撃に加わることなく、その場を去った。

爆弾續け飛ぶ
田中大将狙撃刹那の光景
記者が名刺を差出した途端に銃聲と女の悲鳴が起つた

兩犯人自白す
暗殺の目的で態々朝鮮から

手製の爆弾
犯人は上海假政府武斷派の者か

図4-17　田中義一襲撃事件を伝える記事（『大阪毎日新聞』1922年3月30日）

引用文にあるように、撃たれた女性はほぼ即死の状態であった。女性は夫とともに世界を旅行していた[72]。金益相をとりおさえた現地のイギリス人も胸部を撃たれ、重傷を負った。このほか、中国人巡査一人と苦力二人が負傷した。金と呉成崙は逃げ切れずに捕えられ、日本の総領事館にひきわたされた。

義烈団は田中が何時に、どのような形で上陸するかも、直前まで把握していなかった[73]。襲撃計画は場当たり的で、ずさんであったといわざるをえない。引用文が指摘するように、金益相が投げた爆弾が炸裂していれば、周囲をまきこんだ大惨事となっていたであろう。その意味で、田中を標的としながらも、多くの一般人が犠牲となる可能性のあった無差別テロであった。

この事件は、上海の租界地で生活する人々に大きな衝撃をもたらした（図4―17）。アメリカ駐中国大使のジェイコブ・シュアマン（一八五四―一九四二）は、朝鮮人独立党が残酷な手段を用いることに、アメリカだけでなく世界のいかなる国も賛成しないと批判した[74]。共同租界とフランス租界の警察は、朝鮮人独立運動家の捜査に乗り出した[75]。商売をいとなむなど、平穏に暮らしていた朝鮮人にとっては、迷惑な出来事であったにちがいない。武力闘争を否定しなかった大韓民国臨時政府も、事件とまったく関わりがないことを強調するとともに、「恐怖手段」を用いて朝鮮独立を達成できないと、義烈団を非難する声明を出した[76]。

身柄を拘束された呉成崙と金益相は、上海総領事館で予審をうけた。これにより、金が朝鮮総督府爆弾事件の犯人であることが、はじめて判明した(77)。一方、呉は予審中の五月二日未明、囚人の田村忠一とはかって総領事館の監房を破り、脱獄した(78)。領事館警察はその行方を追跡するも、取り逃がしてしまった。領事館にとって大失態であり、船津総領事や警視が懲戒処分をうけた。

予審を終えた金益相は、長崎地方裁判所へと移送された。九月末に結審した一審では、無期懲役の判決が下された。これに金と検事がともに控訴すると、長崎控訴院は一一月、一審を破棄して死刑を宣告した。金は死刑を望み、抗告しなかった(79)。ただ、朴載赫と崔敬鶴の場合と異なり、金の死刑がすぐに執行されることはなかった。その理由は定かでないが、日本当局としては処刑した金が神格化されるのを恐れたのかもしれない。

創立時より「軍部首脳」を暗殺対象にかかげた義烈団。たしかに、前陸軍大臣である田中の上海寄港は絶好のチャンスであった。しかし、義烈団が実際に命を奪ったのは田中でなく、軍部と何ら関係のない民間のアメリカ人となってしまった。

鍾路警察署爆弾事件

田中義一襲撃事件は、よくも悪くも義烈団の存在を広く世に知らしめた。日本陸軍大将を白昼堂々とねらったことに加え、逮捕された呉成崙と金益相のふるまいは、新聞などでセンセーショナルにとりあげられた。現場で身柄を拘束された呉と金は、警察署へと連行される際、大声で朝鮮独立歌を歌った(80)。総領事館監房に入れられた呉成崙は、看守の目を盗んで脱獄に成功した。日本政府は懸賞金をかけ、懸命に呉を捜索したものの、まったく足取りをつかめなかった。

長崎地方裁判所の公判でも、金益相はまったく悪びれる様子なく、爆弾が炸裂していれば、ゆうに三五、六人は殺せたと豪語した(81)。裁判長が付近の群衆へ害をおよぼすことに、思いおよばなかったかと尋ねると、少しばかりの犠牲を出すのはしかたがないと居直った。控訴院で死刑が宣告された際には、金は弁護士席の椅子をとりあげ、裁判長めがけて投げつけた。それから、法廷外へと逃げようとしてとりおさえられると、「俺が死んでも、今に日本が何《ど》んなになるか見て居れッ」と啖呵《たんか》を切った(82)。裁判はさながら、義烈団を宣伝する場となっていた。

他方、襲撃事件を批判する声明を出した大韓民国臨時政府とは、もともとあった溝がさらに大きく広がった。それをうめあわせるように、義烈団が交流を密にしていったのが、高麗共産党であった。大韓民国臨時政府で国務総理をつとめた李東輝《イ・ドンフィ》(一八七三―一九三五)は一九一九年末、ソヴィエト・ロシアから支援をえようと、韓馨権をモスクワへと派遣した(83)。韓はモスクワでウラジーミル・レーニンと会談し、独立運動資金として六〇万ルーブルをうけとった。このうち四〇万ルーブルを、臨時政府国務院秘書長の金立に託し、李へと送った。李はこの四〇万ルーブルを臨時政府に収めず、自らが率いた韓人社会党の活動費に回した。この韓人社会党が改組する形で一九二一年五月に誕生したのが、上海派と呼ばれる高麗共産党である。

李東輝は国務総理を辞任し、臨時政府を去った。かたや臨時政府は、李と金立がレーニンから臨時政府に与えられた金を横領したとし、その罪が極刑に値すると非難した(84)。実際、金立は一九二二年二月、臨時政府警務局長の金九《キム・グ》(一八七六―一九四九)の部下であった者に暗殺された。義烈団は一九二一年末頃より、この臨時政府から分離独立した上海派高麗共産党と提携をはじめた(85)。党でいわゆるレーニン資金を管理した金綴洙によれば、個人として一番多くの金額を使ったのが、金元鳳であったという(86)。

また、上海へ戻った韓馨権は手元に残していたレーニン資金二二六万元のうち、四万六七〇〇元を義烈団

図4-18　金始顕（『東亜日報』1923年4月12日　号外）

図4-19　ソウル・マロニエ公園にある金相玉烈士像（筆者撮影）

に支給した[87]。団体・施設関連の使途では、やはり義烈団が突出して多い。この金の流れについては、日本の警察も把握しており、「将来相当に注意を要するもの」と警戒していた[88]。

　義烈団が上海派高麗共産党からえたものは、資金だけにとどまらない。この頃、尹滋英《ユン・ジャヨン》（一八九四―一九三八）や金祉燮《キム・ジソプ》（一八八四―一九二八）をはじめとする上海派高麗共産党の党員が、義烈団へと加入した[89]。義烈団はさらに、上海派高麗共産党とは別に、金始顕《キム・シヒョン》（一八八三―一九六六、図4―18）などイルクーツク派の高麗共産党員とも連携した。イルクーツク派高麗共産党は、上海派と同じく一九二一年五月に結成された。上海派とイルクーツク派はレーニン資金などをめぐり対立し、朝鮮人による共産党としての正統性を争った。両派共産党にとって、破壊活動の実績がある義烈団は、味方にひきいれたい存在であったのだろう。

　こうして資金・人材面で充実をみた義烈団は、ふたたび朝鮮半島での大規模な暗殺・破壊計画を企てた。この第二次暗殺・破壊計画において、当初中国から朝鮮半島への爆弾運搬役を担ったのが、金翰《キム・ハン》（一八八八―一九三八）という人物であった。金翰は大韓帝国時代、法政大学に留学した経験を持ち、大韓民国臨時政府の法務部秘書局長もつとめた。(90)その後、臨時政府を離れ、朝鮮に戻って朝鮮共産党や無産者同盟会を組織するなど、京城で共産主義思想の宣伝につとめていた。義烈団とは、満洲に滞在した折に黄尚奎を通じ、関係を持つようになったという。(91)

金元鳳は一九二二年六月、密使を金翰のもとに送り、朝鮮内への爆弾運搬・管理を依頼した。(92)これに応じた金翰は、金元鳳から二〇〇〇円の活動資金をうけ、運搬中継点や通信所の構築など準備を進めた。金元鳳はまた、計画の実行役として金相玉《キム・サンオク》（一八九〇―一九二三、図4―19）と安弘翰《アン・ホンハン》を朝鮮に送りこんだ。金相玉は一九二〇年春に京城で暗殺団を組織し、義烈団と同じく暗殺・破壊活動を目論むも発覚してしまい、上海に逃れた経歴の持ち主であった。

爆弾は九月下旬、第一回暗殺・破壊計画と同じく安東県から運び込まれる予定であった。しかし、発送前に金翰が警察と通じているとの噂が流れた。(93)これを信じた義烈団側は、安東まで運んだ爆弾の朝鮮搬入をとりやめた。そうした事情を知らない金翰は、爆弾が国境を越えるのを待ちつづけた。翌一九二三年一月はじめ、金相玉が爆弾を受け取りに訪ねてきたが、金翰はまだ手元に届いていないと答えるしかなかった。

それからまもない一月一二日、鍾路警察署で爆弾事件が発生した。朝鮮総督府警務局の記録文書では、事件の状況がつぎのように記されている。

大正十二年一月十二日午後八時十分、京城鍾路警察署構内西南隅に爆弾を投擲《とうてき》したる者あり。一大爆音と共に同署掲示場屋根附近空中に炸裂し、破片飛散して恰《あたか》も同所前街路通行中の毎日申報社雇人廉昌龍以下男女八名に重軽傷（何《いず》れも生命に関する如き負傷にあらず）を負はし、掲示場屋根には無数の小孔を穿《うが》ち、交通巡査休憩所及《および》公衆控所の窓硝子《まどがらす》、同控所板壁等を破壊せり。詰合の署員は爆音と共に現場に馳せ付け、犯人を捜査したるも発見せず。直に非常線を張りたるも逮捕に至らずして経過せり。(94)

警察署内に爆弾が投げこまれ、建物の屋根や窓ガラスが破壊されるも、署員に被害はなかった。ただ、警察署前の道を通行していた男女八人が重軽傷を負っていることから、爆弾の威力は相当なものであっただろう。

警察が犯人捜査を進める中、指名手配中の金相玉が京城に戻っていることが判明した。ほどなく金の潜伏先をつきとめ、追いつめたものの、市中で銃撃戦が交わされる大捕り物となった。ふたたび、朝鮮総督府警務局の文書をみてみたい。

一月十七日に至り、京城府三阪通鮮人独立家屋に容疑犯人の潜伏し居《お》るを探知し、午前五時捜査班十数名を以《もっ》て該家を包囲し、警部以下三名は門内に突入逮捕せむとするや、犯人は既に之《これ》を察知し、自働拳銃を乱射抵抗し、先頭に進みし刑事巡査先《ま》づ二弾を受けて即死し、次《つい》で警部補一弾を受け、指揮者たる警部も亦《また》二弾を受く。此《こ》の間実に一瞬時のみ。負傷者二名は尚《なお》屈せず躍進格闘したるも力及ばず、遂に其《そ》の場に転倒せり。犯人は最敏捷《びんしょう》に動作し、暗に粉して包囲を脱出し、南山山中に遁入《とんにゅう》したり。捜査班は直ちに之を追跡したるも、暗黒且《かつ》積雪深く行動意の如くならず、遂に踪跡を失したるは遺憾なり。引続き捜査の結果、賊は南山を潜行して東大門外に出て、変装して更に府内に入り、孝悌洞七十三番地に潜伏し居るを突止め、一月二十三日午前七時三十分、之を包囲し逮捕せむとしたるに、両手に拳銃を持して乱射し、最頑強に抵抗せるを以て再三其の非を諭し、自服を促したるも頑として応ぜず、危険を冒して挺身したる。東大門警察署栗田警部に重傷を負はし、益々兇暴を極むる為、已《や》むを得ず応射し、之を射殺せり。

金相玉は金元鳳からうけとった四挺の拳銃を、トランクにしのばせて朝鮮に持ち込んでいた。それらの拳銃で抵抗したのであろう。一月一七日早朝の捜索では、捜査班十数人でアジトをとりかこみながら刑事巡査が射殺され、警部補と警部も撃たれた上、金相玉をとりのがしてしまった。ふたたび包囲した一月二三日朝も、警部が撃たれて重傷を負ったため、金相玉をその場で射殺した。金相玉は両手に拳銃をにぎったまま、絶命したという。(95) 映画『密偵』のオープニングで、大勢の警官にはげしく抵抗し、自決するキム・ジャンオクは、金相玉がモデルとなっている。

この鍾路警察署爆弾事件に関連して、金翰と安弘翰も逮捕された。たしかに、金翰は爆弾運搬で金相玉と共謀した。しかし、実際に爆弾は金翰のもとに届かなかった。鍾路警察署に投げこまれた爆弾の出所は不明である。そもそも、金相玉が実行犯であったかもはっきりしない。(96) 義烈団としては、要人ではないが、日本人を殺害した最初の事件となった。

第二次暗殺・破壊計画

義烈団はこれにより、金翰による爆弾運搬ルートを完全に絶たれてしまった。もっとも、義烈団は金翰がスパイではないかと疑っていたのだが。実のところ、金元鳳は金翰に爆弾を送る予定であった一九二二年九月前後より、金始顕に命じて別の運搬ルート構築にあたっていた。中国国境を越えて京城へと厳重な警備の目をかいくぐり、いかにして爆弾類を運搬するか。この問題解決にあたり、金始顕が助力を求めたのが、同じ慶尚北道出身であり、京畿道警察部高等課に勤務していた朝鮮人警部の黄鈺《ファン・オク》であった(97)（図4—20）。金始顕と黄鈺は一九二〇年、京城で知り合ったという。『密偵』でソン・ガンホが演じた主人公イ・ジョンチュルのモデルは、この黄鈺にほかならない。

現役警部の黄鈺は最初、金始顕の協力要請を断ったが、最終的に首を縦にふった。黄鈺と金始顕はまず、安東県の拠点づくりに着手した。黄鈺が一九二二年九月、洪鍾祐なる者を安東に送り、『朝鮮日報』安東支局の支局長にすえた。洪は上海派高麗共産党の京城本部書記をつとめていた。

金始顕は一二月、金元鳳に黄鈺が計画協力者となってくれたことを伝えた。これをうけた金元鳳は、黄を同伴して天津まで来るように命じた。黄が信頼に足りる人物であるか、その目で確かめたかったのであろう。もちろん、黄が職業柄、おいそれと国外の天津に赴くことができなかったのはいうまでもない。

図4-20　黄鈺（『東亜日報』1923年4月12日号外）

すると、折しも一九二三年二月、鍾路警察署爆弾事件の犯人捜査のため、黄鈺に京畿道警察部長より天津への出張が命ぜられた。黄が犯人捜査の口実をつくり、上司に出張を働きかけたのかもしれない。黄は義烈団を探る密偵の名目で、劉錫鉉《ユ・ソキョン》という人物を同行させた。劉は義烈団員であり、強盗未遂で追われていた身であった。何とも大胆な行為といえよう。黄は劉のほか、部下の橋本清警部補とともに京城を出発し、二月一一日に天津へ到着した。

黄鈺は橋本に対し、劉錫鉉を捜査のために上海へと遣わせると伝えていた。天津では、それぞれ別行動をとることとなり、橋本は日本租界の太陽館に宿泊した。黄と劉はフランス租界の中国旅館に身を潜めた。そこで黄は劉を介し、金元鳳と初対面をはたした。黄と金元鳳は酒を酌み交わし、すぐに意気投合した。ほどなく金始顕も中国旅館にかけつけ、爆弾運搬方法を協議した。

三月はじめ、金始顕は金元鳳から大型爆弾六個、小型爆弾三〇個、爆発装置用時計六個、雷管六個、および朝鮮独立に関する文書をうけとった。この文書とは、「朝鮮革命宣言」や「朝鮮総督府官公史へ」と題した宣伝ビラである。朝鮮革命宣言は、田中義一襲撃事件の一周年を記念して作成されたものであった。[98]

金元鳳は朝鮮革命宣言の起草を申采浩に依頼した。さきに述べたように、申は李承晩聲討文の起草者でもあり、名文家として知られていた。暴力的革命よりほかに、日本を駆逐する方法はない。六四〇〇字あまりからなる朝鮮革命宣言の最後では、こう民衆にうったえかけていた。

民衆は我々革命の大本営である。
暴力は我々革命にとって唯一の武器である。
我々は民衆の中に入り、民衆と手をたずさえて、
絶え間ない暴力・暗殺、破壊、暴動により、
強盗日本の統治を打倒し、
我々の生活に不合理な一切の制度を改造し、
人類が人類を圧迫できない、社会が社会を搾取できない理想的な朝鮮を建設するべきである。[99]

一般に、朝鮮革命宣言は義烈団の思想を体系化した最初の文章とされている。ただ、右の引用文からもうかがえるように、義烈団がもともとかかげた民族独立は後景に退き、革命の言辞が目につく。暴力主義は一貫しつつも、共産党からの影響がみてとれよう。「朝鮮総督府官公史へ」は文字通り、朝鮮総督府の朝鮮人官吏に宛てたものであり、革命運動を妨害すれば命を容赦しないとする脅迫状であった。

金始顯が金元鳳からうけとったもののうち、まず大型爆弾三個をトランクにつめ、旅館から安東の洪鍾祐宅へと仲間らに運搬させた。つづいて、黄鈺が金元鳳からもらった拳銃三挺と弾薬百数十発とともに、残りの爆弾と文書をトランク三つに小分けし、黄鈺・金始顯・劉錫鉉の三人でそれぞれ携帯し、洪宅へと運んだ。洪宅には小型爆弾一〇個を残し置き、それ以外のものは人力車を使い、国境を越えた朝鮮平安北道の義州郡へと密輸した。この一連の作業が終わったのが、三月一〇日であった。

翌一一日、大型爆弾三個と小型爆弾五個を行李に入れ、鉄道便で義州から京城へと送った。また、黄鈺と劉錫鉉自身も小型爆弾一〇個と拳銃三挺、弾薬百数十発、宣伝ビラ数百枚を携帯し、鉄道に乗り京城まで運んだ(劉は開城で途中下車)。こうして計画は、順調に進んだかにみえたが、一〇日にはその動きを警察に探知されていた。警察の記録によれば、このいわゆる「黄鈺事件」は、おおよそ左のような経過をたどった。

大正十二年三月十四日、平安北道警察部及新義州警察署は安東警察署と協力し、朝鮮日報安東支局長洪鍾祐外五名の関係者を検挙すると共に、破壊用放火用及《およ》び暗殺用の三種爆弾十八個、「朝鮮革命宣言」及「朝鮮総督府所属官公吏に」と題する不穏文書六百六十部を押収し、又京畿道警察部に於《おい》ても豫《かね》て探知せる所に依り、同十五日之《これ》が検挙に着手し、関係者十二名を検挙すると共に、京城市内に於て各種爆弾十八個、「新義州と合して三十六個」、爆弾装置用時計六個、雷管六個、拳銃五挺及朝鮮革命宣言 竝《ならびに》 朝鮮総督府官公吏と題する不穏文書二百四十九部を押収し、新義州署は三月二十八日、京畿道警察部は同二十九日何《いず》れも事件身柄共に所轄検事に送致せる…(100)

東亞日報 號外
赤化의烽火獨立의猛炎
義烈團事件內容發表
革命的獨立運動의由來
資金出處と露國共產黨
外務金元鳳擔當
實行金始顯責任
爆彈輸送의徑路
可恐할爆彈威力

図4－21　第二次暗殺・破壊計画の検挙を伝える記事。左下の写真は金元鳳とされる（『東亜日報』1923年4月12日号外）

三月一四日、中国警察の協力のもと、洪鍾祐ら五人が検挙されるとともに、安東県と新義州にあった爆弾一八個と宣伝ビラ六六〇部が押収された。翌一五日にも、京畿道警察が黄鈺、金始顕、劉錫鉉ら一二人を検挙し、爆弾一八個、宣伝ビラ二四九部、拳銃五挺、爆発装置用時計六個、雷管六個を押収した。これにより、第二次暗殺・破壊計画は第一次と同じく、武器類運搬の段階で発覚し、頓挫《とんざ》してしまった（図4—21）。

この検挙・押収で警察が衝撃をうけたのが、爆弾がこれまでのものと比べ、格段に高性能で破壊力が大きかった点であった。爆弾は建造物破壊用、放火用、暗殺用の三種類あり、中毒作用を有するものもあった。(101) 最新式であり、時限爆破装置もある。右の引用文でも、つづけて「押収せる各種爆弾は其《その》威力の絶大なること、嘗《かつ》て其の比を見ざるものなり」と記されている。『金若山と義烈団』によれば、これらの爆弾は味方となったハンガリー人技術者が、上海のフランス租界で製造したという。(102) 他方、日本の警察は製造者がレーニン資金で雇われたドイツ人であり、さらに天津駐在のアメリカ軍から横流しされたものがあるとみていた[103]。おそらく義烈団は上海を中心に、さまざまなルートを通じて最新鋭の爆弾を製造・入手していたのであろう。

八月七日より、起訴された黄鈺ら一二人の公判が京城地方法院で始まった。黄は法廷で、一貫して事件への関与を否定した。しかし、その弁明はみとめられず、一二人全員に実刑判決が下された。黄と金始顯にはもっとも重い懲役一〇年、劉錫鉉に懲役八年、洪鍾祐に懲役六年がそれぞれいいわたされた。

はたして黄鈺の本心はどこにあったのか。実は事件の一年前より、黄が共産党員ではないかとの疑いが警察内で持たれていた[104]。その一方で、事件後も黄がおとり捜査をおこなっていたと擁護する上司もいた。警察のスパイであったのか、はたまた二重スパイであったのか。どちらであったかを断言するのは難しい。『密偵』のイ・ジョンチュルのように、黄は警官としての職責と独立運動への共感の間で揺れ動き、最終的に義烈団へと与《くみ》したといえるのかもしれない。

震災前夜の義烈団

現役警官が義烈団に加担していたとして、世間を驚かせた第二次暗殺・破壊計画。この失態をうけ、朝鮮総督府警務局長である丸山鶴吉（一八八三―一九五六）と京畿道警察部長の馬野精一が進退伺を出す事態となった。京城地方法院でおこなわれた公判は、朝鮮半島のみならず、日本内地の新聞でも大きく報じられた。黄鈺、金始顯、劉錫鉉ら一二人に判決が下されたのが、一九二三年八月二一日。関東大震災が起こる前月の出来事であった。

第二次暗殺・破壊計画は、義烈団に対する治安当局の認識を大きく改めさせる転機となった。さきに述べたように、押収した爆弾は鑑定され、それまでと比べものにならないほどの殺傷能力を持つことが判明した。朝鮮への運搬ルートを二通り設けるなど、義烈団の計画も以前より周到であり、黄鈺を籠絡《ろうらく》して警察内部にまでくいこんでいた。

今日、日本の外務省外交史料館には、『不逞団関係雑件　朝鮮人の部　義烈団行動』『不逞団関係雑件　朝鮮人の部　義烈団行動附金元鳳』と題した義烈団に関する記録ファイルが所蔵されている。この二ファイルに収められた文書を見るに、ほぼすべてが第二次暗殺・破壊計画以降のものである。それ以前の義烈団については、ほかの記録ファイルに散見されるにすぎない。これら外務省記録からも、義烈団の位置づけが第二次暗殺・破壊計画を機に、大きく変わったことがうかがえよう。

こうして関東大震災の約半年前より、日本政府は義烈団を強く警戒するようになり、その動向に関する情報も飛躍的に増加した。ただ、そうした情報の中には、真偽の定かでない風説レベルのものも少なくない。ここでは、そのいくつかを紹介しよう。

（一）義烈団は曩《さき》に爆弾輸送に失敗したが、今回再び之《こ》れを計画し、沿海州黒竜江地方から上海迄《まで》已《すで》に拳銃及《および》爆弾の輸送を了し、上海より営口迄船にて輸送せんとしたが、警戒厳重なるが為《た》め之を変更して、上海より一先《ま》づ海路秦皇島迄運搬し、漸次朝鮮に輸送する計画を立て、已に第二極楽丸と称する石炭運搬船を買収して居る（一九二三年五月二五日）[105]。

（二）同団（義烈団―筆者）にては本年五月十日頃、間島光復軍用の爆弾三十個を当地にて購入し、之を威海衛に運び、同地より支那船、殊に支那塩船によりて仁川附近の小島（或《あるい》は月尾島ならん）に至り、同地より更に朝鮮漁船に転荷して仁川に上陸、鮮内に搬入の計画を樹《た》て居れるが、本任務遂行の為の団員姜世宇は曩《さき》に威海衛に旅行し、七月十四日帰滬したる事実あり（一九二三年八月一〇日）[106]。

（三）北京方面より到着せる稍《やや》確実なる情報に依れば、先月来北京不逞鮮人金大池、及《および》崔用徳を中心として数名の冒険団員等集合密議中の処、六月二十七日に至り金宇鎮、全英の両人を上海に遣はし、義烈団幹部金元鳳及其《その》の同志に面会の上、冒険的破壊行動に出でむことを提議せしめ、一方金徳鉉、徐範錫、尹正黙、全成海の四名は七月三日天津に赴き、同地に於《おい》て同志を勧誘し、上海より来津すべき金元鳳一味を待合せ、共に目的地に向はむとするものの由《よし》にて、本件計画の内容は爆薬を以《もっ》て南満鉄道線路を破壊し、或は爆弾を投じて進行中の列車を破砕するに在《あ》りと謂《い》ふ（一九二三年七月二三日）[107]。

（四）最近同団員（義烈団員―筆者）の行動に関し、信ずべき情報に依れば、義烈団にては更に本年秋期に入り、満州より北鮮に渉《わた》り高粱《コーリャン》繁茂するを以て其の刈取期前を見計ひ、団員をして爆弾拳銃を携帯して朝鮮内地に潜入せしめ、豫《かね》て計画せる不逞行動を実行せしむるの目的を立て、本年九月二日蒙古に於て同団地方総会を開催し、右実行方法竝《ならびに》実行人員を選定等を決定せむとするの計画あり。而《しこう》して同会に出席すべき上海代表員として姜世宇、徐相楽の両人は七月二十八日既に蒙古に向け出発せり。因《ちなみ》に彼等は蒙古にては約三百人の団員ありと自称し居《お》れり（一九二三年八月一〇日）[108]。

（一）と（二）は、義烈団が新たに爆弾などを朝鮮半島へと持ち込もうと企てているとする資料である。それまでの安東県を経由した陸路ではなく、船舶を購入するなどし、海路を通じた運搬を計画していることが指摘されている。また、別の朝鮮軍司令部資料では、金元鳳が一九二三年三月、爆弾製造技術を学ばせるために、二人の部下をドイツのベルリンへと派遣したとある。[109]

（三）では、義烈団が冒険団と共謀し、南満洲鉄道（満鉄）線路・車両の爆破を目論んでいると記されている。上海派高麗共産党がコミンテルンに提出した一九二一年三月から二二年四月までの事業報告書には、後援した団体として日本共産党や中国共産党とともに、冒険団の名が確認できる。[110] その説明によれば、冒険団は「上海、北京にて金元鳳及《およ》び李鎬班等の手に依り組織されたる決死団体」であるという。金が上海派高麗共産党と破壊活動をおこなうためにたちあげた下部組織であろう。ほかにも、義烈団が上海派系の武装組織である赤旗団などと組み、中国東北部にある日本関連の施設や要人への襲撃をたくらんでいるとした記録がみられる。[111]

（四）は、諜報員がモンゴルにおける義烈団員の活動を伝えたものである。目を引くのは、モンゴルに三〇〇人もの義烈団員が存在するという点である。そして、義烈団は高粱が生い茂る一九二三年秋頃を見計らい、武装した団員を満洲から朝鮮北部へ潜入させようとしている旨の内容がつづられている。義烈団がモンゴルで「決死隊」を組織しようと画策していることは、別の諜報員も報告していた。[112] また、朝鮮の新聞『東亜日報』は一九二三年七月、義烈団の幹部が内モンゴルに集結し、そこで働く身寄りのない青年たちに独立思想を吹き込み、一二〇人を団員としたと報じていた。[113] ここでも、秋の刈り入れ時までに朝鮮内に潜入し、官員暗殺と官庁破壊を企図しているとされている。

以上に示したものは、日本政府が調査・収集した義烈団情報のほんの一端にすぎない。実際、義烈団は第二次暗殺・破壊計画失敗後、挽回しようと動きを活発化させていたであろう。他方で、さまざまな断片的な情報が飛び交い、義烈団のイメージが実態以上に増幅されていた面も否定できない。

こうした中国大陸および朝鮮半島をめぐる義烈団の活動・計画に増して、日本政府が恐れたのが、内地への潜入であった。これについては、一九二二年三月に逮捕された金益相が、内地高官を暗殺するために梁朱平なる者を東京へと派遣したと供述していた。(114) 同じ頃、伊藤博文を暗殺した安重根《アン・ジュングン》（一八七九—一九一〇）の弟で、義烈団員とされる安聖根が、分解した爆弾数個を携帯し、内地に向かったとの噂も広がった。この安聖根潜入は、朝鮮および内地の新聞でも報じられた。(115) 日本の外務省や警察は、血眼《ちまなこ》になって安聖根の行方を捜索した。結局、それらしき人物はみつからず、そもそも安重根に安聖根という名の弟が実在しないことが判明する始末であった。(116) 梁朱平についても、金益相がのちに、捜査を攪乱するための虚偽供述であったと自白した。(117)

また、警察情報によれば、アナキストの大杉栄（一八八五—一九二三）が一九二二年一二月、フランスに向かう途中で上海に寄港した折、金元鳳と接触したという。(118) そこで、大杉と金が内地に連絡機関を設け、東京で破壊工作をおこない、日本の革命と朝鮮の独立を同時に達成することを協議したとみていた。一九二三年春以降には、義烈団の工作員が東京、大阪、神戸などの大都市、さらには台湾にまで潜入していることが報じられた。(119) 台湾では、その標的が行啓した皇太子の摂政宮裕仁親王であるとされ、日本政府をあわてさせた。

このように中国大陸、朝鮮半島、台湾、日本内地と、神出鬼没のごとくその動向が伝えられた義烈団。日本の治安当局は、その錯綜する情報に振り回されていた感がある。上海総領事の矢田七太郎が内田康哉外務大臣に送った一九二三年八月三〇日付の機密文書では、アメリカ諜報機関の情報として、義烈団員が一〇〇〇人に達したと記していた。(120) 明らかに、実態とかけはなれた誇大な数字であるといわなければならない。なお、韓国の義烈団研究では、これらの官憲資料や新聞記事をもとに、義烈団が一九二三年下半期、中国東北部・京城・東京の三ヶ所で、同時多発的な大規模破壊工作を計画していたと評価している。(121) それは、天皇暗殺も視野に入れた画期的なものであり、日本政府を転覆させる可能性があったとされている。

活かせなかった関東大震災

関東大震災は、そうした義烈団の暗躍がまことしやかにささやかれる中で起こった出来事であった。関東大震災に際し、義烈団はいかなる対応をとったのか。朝鮮総督府や上海総領事館、内務省は当然ながら、義烈団の動きを警戒した。これら国家機関で交わされた文書を見ると、満鉄の爆破計画や朝鮮に潜入する決死隊の訓練・準備など、震災前と同様に義烈団が破壊活動をおこなおうとしている旨の内容が交わされている。しかし、義烈団が震災直後、実際に行動を起こしたことは確認できない。金元鳳についていは、丸山鶴吉・朝鮮総督府警務局長が内務省警保局長と福岡・山口県知事に宛て、東京にいる部下の慰問および状況調査の目的で、内地へ青年を送り出したとの情報があることを、九月一四日付の電信で伝えていた[122]。この時点で、金は内地の義烈団員と連絡がとれず、手をこまねいている状態であった。

丸山はまた、続報として金元鳳が九月一九日、上海で多数の同志らと会合を開き、震災で殺害された義烈団員の復讐をするために、ある秘密行動をとることを決議したと内地に打電した[123]。これを額面通りにうけとるならば、義烈団は内地に潜伏していた団員が震災で殺されたと認識し、その報復をしようと決起したこととなる。これ以降に取り交わされた電文内容からも、義烈団が内地で消息不明となった団員を殺害されたとみなし、東京で破壊工作をおこなおうと、あらためて画策したと解釈することができる。

韓国の義烈団研究が指摘するように、義烈団は震災前、一九二三年秋に予定されていた皇太子・摂政宮裕仁親王の結婚式あたりに、何らかの暗殺・破壊計画を目論んでいた可能性がある。いずれにしても、その計画は震災により水泡に帰してしまった。ここで気になるのは、震災時の朝鮮人に関する新聞記事の中に、義烈団を想起させるようなものがふくまれている点である。

私は上野の交番前で市民の為《た》めに打ち殺された三十名ばかりの鮮人の死骸をみた。私の避難した七軒町のお寺でも二人の鮮人が捕縛されて打ちのめされて居たし、浅草方面では軍隊に突殺されたり、在郷軍人青年団の為に多数の不逞鮮人が撲殺されてゐた。噂に依れば、彼等には大資本を持つて居る黒幕があり、今秋の御慶事を機として何事かをなさんと陰謀を企てて居たのが、震災を機として急に計画を代へ鮮人共に金を呉《く》れて今回の暴挙を敢てせしめたのであると云《い》つてゐる。（「浅草千束町清水正談」『河北新報』一九二三年九月六日）

私は本所の家に帰る途中、道成橋で多数の人が鮮人を捕へて居るのを見ました。其人達は盛んに鮮人を竹槍で責めて訊問して居ましたが、其鮮人は苦しさに堪へず到頭自白しました。其《その》話に依ると、鮮人達は東宮殿下御成婚式の当日に一斉に暴動を起す事を 牒 合《ちょうじあわ》して、爆弾等をひそかに用意して居たが、此震災で一斉に活動したのだと云ふ。又二日には之に関する協議会さへ開く予定があつたと云ふ。彼等には又誰か後押はあるらしい風であつたが、死ぬ程責めても到頭実を吐かなかつた。（「竹槍に責められて鮮人遂に陰謀を自白」『北海タイムス』一九二三年九月七日）

皇太子の結婚式にあたり、ひそかに陰謀をたくらんでいた。それが震災発生により計画を変更し、事を起こそうとしたという。震災前の官憲による報告と重なる記事内容である。

くりかえしになるが、義烈団が震災時に破壊活動をおこなった確たる証拠はない。また、本章はじめで述べたように、朝鮮人による組織的犯罪行為も確認できない。こうした噂や証言は、震災前の義烈団に対するイメージから生みだされたものなのか。あるいは、潜伏した義烈団員の中に拘束・尋問をうけ、そのように告白した者がいたのか。真相は分からない。

たしかに、暗殺・破壊活動による朝鮮独立をめざしていた義烈団にとって、関東大震災は千載一遇の機会であった。実行性のある計画をたてていたのであれば、それを前倒しすることもできたであろう。しかし、義烈団は色々と暗躍がささやかれながらも、この好機を活かすことができなかったのである。

朴烈事件

さきに述べたように、義烈団が関東大震災をうけ、新たな暗殺・破壊計画を起こしたのは、九月中旬以降のことであった。丸山朝鮮総督府警務局長は各道知事らに宛てた九月一三日付の文書で、こう警告を発していた。

上海地方不逞鮮人中には這次の震災に対し快哉《かいさい》を叫び、日本内地不逞鮮人の暴行説に対しても之《これ》に共鳴せるやの観あり。特に義烈団一派は俄然《がぜん》蠢動《しゅんどう》を開始し、此《こ》の機に乗じ朝鮮又は日本内地に於《おい》て豫《かね》て宣言せる如く直接行動を実行すべしと唱へ、曾《かつ》て他人に保管方を託し置きたる爆弾を取出さむとしつつありと。而《しこう》して該爆弾は五拾《ごじゅう》本入の巻莨罐《まきたばこかん》大のものにして多分安東県に向て発送すべしと云《い》ふ。(124)

義烈団が震災を奇貨として、爆弾五〇個を朝鮮半島に持ち込もうと、安東へ送ろうとしている。丸山は義烈団が、一〇月五日から京城で開かれる副業品共進会を標的としているのではないかと警戒していた。

保管先を探知した日本政府は九月二九日、フランス当局を動かし、上海フランス租界にある鄭寅台宅で爆弾五〇個を押収し、八人の朝鮮人を逮捕した[125]（図4―22）。これは義烈団にとって大きな打撃となった[126]。矢田七太郎・上海総領事はこれらの爆弾が共進会だけでなく、皇太子結婚式にも用いる予定であったとみていた。

図4-22　押収された爆弾（外務省外交史料館蔵）

これと前後して上海共同租界では、金元鳳を暗殺するために拳銃を保持していたとして、三人の中国人が逮捕された[127]。金の暗殺を依頼したのは、青木茂という日本人と朝鮮人、中国人の三人であったという。日本政府の関与が噂されたが、私人間の金銭的なトラブルが原因であったようである。しかし、日本政府にとっても、金は何とかして葬り去りたい相手であっただろう。

日本政府が金元鳳を恐れたのは、金がソヴィエト・ロシアから支援をうけている点であった。レーニン資金をうけとり、高麗共産党と連携するようになって以降、義烈団の計画はより周到なものとなり、活動範囲が大きく広がった。義烈団の爆弾も、以前と比べものにならないほど性能・破壊力が向上した。同じくソヴィエト・ロシアから資金をえた大杉栄ら内地のアナキスト・共産主義者とも、手を組んでいるとみなされていた。

ソヴィエト・ロシアは関東大震災をうけ、すぐに人道支援をかかげて「レーニン号」を日本へ派遣した[128]。レーニン号には、医薬品など救援物資をはじめ、ソヴィエト・ロシア赤十字の救援隊員ら一八〇人が乗船していた。かたや日本側は、このレーニン号に「多数の赤化宣伝文書」と「日本語に巧みなる不逞鮮人頭目《とうもく》」が潜んでいるとみていた[129]。九月一二日、レーニン号は横浜に入港した。日本政府は乗組員の上陸どころか、救援物資の受け取りも拒否し、レーニン号に国外退去を命じた。ソヴィエト・ロシアとは、まだ国交が樹立してなかったといえ、強硬な対応であった。第一・二章で論じたように、北京政府が派遣した新銘号をはじめ、世界紅卍字会のような新興宗教団体の支援までうけいれた中国のケースとは対照的である。それだけソヴィエト・ロシア、およびその後ろ盾をえた義烈団を脅威とうけとめていた表れといえよう。

義烈団は、内地へ爆弾をどのように運び込もうとしたのか。その一端が分かるものとして、震災時に発覚した朴烈事件がある[130]。

朴烈《パク・ヨル》（一九〇二―一九七四）は、慶尚北道聞慶郡（現在の聞慶市）に四番目の末っ子として生まれた。本名は朴準植であるが、幼い頃に性格がはげしかったため、朴烈と名乗るようになったという。家は両班であった。しかし、朴が普通学校に進学する頃には没落し、学費の捻出《ねんしゅつ》にも苦労した。一九一九年一〇月、朴は通っていた京城高等普通学校を辞め、内地へと渡った。

東京に身を置いた朴烈が交際した人物に、金若水がいる。そう、かつて金元鳳とともに、南京の金陵大学で学んだ金料佺にほかならない。金若水は金元鳳と別れて朝鮮半島に戻った後、内地に留学していた。一九二一年一一月、朴と金若水が中心となり、社会主義思想団体である黒濤会を結成した。しかし、黒濤会はほどなく分裂してしまった。アナキストであった朴と共産主義を奉じた金若水の間に、対立が生じたのがその理由である。アナキスト仲間として、朴は大杉栄とも交流があった。

一九二二年七月末、『読売新聞』が新潟県を流れる信濃川に、腐乱した朝鮮人の残死体がつぎつぎと漂着していることを報じた（図4—23）。当時、津南で信濃川と合流する中津川では、信越電力が水力発電所の建設工事をおこなっていた。現場で働く労働者一二〇〇人のうち、朝鮮人が半数を占めたという。朝鮮人労働者の待遇について、記事はつぎのように記している。

信濃川を頻々流れ下る
鮮人の虐殺死體
信越電力大工事中の怪聞
逃げ出すと叩き殺し
山中にも腐爛
身體に大石を
結び着け斷崖から
市商工課事件
不起訴と決定
嬉し相な川島課長

図4-23　信濃川の朝鮮人虐殺死体を伝える記事（『読売新聞』1922年7月29日）

> 始め傭《やと》ひ入れる時は朝鮮からのは一人四十円位前貸し、一ケ月六十九円の決めですが、山に入つたが最後、規定の八時間労働どころか、朝は四時から夜の八、九時頃まで風呂にも入れず牛や馬のやうに追ひ使ふ、仕事といへば食時を除けば、一分間も休まずにトロッコ押し、土掘り、岩石破壊から土工、材木かつぎまでやるのだから心臓は悪くなる。からだは極端に弱る、堪へ切れないから罷《や》めたいといつても承知して呉《く》れない。冬は雪国だから丈余《じょうよ》の雪中に埋もれてビユウビユウ北風に身を切られる、夏は四方の山に風が遮られて蒸し殺されるやう、そこへこの過酷の労働です。始めとはまるで約束違ひの待遇に夜に入つて逃げ出さうとする者の多いのは何の無理がありませう[131]。

冬は極寒、夏は灼熱地獄のもと、早朝四時から夜の八、九時頃まで働かされる過酷な労働環境に、多くの朝鮮人が耐えきれず、逃亡をはかった。こうした朝鮮人のうち、逃げ切れずにつかまった者がなぶり殺され、信濃川に打ち捨てられたのではないか。記事は、朝鮮人労働者虐殺の疑いを示唆していた。

この事件は、『東亜日報』など朝鮮の新聞で後追い記事が出され、大きな波紋を呼んだ。[132] 朴烈や金若水は、実態調査のために現地へと向かった。九月七日、東京神田の東京基督教《きりすときょう》青年会館で「新潟県朝鮮人労働者虐殺問題演説会」が開かれた。[133] 朴はそこで演壇にたち、水力発電所建設現場の劣悪で非人道的な労働環境を告発した。

さらに、朴烈は京城にも赴き、事件についての演説をおこなった。京城滞在中、朴がはじめて顔を合わせることとなったのが、金翰である。朴と金はそれまで、互いに雑誌を送り合う間柄であった。金がちょうど、第二次暗殺・破壊計画の爆弾運搬・管理を請け負った時期にあたる。

金翰の供述によれば、義烈団と爆弾運搬の交渉をした際、金元鳳から「爆弾が京城に到着した上は、夫《そ》れを東京方面にも配置仕度《した》いから、其《そ》の方法を考へて置いて呉《く》れ」と、さらに東京へと爆弾を運び込む依頼の手紙をうけとったという。[134] 最終的に押収された計三六個という爆弾の数をみても、朝鮮だけでなく内地にも転送しようとしたことは、十分に考えられよう。それを知ってか知らずか、朴烈は金翰に爆弾の分与を求めた。金翰は、渡りに船というべき朴の申し出を快諾した。

朴烈は一一月、爆弾をうけとろうとふたたび京城へと渡った。しかし、すでに述べたように、爆弾は金翰のもとに届かなかった。その後も、朴は仲介役となった妓生の李小岩《イ・ソアム》を通じて金に連絡し、爆弾を催促した。そうこうしているうちに、金が一九二三年一月、鍾路警察署爆弾事件に連座して逮捕された。これにより、金からの爆弾入手ルートは断たれてしまった。

朴烈は、なおも爆弾の獲得をあきらめなかった。一九二三年春頃、姜香蘭《カン・ヒャンラン》という名の元妓生が京城から東京に来て、朴の家に出入りした。姜は朝鮮人女性として最初に髪を短く切った「新女性」であった。「断髪娘」の愛称で知られる。姜はほどなく、ロシア語を学ぶという目的で、上海へと渡った(135)。姜も李小岩と同じく、義烈団から爆弾を入手する仲介役を担ったのであろう(136)。

朴烈は自ら上海に出向こうと考えるも、顔が割れているので思いとどまった。そこで、代わりに上海からの爆弾運搬を依頼したのが、金重漢《キム・ジュンハン》という人物であった。朴は五月末、金に爆弾を秋頃までに確保してくれるよう求めた。結局、これも意思疎通がうまくいかず、失敗に終わった。

こうして朴烈は、爆弾を手に入れることができないまま、九月一日の大地震に遭遇した。以前より官憲に目をつけられていた朴は三日、内縁関係にあった金子文子（一九〇三―一九二六）とともに、行政執行法第一条にもとづき保護検束された。これにともなう朴烈ならびに関係者に対する取り調べで、爆弾入手計画が明るみとなった。

実のところ、朴烈は金翰と出会う前から、義烈団員と思しき人物と接触を持っていた。そのやりとりに関する朴の供述はつぎの通りである。

大正十一年二、三月頃で在《あ》つたと思ふ。什《ど》うして俺の名を知つたか知らんが、或る使命を持つた一青年朝鮮人が其《そ》の使命の為《た》めに、外国から東京に俺を訪ねて来た。元より其の使命の用件は、或る特殊の所謂《いわゆる》破壊的陰謀であつて、其の目的とする処は俺の虚無的気持に一致して居るから、俺は其の使命の依頼を快諾した。此《こ》の計画に結束して居る同志は、朝鮮人もあり日本人もあるが、俺が其同志間の連絡を執る役目になり、各同志は直接に交通せぬ事とし、上海の某所から爆弾を手に入れて、之《こ》れを俺達の手に渡す迄《まで》の間は同地の同志に一任する事、俺達の手に入れた以上は其の後の其爆弾の処置は俺達に一任する事、叛逆《はんぎゃく》の実行として爆弾五、六個、其の爆弾不発の場合に於《お》ける自殺用として拳銃五、六挺、自殺し損ひ逮捕を受けた場合は言語を発する事が出来ぬ様にする為め、水銀若干《じゃっかん》を手に入れる事——俺は嘗《かつ》て或る支那の同志がした水銀を呑むと言語を発する事か出来ぬ様に為《な》ると聞いた。夫《そ》れ故逮捕されたなら直ちに其の水銀を呑《の》んで、所謂自白する様な醜体を演じないが為めに、水銀を用意することにしたのだ——出来る丈《だ》け早く機会を見附けて爆弾を使用する事、其の爆弾は能《あた》ふ限り東京に於ては朝鮮人の同志が、京城に於ては日本人の同志が相呼応して、同時又は前後して使用する事等を約した。(137)

一九二二年はじめ頃、外国から来た青年朝鮮人が「破壊的陰謀」をおこなうため、朴烈に同志間の連絡を担うよう依頼した。朴はこれを快くひきうけた。上海から爆弾を運び込み、東京と京城で時を同じくして計画を決行する。注目すべきは、計画には、朝鮮人だけでなく日本人も参加していたという点である。朴烈が指示をうけた「各同志は直接に交通せぬ事」とは、義烈団の組織的特徴にほかならない。朴は金翰との関係を問われた際、義烈団についてこう語っていた。

義烈団の組織は分団に分れて居る様に思ふ。分団の分子たる団員は分子間、又は他の分団と連絡を執らずして、各自は分団中の主動者を介して之等《これら》と連絡を執る事に為つて居る様だ。俺は虚無的思想や気持の持主である関係から、義烈団には加入しなかつた。只其《ただそ》の或る分団の或る主動者と交渉して居た丈《だ》けだ。(138)

義烈団は横の連帯がなく、「分団」のリーダーを通してのみつながっている。朴烈は義烈団の実態をよく把握していた。それは、朴が実際に義烈団の一細胞として働いたからであろう。右の引用文では、朴が義烈団に加入しなかったと述べているが、金子文子は「便宜上義烈団に加入した筈《はず》」と供述した。義烈団員であったか否かはともかく、朴が東京における爆弾の受け子役であったのは間違いない。なお、朴烈に依頼した青年朝鮮人は、崔爀鎮と名乗ったという。しかし、義烈団および大韓民国臨時政府には、該当するような人物が見当たらず、変名を用いた可能性がある。

朴烈ら被疑者は起訴され、予審にかけられた。予審判事の立松懐清は朴烈と金子に対し、金重漢に爆弾を一九二三年秋頃までに確保するよう求めた理由について問いただした。そして、二人から皇太子の結婚式を襲撃しようとしていたとする供述を引き出した。

図4-24　いわゆる怪写真（『朴烈文子怪写真の真相』）

朴烈と金子は大審院へと回され、一九二六年三月に大逆予備罪で死刑判決をうけた。ただ、翌月には恩赦が出され、いずれも無期懲役に減刑された。反省の色をみせない二人への恩赦の適否が議論となる中、金子が七月、獄中で自殺した。また、朴が金子を膝にのせ、胸を触っている様子の写真が出回った。これは予審中に撮ったものとされ、「怪写真」として世間を騒がせた（図4―24）。

戦後、この忘れられつつあった朴烈事件に

ついて、あらためて光をあてたのが、松本清張であった。清張は「昭和史発掘」シリーズで朴烈事件をとりあげ、大逆予備罪が立松判事により仕組まれたでっち上げであったと主張した。なぜでっち上げなければならなかったのか。それは、政府が震災時に流した朝鮮人襲撃という流言蜚語をとりつくろわなければならなかったからである。清張は朴烈事件をこう結論づけていた。

　朴烈事件は、朴烈と文子との過剰自供がうまうまと立松判事の策略にかかって、刑法第七十三条にでっち上げられたのである。
　この条文には予備行為も大逆罪として成立するとあるが、朴烈と文子の場合はその予備行為すら具体的に証明するものがない。彼らの供述をみても、爆弾を手に入れたら天皇と皇太子に投擲するつもりだったというのみで、現実には爆弾の入手方法も立っていない。爆弾は幻なのである。
　また、朴烈と文子も予審でいろいろいってるが、それは彼らの自意識と他の同志を守りたいという心遣いから大袈裟になっている点が多く、客観的にこれを立証する証拠は何もない。[139]

朴烈と金子は立松判事の口車に乗せられ、ありもしない供述をおこなった。単なる願望にすぎなかった皇太子暗殺が、さも計画があったかのように仕立て上げられてしまったというのである。その後の日本における朴烈事件研究も、基本的にこの清張の見立てにたっている。

たしかに、爆弾は朴烈の手元に届かなかったわけで、皇太子暗殺以前の段階にあった。しかし、これをまったくの作り話とかたづけるのは、乱暴な議論であるといわざるをえない。朴が一九二三年秋までに爆弾を入手しようとしたのは、やはり皇太子結婚式が念頭にあったからであろう。義烈団の動きからも、東京で破壊工作を企てていたことは裏づけられる。朴に届かなかったが、それと思しき爆弾は義烈団が上海で確保していた。

朴烈と金子の訊問調書を見ると、金重漢に依頼した際に皇太子結婚式をねらっていたことをみとめる一方、金翰とやり取りしていた時点では想定していなかったと供述している。立松判事としては、はじめから皇太子暗殺を計画していたと誘導したかったであろうが、朴と金子はこれを明確に否定した。朴と金子が立松のいいなりになっているわけでなく、否定すべきところは否定している。

また、朴烈が金重漢に爆弾の使用目的をあいまいに語っていたことを理由に、皇太子結婚式を襲撃する計画が定まっていなかったとする見解がある。[140]しかし、それは朴自身が説明しているように、発覚した際に金に累がおよぶのを避けるためであっただろう。これは、仲間内ですら情報をほとんど共有しなかった義烈団の特徴でもある。

これまでの日本の朴烈事件研究は、義烈団との関わりを看過してきた。清張の朴烈事件論にしても、金相玉を黄鈺と混同するなど、義烈団に関する基本的事実の誤りが少なくない。[141]皇太子結婚式をねらったと明言している朴と金子の供述調書を変に裏読みせず、その通りに解釈すべきであろう。

二〇一七年に公開上映され、韓国で大ヒットした『金子文子と朴烈（박열）』という映画がある。文字通り、朴烈事件を中心に朴と金子の恋愛・奮闘を描いた映画である。震災時、内務大臣であった水野錬太郎（一八六八―一九四九）が準主役としてあつかわれている。朝鮮人虐殺の事態をうけ、水野がそれを正当化しようと、フレームアップしたのが朴烈事件であったという筋立てである。起訴された朴と金子はこれに屈することなく、法廷で日本政府、さらには天皇批判を堂々とくり広げるシーンが印象深い。

この『金子文子と朴烈』で注目すべきは、朴烈が地震発生の数日前、実際に爆弾を上海から内地へと持

図４-25　聞慶の朴烈義士記念館（筆者撮影）

図４-26　朴烈義士記念館の入り口正面にある朴烈像。台座には「朴烈先生　打倒天皇之先鋒　開闢民主之建物」という趙素昂の文字が刻まれている（筆者撮影）

ち込んだことになっている点である。朴と金子が逮捕された後、朝鮮からやってきた記者が、二人が所属した不逞社の仲間を訪ねた。記者が朴は無実を主張すべきなのに、なぜ嘘の供述をするのかとつぶやくと、仲間の一人が皇太子暗殺計画は事実であったと打ち明ける。その仲間は爆弾を密輸した張本人であり、本来であれば、一九二三年一二月に皇太子暗殺未遂事件を起こした難波大助《なんばだいすけ》よりもさきに、爆弾を投げていたはずだというのである。ほかの仲間も、朴が秘密裏に計画を進めていたことをはじめて知り、驚きの表情を隠せない。

朴烈が震災前に爆弾を入手した事実を裏づける証拠資料はなく、この会話はあくまでフィクションである。ただ、『金子文子と朴烈』では、朴烈事件が水野により朝鮮人虐殺の口実とさせられるとともに、皇太子暗殺計画そのものは厳然たる事実であったとの立場がとられている。これは、「天皇打倒の先鋒」であるという韓国における朴烈評価を反映したものだといえよう（図4―25、26）。

二重橋爆弾事件

義烈団と朴烈のつながりは、警察が朴を以前よりマークしていたとはいえ、偶然に発覚したものであった。義烈団は第二次暗殺・破壊計画で朝鮮半島に爆弾を持ち込むルートを複数設定したように、内地にも朴以外の連絡役がいたであろう。こうした内地の拠点は、震災により壊滅してしまったようだ。

さきにふれたように、金元鳳は内地に潜伏した義烈団員が震災で殺されたととらえ、その報復をしようと決心した。ただ、そのためには、計画を一から練り直さなければならなかった。この頃、義烈団はレーニン資金が尽きたらしく、資金繰りに苦しんでいた。官憲文書によれば、震災で朝鮮に戻った留学生から資金提供をうけたり、ソヴィエト・ロシアから新たに資金をえようとしたりしていたという[142]。また、それまで義烈団にみられなかった資産家などへの恐喝も確認されるようになった。

一九二三年一二月二三日、資金調達のために京城に潜入した具汝淳《ク・ヨスン》（一八九二―一九四六）が逮捕された。具は義烈団が明年一月一〇日頃までに、東京で直接行動を起こそうと計画していると供述した[143]。実際、義烈団員五人が一二月初旬、上海でそうした計画を決議していた[144]。その実行者として選ばれたのが、金祉燮である（図4―27）。

金祉燮は慶尚北道安東郡の出身で、家が両班であった。朝鮮で普通学校教員や裁判所の通訳兼書記をつ

図4-27　金祉燮（『東亜日報』1924年4月25日）

とめた経歴を持ち、三一独立運動後に満洲へと渡った。その後、上海派高麗共産党に入党した金は、さきに述べたように一九二二年頃、義烈団に加わった。第二次暗殺・破壊計画に関わったが、辛くも逮捕を免れていた。

金祉燮は一二月二〇日、爆弾三個を携帯して三井物産の貨物船・天城山丸に乗り、上海を出港した。日本人船員の斡旋をうけた密航であった。三〇日に福岡県八幡港に着いた金は、中村彦太郎なる偽名を用い、翌一九二四年一月三日まで現地の旅館に宿泊した。

実のところ、この計画が決議された際、金元鳳は上海を離れて北京にいた。決議の連絡をうけ、金元鳳はこれを事後承諾した。その後、金祉燮は仲間とはかることなく、拙速に事を進めたようである。一月一日には、丸山鶴吉・朝鮮総督府警務局長から内地に宛て、つぎのような電信が打たれていた。

> 在上海義烈団員金祉燮は十二月二十一日同志の諒解なく、単独にて爆弾三個、拳銃一個を携へ長崎に向け出発したる為、金元鳳は彼が事を誤れるを怖れ、三十一日会議を開き同志を派し、協力せしむべく準備中なりとの聞込あり[145]。

上海を出発した金祉燮に対し、金元鳳が憂慮していたことが記されている。この時期、義烈団の動静は日本の治安当局にほぼ筒抜けの状態であった。

金祉燮は一月三日夜、八幡の枝光《えだみつ》駅から普通列車に乗り、一路東京へと向かった。東京到着後の金の足取りについては、官憲文書にこう記されている。

同月（一月―筆者）五日午前六時品川駅に下車、直に省線電車にて高田馬場駅に下車、午前十時頃早稲田鶴巻町附近にて数戸の下宿屋を求めたるも何《いず》れも拒絶され、最後に鶴巻町瑞穂館に至り朝食を為《な》し、携帯品の小トランク（在中品、古シャツ、歯磨、旅行案内等）を遺し、日比谷公園に至りて実行決意を固めたるものなるが、本人の自供に依れば帝国議会に闖入《ちんにゅう》して政府委員席に爆弾を投擲《とうてき》し、要路の大官貴顕紳士を暗殺すべき目的なりしも、生憎《あいにく》着京当時議会休会中なると懐中《かいちゅう》せる旅銀は尽き、殊に危険物を所持し居る結果、之《これ》が発覚を惧《おそ》れたるより、寧ろ二重橋哨兵を殪《たお》して宮城内に邁進し、王宮を爆破するに於《おい》ては貴族内閣の倒壊容易にして、直接行動者の鮮人なるが故に自然朝鮮の独立問題を惹起《じゃっき》すべきを察し、独断を以《もっ》て即行を決意し、午後七時頃二重橋前に接近せし際、警察官の誰何《すいか》を受けたるを以て用意せる一弾を警官に向け投下したるも炸裂せず、二重橋正門に突進中前方二重橋に其の二弾を投じたるが之亦《これまた》炸裂せず、其の間後方より警察官来りて押へられしを以て、三弾を投じたるも悉《ことごと》く不成功に終れりと憤慨し、而《し》かも微々たる罪名を附せらるるは頗《すこぶ》る遺憾なりとて憂《ゆう》国《こく》の士を気取り居《お》れり(146)。

一月五日朝、品川駅に到着した金祉燮は、早稲田鶴巻町の下宿屋で小休止した後、帝国議会を襲撃すべく日比谷公園へと足を運んだ。しかし、そこで議会が休会中であることをはじめて知った。手持ちの金は尽きており、爆弾もうかうかと保持していられない。金は急遽、皇居の襲撃を思い立った。夜になり、皇居二重橋前をうろついていると、巡査から職務質問をうけた。金はあわてて爆弾三個をつづけざまに投げつけた。いずれの爆弾も不発に終わり、その場で巡査と近衛兵にとりおさえられてしまった。

金元鳳が憂慮したように、金祉燮の決行は、襲撃対象である帝国議会の開期も事前に確認していないという何ともお粗末なものだった。日本政府も内地の社会主義者らと連携のない、金祉燮単独の犯行と断定した。(147) 他方で、不発の爆弾は日本陸軍の手榴弾よりも小型であり、同等以上の殺傷能力があると鑑定された。(148) おそらく、ろくに爆弾投擲の訓練をおこなわなかったのが、不発の大きな原因であろう。

金祉燮は爆発物取締罰則違反などで起訴され、無期懲役の判決をうけた。公判では、裁判長をからかったり、裁判に関係ない弁論を打《ぶ》ったりするなど、不遜《ふそん》な態度をとった。(149) 判決が下された際も、死刑を求めて控訴すると叫ぶなど、義烈団の存在をあらためて世に印象づけた。(150) 他方で、この二重橋爆弾事件は、義烈団の稚拙さや計画性のなさがふたたび露呈する出来事となった。義烈団が結成以来、一貫してこだわった暗殺・破壊路線も、これを機に修正を余儀なくされるのである。

義烈団の虚像と実像

二〇一三年二月二八日、韓国行政安全部の国家記録院が三一独立運動を記念する三一節を前に、朝鮮独立運動に関するイギリス秘密情報部の公文書を公開した。イギリス秘密情報部は、スパイ映画「００７シリーズ」でおなじみのＭＩ６の通称で知られる諜報《ちょうほう》機関である。公文書はイギリス国立公文書館が保管し、秘密指定の解除されたものであった。これらのうち、一九二三年八月一一日付の文書は、秘密情報部極東支部が本国外務省に送った報告内容である。その報告内容では、義烈団（The Eai Yat T'ang）がとりあげられ、つぎのように記されていた。

これは、約二〇〇〇人の団員からなる朝鮮の秘密結社である。朝鮮内外に多くの支部を持っている。結社の長は金若山（Kim Yak San）であり、今は北京にいる。結社の目的は日本や朝鮮にいる日本人官吏たちを暗殺することである。

一ヶ月以上前、この結社のある団員が、青島でドイツ人により製造された一六〇個の爆弾を持っていた。このうち一〇〇個近くがひそかに朝鮮へと持ち込まれた。

結社の名前は、字義的に「正義の激烈な団体（Righteous Radical League）」を意味し、臨時政府に愛想をつかした朝鮮人はみな、この集団に加わっている。団員の一人は、台湾革命家たちの協力をとりつけようと、台湾に向かった。現在、この結社はボルシェヴィキと関わりがないが、ソヴィエトが提供する支援をうけいれるのにやぶさかでない。

現在、この結社の団員が五〇人ちかく東京にいる。彼らは機会があれば、暴力行為をおこなおうとしている。[151]

義烈団は二〇〇〇人の団員を擁しており、一〇〇個にのぼる爆弾を朝鮮へと運び込んだ。また、東京にも五〇人の団員がおり、破壊工作のチャンスをうかがっている。韓国国家記録院は公開した記録物について、「世界最高の情報局の一つであるイギリス情報局の極東支部で、当時韓国独立運動に関する諜報内容を本国へ継続的に報告していた点と、独立運動に関するイギリスの観点をうかがえる側面から貴重な資料」という専門家の評価を添えている。「世界最高の情報局」の形容には、この義烈団に関する記述が信用に足りるものであることが示唆されていよう。インターネット上などでみられる関東大震災の朝鮮人虐殺正当化論においても、その根拠としてしばしば引き合いに出される資料である。

しかし、これまでみてきた二重橋爆弾事件にいたる義烈団の軌跡から判断するに、イギリス秘密情報部の公文書に記された内容は、実態からかけはなれた虚像であったといわざるをえない。さきに述べたように、アメリカ諜報機関からも関東大震災直前、義烈団員が一〇〇〇人に達したとする情報が流れていた。察するに、義烈団は第二次暗殺・破壊計画の挫折後、日本の治安当局を攪乱させるために、誇大な情報を意図的に流していたのではないか。あるいは、自らの存在を大きくアピールすることで、ソヴィエト・ロシアなどからさらなる支援をえようとしたのかもしれない。北京在住朝鮮人を調査したある通訳官は、こうした義烈団に関する報道や密偵情報に対し、こう苦言を呈していた。

過般例の義烈団員及《および》爆弾検挙以来、我新聞紙上に於《おい》て其《そ》の恐るべき兇暴企画を盛んに吹聴されし以来、各地方に於ける不逞団は機乗ずべしとなし、到る処義烈団員なるもの簇出《そうしゅつ》し、恰《あたか》も金元鳳を団長とする北京（又は上海）義烈団の団員、若《も》しくは其支部員なるが如く誇称し、露領にも南北満州にも鮮内にも日本内地にも義烈団員なるもの散在し、皆金元鳳の命令の下に活動しつつあるかの如くに宣伝されつつあるは、小官が従来調査せし所に基けば唯一種の宣伝にして、不逞者等が我の弱点（我当局が恰も義烈団員の為《た》めに脅かされつつあるかの如くに新聞紙に吹聴《ふいちょう》さるるが故に、不逞者等は得意気に我も義烈団員、彼も義烈団員なりとして自己を誇称し、我が密偵等は之を亦《また》得意然として当局に報告するものなるが如し）に乗じて斯《か》く吹聴し、以《もっ》て我官憲をして奔命に疲れしめんとするの策に過ぎざるが如し(152)。

第二次暗殺・破壊計画以来、日本の新聞は義烈団の恐ろしさを大いにあおった。その結果、金元鳳とつながりのない者までがソヴィエト・ロシアや中国、朝鮮、内地のあちこちで義烈団員を名乗り、活動するようになった。日本の密偵もこれを鵜呑《うの》みにし、そのまま報告している。こうした義烈団のネームヴァリューに乗じてニセ団員が多数出現している状況については、真の団員である李鍾岩も指摘していた。[153]

では、義烈団は関東大震災前後、実際にどのくらいの団員を擁していたのであろうか。右の引用文の通訳官は、金大池の話として真の団員が二〇人あまりにすぎないと伝えていた。[154] 義烈団を調査した在上海総領事館勤務の警視が一九二三年八月に提出した復命書にも、その団員数が二〇人とある。[155]

また、丸山鶴吉警務局長が湯浅倉平警視総監に宛てた一九二三年一一月三〇日付の電信では、義烈団が「機密部」と「実行部」の二部門からなることが指摘されている。[156] 機密部は金元鳳腹心の幹部で固められ、そのほかの団員はみな実行部に属するという。総団員数は七〇人あまりで、うち二二人が台湾人をふくむ中国人の成年男子、一四人が中国人女子学生であるとする。これが事実ならば、義烈団員の半数を中国人が占めたことになろう。慶尚北道警察部編『高等警察要史』(一九三四)も、一九二四年頃の義烈団に朝鮮人・中国人約七〇人からなる「決死的団員」がいたと記していた。[157]

団員数については、もっと多くみつもる資料がある。朝鮮総督府警務局が一九二四年二月にとりまとめた『義烈団要記』は、義烈団の組織が「参謀部」および「第一種団員」「第二種団員」に分かれるとし、参謀部が金元鳳をはじめとする五人からなると見る。[158] そして、それ以外の団員については確実な情報がないとしつつも、義烈団関係者として逮捕された者もふくめ計一九五人の氏名が挙げられている。朝鮮軍司令部が一九二四年六月に作成した『不逞鮮人に関する基礎的研究』は、義烈団の「総人員」が一五〇人、「武装人員」は八〇人と推計していた。[159]

このように官憲資料でも、二〇人から二〇〇人と義烈団員の人数にかなりの幅がある。中国に滞在する朝鮮人がことごとく団員のようにもみえるし、真の団員は金元鳳一人のみだといえなくもない。本章はじめで、そうした旨の『義烈団要記』の記述を紹介した。まさに言い得て妙である。『義烈団要記』はまた、義烈団の内情についてつぎのように記している。

同団（義烈団―筆者）の真相を知る者は団長金元鳳一人にして、普通団員の如きは全然自己の担当する事項以外何事をも弁識せず、只同団の幹部委員として機密会議に列席する者は大体方針位には通じ居るが如きも、之《こ》れとて満洲・朝鮮・日本内地の三班に分ち、成るべく一人をして数班の事項に関係せしめざらんとするの方針なるが如し。加ふるに彼等は土地の異《ことな》る毎《ごと》に変名を用ひ、甚しきに至りては一人にして数個の変名を有するを以て、写真以外に依りて本人を尋ねんとするの極めて困難なり。…団員相互間には果して何人が団員なるやも全く不明にして、偶々《たまたま》団員の一人を検挙することあるも、自己以外に属することは絶対に之を語らざるのみならず、寧ろ実際之を知らざること多きが如く、再余の内状を察知すること極めて困難なり。

義烈団の真相を知るのは、金元鳳ただ一人である。一般の団員は自らの任務以外に何も知らず、幹部ですらおぼろげである。団員は行く先々で変名を用いるために、互いの識別が困難であり、関係性も把握していない。こうした状況は、金翰や朴烈の義烈団との関わりからもみてとれよう。

これらの資料を整合的に解釈すれば、「機密部」や「参謀部」にあたる義烈団の幹部が数人、多くて二〇人ほどいたのではないか。この幹部らが資金や爆弾を管理し、計画を立案・指令する。その実行部隊としてオルグした帰属意識の濃淡ある一般団員が存在した。一般団員は、とらえ方によって数十人にも二〇〇人ちかくにもみえたのであろう。

金元鳳に一元化された義烈団の統率・指示系統は、ときに大きな効力を発揮した。成功裏に終わらなかったものの、朝鮮総督府や警察署の内部まで団員を送り込めたのは、事前に察知されないよう情報が徹底して統制されていたからであった。日本の治安当局は義烈団の主要人物をつかまえても、金元鳳の足取りをつかむことがなかなかできなかった。断片的な情報しかえられないために、義烈団の全体像は闇につつまれた。ソヴィエト・ロシアから支援をうけ、爆弾が高性能化したことが分かると、義烈団に対する日本政府の警戒心はとみに高まった。義烈団側はこれを利用し、自らのイメージを過大に宣伝したであろう。日本政府は実態とかけ離れた義烈団の影におびえ、翻弄されることとなった。

その一方で、義烈団の極度な秘密主義は、活動をおこなう上での足かせとなった。組織的に、個々の団員が金元鳳ら幹部と縦につながる構造となっており、一般団員間の横の連携がほとんどみられなかった。これは情報漏洩を防げる反面、意思疎通に支障をきたす諸刃《もろは》の剣《つるぎ》であった。情報をうまく共有できないために、互いが疑心暗鬼となった。また、義烈団が遂行した襲撃事件は、ほぼ単独的な犯行で終わっている。目論んでいた大規模な暗殺・破壊計画は、その組織構造を改めない限り難しかったであろう。

「久敷《ひさしき》憂慮せし事件の遂に実現したることを頗《すこぶ》る遺憾とす(160)」。二重橋爆弾事件の翌日、丸山鶴吉警務局長は内務省宛の電信で、こう嘆息していた。しかし、恐れていた義烈団の内地襲撃は、計画性のない粗雑なものであった。二重橋爆弾事件以前の破壊活動をみても、その社会的インパクトとは裏腹に、ことごとく失敗に終わった。義烈団は死刑に処された朴載赫と崔敬鶴、射殺された金相玉、獄死した金祉燮など、多くの団員を失った。他方、命を奪った日本人は、鍾路警察署爆弾事件で居場所を包囲された金相玉が、抵抗して放った銃弾で殉職した警官ただ一人にすぎない。一般に釜山警察署爆弾事件で殺害したされる橋本秀平警察署長は、かすり傷ですんだ。さらに、田中義一襲撃事件ではアメリカ人女性の命を奪ったり、鍾路警察署爆弾事件で一般の通行人を巻き込んだりしてしまった。

二重橋爆弾事件後の一九二四年四月、尹滋英らが義烈団を離脱し、上海で青年同盟会を結成した。青年同盟会が作成した宣言草案には、朝鮮人の間で流布する「恐怖論」について、左のような記述がみられる。

今、韓国の運動は其《その》破壊の目的物は何人又は建物にあらず。政治上、経済上、其他各方面の現状、制度、組織共、異族の統治権を破壊せんとするにあり。故に、個人の暗殺と建物の破壊は之《これ》を連続的普遍化するときに於《おい》て、始めて社会を暗里なる状態に陥む。其意義及価値を認むる所なるも、其《それ》を以《もっ》て独立運動唯一最大の全体的方針なりと誇張すべきものにあらず。此《こ》の恐怖論主張は其主従を混同したる考なり。[161]

個人の暗殺や建物の破壊のみが、独立へといたる道だなどと、声高に叫ぶべきではない。この「恐怖論」批判が義烈団を念頭におきつつ、暗殺・破壊行為を非難しているのは明らかであろう。実際、この頃になると、実行部隊である団員たちの金元鳳に対する不満が鬱積《うっせき》していた。自分たちが命がけで任務を遂行したところで、功績はすべて金元鳳のものとなってしまう。金自身は手を下さず、安全地帯に身を隠して高みの見物である、と。一一月末には、劣勢にたたされた義烈団が青年同盟会の事務所に押しかけ、尹滋英を殴る騒動が起こった。[162] 青年同盟会が金元鳳に謝罪を要求し、金はこれを公然と拒否するなど、泥仕合となった。こうして反発・分裂を招きながら、義烈団はその後も何とか命脈を保った。しかし、義烈団が結成以来堅持した暗殺・破壊活動路線は、変更を余儀なくされることとなった。[163]

ここで、本章はじめにとりあげた朝鮮人虐殺正当化論にたちもどりたい。工藤美代子は関東大震災で、テロリストとして殺害された朝鮮人の数を八一〇人と推計していた。このテロリストとは、義烈団一派およびそれに付和雷同した者とされる。しかし、これまでの考察から明らかなように、三桁におよぶ義烈団員が内地に潜伏していたとは到底考えられない。たしかに、義烈団は団員や協力者を内地に置いていた。暴力による独立をめざした彼らが、関東大震災という絶好の機会に、何らかの行動を起こした可能性はある。とはいえ、くりかえし述べているように、それを裏づける確たる証拠はない。ましてや、仮に一部の過激な義烈団員が破壊活動をおこなったからといって、無《む》辜《こ》の朝鮮人を多数虐殺したことは正当化されえない。

図４−28　金元鳳の生家跡にある義烈記念館。壁面に「記憶は生者の義務だ！」と記されている。2018年３月に開館した（筆者撮影）

義烈団の過大評価は、韓国でもみられる。韓国のいわゆる義烈闘争史研究では、義烈団が一九二三年下半期、中国東北部・京城・東京の三ヶ所で、同時多発的な大規模破壊工作を計画していたことが高く評価されている。その主たる根拠となっているのが、日本政府が第二次暗殺・破壊計画後、各方面から収集した風説レベルの内容が混じった官憲文書である。さきにふれたイギリス秘密情報部の公文書も、この大規模破壊工作を裏書きするものであるからこそ、韓国国家記録院は公開・紹介したのであろう。

映画『密偵』を観る人が強く印象づけられるのは、義烈団が日本の治安当局に立ち向かい、数々の困難をのりこえながら敵の中枢部へとせまる勇猛果敢な姿である。爆弾を

図4-29　義烈団創団100周年を記念して義烈記念館横に建てられた義烈記念塔（筆者撮影）

携帯した義烈団員が朝鮮総督府庁舎に突き進む最後のシーンは、総督府爆破の可能性があったことを示唆するものにほかならない。義烈団や金元鳳を題材とした映画は、ほかにも『アナキスト（아나키스트）』（二〇〇〇）や『暗殺（암살）』（二〇一五）などがあり、テレビドラマでもたびたびとりあげられている。関東大震災前の壮大な計画が順調に進んでいれば、義烈団は朝鮮総督府を爆破したり、天皇ら皇族を暗殺したりし、独立への道を自力で切り開いたかもしれない。韓国人の義烈団イメージには、そうした願望が投影されているように感じられる。

これまで義烈団と関東大震災の関わりについては、もっぱら朝鮮人虐殺正当化論の文脈から語られてきた。何百という規模の義烈団員が内地に潜んでいたとする説が成り立たないことは、すでに述べた通りである。他方で、この義烈団に関する恐怖をあおる過剰な情報が、朝鮮人虐殺の引き金となる流言蜚語の大きな源の一つとなったのではないか。

震災時、「不逞鮮人」来襲の流言がいかにして生じたのか、また多くの人々がそれをなぜ真実とうけとめたのかについては、膨大な研究蓄積がある。しかし、義烈団の存在は、これまで日本でまったくといってよいほど看過されてきた。恐るべきは、まったく根も葉もない流言よりも、わずかでも信憑性をふくんだそれである。震災時には、そうした流言に惑わされず、冷静かつ慎重に対処しなければならない。これこそが、義烈団の影におびえた関東大震災の事例からえられる教訓であろう。

第五章　大韓民国臨時政府の苦悩

――震災対応と権力闘争

上海の大韓民国臨時政府

中国・上海の旧フランス租界に位置する新天地。石庫門と呼ばれる西洋由来のレンガ造りと中国の意匠が融合した歴史的建築物がたちならぶ、上海有数の観光スポットである。テナントとして高級ブティックやレストランが軒を連ね、いつも多くの人々でにぎわっている。日が暮れれば、バーやクラブがネオンを輝かせ、艶《あで》やかな格好をした者が行き交う不夜城となる。「魔都」上海の一面を感じさせてくれるエリアである。

新天地の中央を横切る興業路の七六号には、「中国共産党第一次全国代表大会会址」というプレートが貼られた建物がある。時は一九二一年七月二三日、ここで中国共産党がはじめてとなる全国代表大会を開催した。若き毛沢東も参加したこの大会は、中国共産党が正式に成立した原点と位置づけられている。国家の重要文化財に指定された建物は今日、記念館となっており、一般に公開されている。中に入れば、復元された会場の様子などを、自由に見学・撮影することができる。

図5－1　大韓民国臨時政府旧址（筆者撮影）

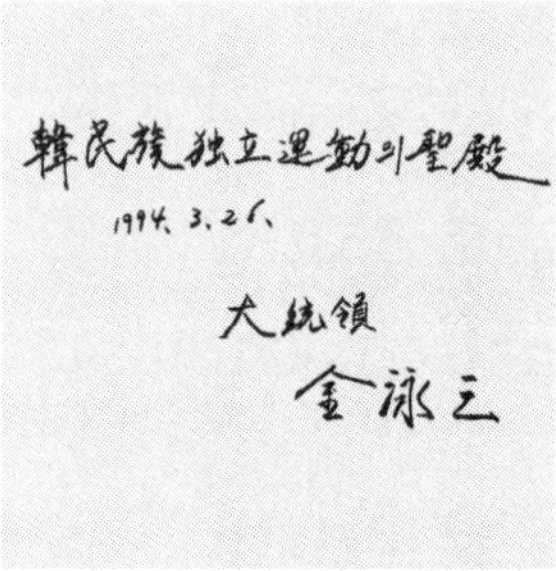

図5－2　金泳三大統領の題字（『図説　韓国独立運動在上海』）

中国共産党第一次全国代表大会会址から興業路を西に進み、交差する馬当路を南に三〇〇メートルほど歩くと、右手に「大韓民国臨時政府旧址」と書かれた建物が見える（図5―1）。そこには一九二六年から三二年までの間、大韓民国臨時政府の庁舎があったとされている。一九九二年八月二四日、中国と韓国の間で正式に国交が樹立されると、まっさきに企てられたのが、この大韓民国臨時政府旧址の保存・改修であった。翌月、中国を公式訪問した盧泰愚《ノ・テウ》大統領も、スケジュールをぬってここに立ち寄り、「民族独立運動の聖殿において、韓民族の限りない発展を祈願して」と書きのこしている。つぎの大統領である金泳三《キム・ヨンサム》が訪問時に記した題字も、「韓民族独立運動の聖殿」であった（図5―2）。旧址（旧跡）の建物は、上海市盧湾区の文化財に指定され、大韓民国臨時政府成立七四周年にあたる一九九三年四月に一般公開された。

新型コロナウイルスの流行により海外渡航が制限される前、大韓民国臨時政府旧址はいつも、韓国から来た多くの観光客であふれていた。建物は長屋構造となっており、まず馬当路に面した受付で入場券を購入する。それから脇の路地にある門より、陳列館へと入ってゆく。

館内は土足厳禁で、靴底にビニールをかぶせなければならない。

私が観覧した際には、はじめに旧址の概要について説明をうけた後、参観者全員に黙禱《もくとう》が求められた。隣にいた韓国人の参観者は、感激して体を小刻みにふるわせていた。

陳列館では、一階に会議室と台所、二階に大韓民国臨時政府の最終的な指導者となった金九の執務室と要人事務室、三階に寝室がそれぞれ再現されている。三階にはさらに、臨時政府を中心とした日本からの独立運動に関する資料が展示されている。陳列館は、いわば後世の色づけがなされた「作りもの」であるが、中国共産党第一次全国代表大会会址と異なり、写真・動画撮影は全館禁止である。歴代の大統領が記したように、そこが韓国人にとって、「聖殿」であることを否応なく感じさせる空間となっている。

こうして盧泰愚大統領を皮切りに、歴代の大統領がこぞって旧址を訪れている大韓民国臨時政府。中でも、臨時政府の存在を重視したのが、二〇一七年五月に第一九代大統領へ就任した文在寅《ムン・ジェイン》である。文はその年の八月一五日におこなわれた光復節の式典で、つぎのように演説していた。

> ろうそく革命により国民主権の時代が開かれ、最初となる光復節です。今日、その意義がとりわけ強く感じられます。国民主権は、この時代を生きる我々がはじめて用いた言葉ではありません。百年前の一九一七年七月、独立運動家一四人が上海で発表した「大同団結宣言」は、国民主権を独立運動の理念としてはっきりと表わしていました。庚戌国恥（韓国併合――筆者）は、国権を喪失した日ではなく、むしろ国民主権が発生した日であると宣言し、国民主権に立脚した臨時政府樹立を提唱しました。最終的に一九一九年三月、理念と階級と地域を超越した全民族的抗日独立運動を経て、この宣言は大韓民国臨時政府を樹立する基盤となりました(1)。

前大統領の朴槿恵は、自身と友人の崔順実にまつわる数々の政治スキャンダルにより弾劾訴追され、任期半ばで失脚した。これを強力に後押ししたのが、ソウルを中心にくりひろげられた大規模デモである。このろうそくを灯したデモによる政権交代を、国民主権の幕開けとみなし、一〇〇年前の独立運動になぞらえたわけである。ここでは、「大同団結宣言」によりつつ、韓国併合が国権の喪失どころか、国民主権を生みだした画期としてとらえられている点に注意したい。

文在寅はさらに、演説でこう言及していた。

　二年後の二〇一九年は、大韓民国建国と臨時政府樹立の一〇〇周年を迎える年です。来年の八月一五日は、政府樹立七〇周年にもなります。

二〇一九年に迎えることとなる大韓民国建国一〇〇周年。すなわち、韓国は臨時政府とともに、一九一九年四月に建国されたというのである。文在寅は二〇一八年三月一日におこなわれた三一独立運動を祝う式典でも、「新たな国民主権の歴史が、大韓民国建国一〇〇周年に向け、ふたたび描かれはじめました」と、建国一〇〇周年をくりかえし強調していた[2]。

建国をめぐっては、朴槿恵《パク・クネ》が二〇一六年の光復節式典で、「今日は第七一周年の光復節であると同時に、建国六八周年を迎える歴史的な日です」と発言していた（朴は二〇一五年の光復節でも、「建国六七周年」と発言[3]）。これは李承晩初代大統領のもと、大韓民国政府の樹立が宣言された一九四八年八月一五日を起点としたものである。また、歴史教科書の国定化を推し進めた朴槿恵政権は、一九四八年八月一五日の大韓民国樹立を執筆基準に定めた。この国定教科書は、文在寅が大統領に就任すると、すぐに廃止された。このように大韓民国の建国年について、朴槿恵と文在寅の両政権で異なる見解が示されたのであった。

一九一九年四月に大韓民国が建国したというと、多くの日本人は疑問に感じるかもしれない。一九一〇年八月二二日、大日本帝国と大韓帝国との間で条約が締結され、日本は韓国を併合した。条約の第一条で「韓国皇帝陛下は韓国全部に関する一切の統治権を完全且《かつ》永久に日本国皇帝陛下に譲与す」と規定されているように、韓国は日本の統治下に置かれた。この状況は、日本が第二次世界大戦で降伏する一九四五年八月までつづいた。日本からアメリカ軍へと統治権が移譲された朝鮮半島の北緯三八度線を境とする南部で、一九四八年八月一五日に大韓民国が建国され、独立国家となったというのが、一般的な認識であろう。

これに対し、韓国の立場は、そもそも韓国併合が合法であったとみなさない。日本側の脅迫のもとに強制的な形で調印させられるなど、違法な条約であり、効力を持たなかった。それゆえ、韓国の主権は日本に移譲されておらず、君主主権から国民主権へと移り変わる転機であったとする。

こうした見方は、一九四八年に建国したとする朴槿恵も、一九一九年建国説の文在寅も、基本的に変わらない。両者の違いは、国家の成立をどのように考えるかにある。一九一九年建国説では、大韓民国臨時政府の樹立により、国家としての諸要件が満たされたと見るのである。(4)

三一独立運動から一〇三周年にあたる二〇二二年三月一日、韓国・ソウルの旧西大門《ソデムン》刑務所の横に建てられた国立大韓民国臨時政府記念館が開館した（図5―3）。記念館の設立は、もともと文在寅が大統領選挙で、公約の一つとしてかかげたものであった。さきにふれた二〇一七年の光復節演説でも、記念館建設が明言されていた。文はこの開館日に記念館で、大統領として最後の三一節記念式典をおこなった。演説では、記念館が偉大な大韓民国を記憶し、国民に勇気と希望を与える一里塚となることがうたわれた。文にとって、在任中に何としてもなしとげたかった念願の記念館であった。

図５－３　大韓民国臨時政府記念館。正面の壁には「大韓民国、ここから始まる」と記されている（筆者撮影）

大韓民国臨時政府記念館は、意匠をこらした近代的な建造物であり、その側面には「大韓民国、ここから始まる」と記されている。地上四階建てで、二〜四階が常設展示である。常設展示の最初のテーマ「君主の国から国民の国へ」では、その趣旨がつぎのように説明されている。

一九一〇年、大韓帝国が崩壊し、後に、国を取り戻すための独立運動は一つの転換点を迎えた。「いかに国を取り戻すか」のみならず「いかなる国をつくるか」が重要となったのである。その結果、一九一九年に大韓民国の臨時政府が樹立した。韓国史上、初めて国民が主となる国の誕生であった。

大韓民国臨時政府は、国民が主人となった最初の国（나라）である。一九一九年の大韓民国建国にこだわった文在寅の思いが反映された記述といえよう。

以上のように旧庁舎が「聖殿」とあがめられ、文在寅前大統領が建国のルーツを求めた大韓民国臨時政府。この臨時政府は設立の数年後に起きた関東大震災に際し、どのような反応を示したのであろうか。とくに朝鮮人虐殺事件の報に接し、いかなる措置をとったのか。日本では、これまで臨時政府自体の研究が多くなく、関東大震災時についても断片的にふれられるにすぎなかった。歴史教科書でも臨時政府に関する記述はない。しかし、韓国における臨時政府の大きさをふまえると、関東大震災との関連は無視できない。本章ではまず、関東大震災にいたる臨時政府について、その対外活動を中心にみてゆくことにしたい。

大韓民国臨時政府の誕生

三一独立運動が起こった一九一九年三月一日、京城（現在のソウル）で『朝鮮独立新聞』が発刊された。一枚刷りの紙面には孫秉熙《ソン・ビョンヒ》、金秉祚《キム・ビョンジョ》ら「民族代表」三三人が独立宣言書を発表し、鍾路《チョンロ》警察署に拘引されたことが報じられていた。『朝鮮独立新聞』の社長をつとめたのは、普成法律商業学校の校長であった尹益善《ユン・イクソン》。[5] 学校で一万枚を印刷し、すべてを京城市中に配布したという。朝鮮総督府の許可をえていない、いわゆる地下新聞であった。この科《とが》により、尹はほどなく逮捕された。

つづく『朝鮮独立新聞』第二号は、京城書籍組合の事務室で印刷された。第二号では、尹益善の逮捕や三月一日の独立運動の様子、高宗の毒殺説が報じられた。李完用《イ・ワニョン》（一八五八―一九二六）らは、朝鮮が自ら望んで合併したとする文書をパリ講和会議に送ろうと試みた。しかし、高宗がこの文書への調印を拒んだために、毒殺されたというのである。また、第二号には、つぎのような注目すべき記事が掲載された。

> 仮政府組織説
> 近いうちに国民大会を開催し、仮政府を組織するとともに、仮大統領を選挙するらしい。将来の安心に関わる吉報であろう。[6]

「仮政府」とはすなわち、臨時政府にほかならない。独立をはたすためには、自らの政府を持たなけれ

図5-4　李東輝（『写真で見る大韓民国臨時政府』）

ばならない。臨時政府設立の構想は、三一独立運動の必然的な流れであった。

実際、一九一九年三～四月には、朝鮮半島のみならず、半島外の各地で臨時政府の樹立が宣言された。その数は、今日確認できるもので計八つ。このうち、それなりに実体をともなっていたのが、ウラジオストクに設立された大韓国民議会、京城の漢城政府、そして上海の大韓民国臨時政府の三つとされる。

ウラジオストクは、ロシア・沿海州（今日の沿海地方およびハバロフスク地方南部）の州都であった。沿海州は国境となる豆満江をはさみ、朝鮮半島東北部と陸つづきになっている。そうした地理的状況もあり一九世紀後半以降、多くの朝鮮人が沿海州に移住・帰化するようになった。韓国併合前後には、ロシア国籍を持たない非帰化朝鮮人が急増した。一九一四年末時点の調査では、沿海州の朝鮮人は六万四三〇九人（帰化朝鮮人二万一〇九人・非帰化朝鮮人四万四二〇〇人）とされている[7]。

一九一七年一二月、ロシア革命をうけ、帰化朝鮮人の自治組織である各地の韓族会が基盤となり、全露韓族会中央総会が誕生した。さらに一九一九年二月二五日、全露韓族会中央総会が拡大・発展する形で、大韓国民議会が創設された。大韓国民議会は三一独立運動後、独自の独立宣言書を作成・公表し、その存在を内外にアピールした[8]。この大韓国民議会でしだいに頭角を現したのが、宣伝部の部長となった非帰化朝鮮人の李東輝である[9]（図5―4）。李はソヴィエト・ロシアの支援をうけつつ、韓人社会党を率い、沿海州や中国東北部で独立運動を展開した。日本の官憲文書は、大韓国民議会を「李東輝の後援会たるの観あり」とまで評していた[10]。

三一独立運動では、独立宣言書に署名した民族代表三三人のうち、三月一日に泰和館で宣言書を朗読した二九人がすぐに自首し、警察に逮捕された。その後、京城で秘密裏に臨時政府設立の会合がおこなわれた。臨時政府の正統性を確保するためには、広く承認をえる必要がある。そうした見地から、朝鮮の行政区画である一三道、および各団体の代表者からなる会議の開催が企画された。

代表者会議の開催日は四月二日、集合場所が仁川の西公園（現在の自由公園）となった。当日、西公園に集まったのは二〇人前後[11]。天道教やキリスト教、儒林の代表者は大部分が参集したものの、一三道の代表者はほとんど来なかったという。彼らは近くの中華料理店に移動し、近いうちに国民大会を開き、臨時政府を樹立することで合意した。なお、臨時政府の名称となった漢城政府の「漢城」は、韓国併合で京城と改称される前の地名である。

この国民大会について、警察が押収した「国民大会趣意書」と「宣布文」という文書がある[12]。国民大会趣意書では、一三道代表者の名のもと、国家的独立が宣言されていた。宣布文は、臨時政府の組織とパリ講和会議への代表派遣をうたうとともに、制定した約法、すなわち暫定的な憲法を載せていた。ただ、国民大会が実際に開かれた確たる証拠はない[13]。警察の目がきびしい三一独立運動後の京城では、印刷物の作成・配布が精一杯の活動であっただろう。

上海・大韓民国臨時政府設立の中心的役割を担ったのは、新韓青年党である。新韓青年党を率いた呂運亨（図5―5）が、ウィルソン大統領の特使として上海に来たチャールズ・クレインに独立請願書を手渡したり、金奎植を講和会議の朝鮮人代表としてパリに派遣したりしたことは、第四章で述べた通りである。

図５－５　呂運亨（『夢陽　呂運亨』）

呂はまた、自ら間島（今日の中国・延辺朝鮮族自治州）や沿海州の独立運動家たちを訪問し、臨時政府を設立するために、上海に集まるよう要請した(14)。第一次世界大戦後の上海には、こうした中国東北部・ロシアをはじめ、日本内地や朝鮮半島、アメリカから独立運動家らが集まってきた。

当時の上海は、行政的に大きく、アメリカ・イギリス・日本が共同管理する共同租界とフランス租界、中国政府の統治がおよぶ華界の三区域からなっていた。この三区域は、とくに支障なく行き来が可能であった。日本が警察権を有するのは、共同租界だけであり、それも限られていた。金元鳳をはじめ、上海に潜伏した義烈団員らの足取りをなかなかつかめなかったのも、こうした事情が大きい。

また、第三章で述べたように、日本人としての身分であれば、日中両国の相互主義でパスポートの携帯が義務づけられておらず、比較的自由に上海へ上陸することができた。中国に帰化した朝鮮人であればなおさらである。東アジアきっての国際都市であり、情報の収集・発信や送金、出版印刷などの業務に適していた。武器の製造・購入も、ほかの地域と比べて容易であった。上海在住の朝鮮人は、一九一九年以前は一～三〇〇人ほどであった(15)。それが三一独立運動後に一変し、その年の冬には一〇〇〇人前後へとふくれあがったという。地理的にも近い上海は、朝鮮人独立運動家にとって格好の活動拠点であった。

新韓青年党はフランス租界に事務所をかまえ、上海に馳せ参じた同志らと臨時政府設立の準備を進めた。こうして四月一〇日夜、呂運亨ら二九人が集まり、臨時議政院第一次議会を開いた。議政院は臨時政府の立法機関である。議会は夜通しでおこなわれ、未明に大韓民国臨時政府の設立が正式に決議された。この四月一一日が今日、大韓民国臨時政府の樹立記念日となっている。

苦難の船出

議政院第一次議会では、一〇カ条からなる大韓民国臨時憲章が制定され、立法府である臨時議政院と行政府の国務院が置かれることとなった。国務院は国務総理を首班とし、内務・外務・法務・財務・軍務・交通の六部の長である総長（大臣）および次長、さらに各長配下の委員から構成された。議会の結果、選出された国務総理と各総長の顔ぶれは、つぎの通りである。

国務総理　李承晩
内務総長　安昌浩
外務総長　金奎植
法務総長　李始栄《イ・シヨン》
財務総長　崔在亨《チェ・ジェヒョン》
軍務総長　李東輝
交通総長　文昌範《ムン・チャンボム》

このうち、第一回議会に参加していたのは李始栄（一八六九―一九五三）のみである。李承晩と安昌浩はアメリカに在住した。金奎植の身は派遣されたパリにあった。李東輝と文昌範（一八七〇―一九三四）は大韓国民議会の中心人物である。彼らは上海に不在のまま、選出されたのであった。

これら閣僚・委員の選出はスムーズにいかず、喧々諤々《けんけんがくがく》の議論が交わされた。とくに、意見が対立したのが、国務総理である。議会出席者の一人である呂運亨の実弟・呂運弘《ヨ・ウンホン》（一八九一—一九七三）は、国務総理をめぐる紛糾の様子について、のちにこうふりかえっていた。

> 非公式の討議において、政府を組織するならば、誰を首班にするかという問題が提起された。よく覚えていないが、孫貞道もしくは玄楯は、李承晩が適任者であると話した。すると、申采浩が席からぱっとたち、きわめて不当であると大声を出した。
> 「李承晩は李完用より、もっとひどい逆賊である。李完用は存在した国を売り渡したが、李承晩の野郎はまだ我が国をとりもどす前に、売り渡そうとする野郎である」と、憤然と話した。これに対し、「そうした事実をよく調べる前に、そんなに断定はできないのでは？」と、横で誰かが話すと、申采浩は大声で怒鳴り散らし、
> 「おまえのような汚れた野郎たちとは、席をともにできない！」と、席を蹴り飛ばし、たちあがった。(16)

孫貞道《ソン・ジョンド》と玄楯《ヒョン・スン》は、漢城政府設立に関わった後、上海へと渡った。漢城政府の案では、内閣の長たる「執政官総裁」に李承晩が挙げられていた。(17)彼らは議政院議会でも、首長として李を推したのである。

これに対し、李承晩を韓国併合に関与した李完用以上の売国奴であるとして強く反発したのが、申采浩であった。第四章でふれたように、申は軍事統一籌備会が一九二一年五月、李承晩につきつけた「聲討

文」の起草者である。李承晩を拒絶し、排斥しようとする向きは、大韓民国臨時政府創設時よりみられた。

なぜ、李承晩はこれほど嫌われたのか。官憲が押収した議政院議事録では、「申采浩が李承晩は前に委任統治及《およ》び自治問題を提唱したる者なるを以《もっ》て、国務総理として信任する能《あた》はず」と語ったと記されている。[18] やはり、その大きな理由の一つは、まず国際連盟による朝鮮の委任統治領化をめざすべしとする李の「外交独立論」への拒否感にあった。

李承晩（図5—6）は一九一〇年、留学先のプリンストン大学で博士号を取得した。アメリカの大学で博士となった最初の朝鮮人である。李が専攻したのは国際法。博士論文のタイトルは「アメリカの影響による中立（*Neutrality as influenced by the United States*）」で、アメリカの中立主義を歴史的に考察したものであった。李に学位を授与したプリンストン大学の学長は、ウッドロウ・ウィルソンにほかならない。ウィルソンは李のことを、「未来の韓国独立の救世主（the future redeemer of Korean independence）」と称えたという。[19]

図5-6　李承晩（『写真で見る大韓民国臨時政府』）

李承晩はプリンストン大学卒業後、日本の植民地となった朝鮮半島に戻った。鍾路の基督教青年会で働くも、ふたたび機会をえてアメリカへと渡った。そして、ハワイに拠点をおき、現地朝鮮人の教育にたずさわりつつ、安昌浩らとともに独立運動に従事した。

一九一八年一月、アメリカ大統領となったウィルソンは、第一次世界大戦の講和に向け、「民族自決」をもりこんだ一四カ条の平和原則を公表した。一一月に第一次世界大戦が終結し、パリ講和会議が開かれることになると、李承晩は朝鮮問題がとりあげられる絶好の機会と大きな期待をいだいた。アメリカを拠点とした朝鮮人団体である大韓人国民会は、講和会議に派遣する代表として、李と鄭翰景《チョン・ハンギョン》、閔賛鎬《ミン・チャンホ》を指名した。[20] 李はハワイからアメリカ本土へと移動し、パリ行のビザを申請するとともに、ウィルソンとの面談を企てた。しかし、ビザは発給されず、面談もかなわなかった。

さらに、李承晩は鄭翰景との連名で、ウィルソンに請願書を送った。請願書は、日本の支配から脱するために、朝鮮半島を国際連盟の委任統治下に置くことを求めていた。[21] これも徒労に終わったが、ウィルソンの愛弟子とされる李の名は、広く朝鮮人社会へと知れわたった。漢城政府が李承晩を執政官総裁としたほか、大韓国民議会の案でも李が国務総理に挙げられた。ほかの臨時政府案も、一様に李を閣僚に指名している。[22] 大韓民国臨時政府における国務総理選出も、その流れであった。他方で、武力闘争による即時独立を目指す陣営からは、李が外国におもねる逆賊であるとして強い拒絶反応が示されたのである。

国務総理となった李承晩は、上海に赴任せず、アメリカで活動をつづけた。そのため、議政院は四月三〇日、議長をつとめた李東寧《イ・ドンニョン》（一八六九―一九四〇）を国務総理代理に任命した。しかし、李東寧はその任にたえないとして、五月九日に代理職を辞任した。官憲文書によれば、周囲に「上海仮政府は口舌《こうぜつ》の士多く、到底目的を達すること能《あた》はざるべし」と嘆息したという。[23] その翌日には、上海にいた唯一の閣僚である李始栄が、青年らの排斥をうけて法務総長の辞任を申し出た。

このように、上海の大韓民国臨時政府は打ち立てられたものの、実体をともなったとはいいがたい状態にあった。当初より人事や外交路線をめぐり、ゴタゴタがつづいた。一九二〇年はじめに京城から上海へと亡命した鄭靖和《チョン・ジョンファ》（一九〇〇―一九九一）は、臨時政府の様子についてこう回想していた。

上海に来る前は、国内では三・一運動の気運に力をえて、上海の臨時政府にかける期待が大きかった。すぐにでも何か画期的なことが起きるような雰囲気だった。だが、いざ上海に来て直接見聞きして知るようになった臨時政府は、不幸にもそのような力を持てずにいた。政治的な動きについてはくわしく知るところがないため、あれこれ言うことはできないが、少なくとも臨時政府の要人たちがそれぞれに生活に追われているさまは、それだけでもお話にならぬものだった。(24)

臨時政府の要人ですら、その日の暮らしに窮していた。鄭靖和は臨時政府の顧問役をつとめた金《キム・》嘉鎮《ガジン》（一八四六—一九二二）の義娘である。夫の金《キム・》毅漢《ウィハン》（一九〇〇—一九六四）も臨時政府に加わった。のちに鄭は、臨時政府の資金を調達するために、たびたび朝鮮半島へと潜行することとなった。日本における朝鮮人独立運動研究の第一人者である山辺健太郎も、創設まもない臨時政府をつぎのように断じていた。

寄合所帯の臨時政府はまたたえず仲間われをくりかえした。たとえば、四月十一日には、国務院秘書長の趙蘇昴《ママ》、内務次長の申翼熙、軍務次長の曺成煥、法務次長の南亨祐、財務次長の李春塾がやめ、同時に委員制を採用し、国務、内務、財務、法務、軍務、交通の各部に四八名の委員を任命している。紙上の政府で実際の国務なんかあるはずないのに、こんな多数の人を政府委員にするのは、ルンペン救済のためであった。…三・一運動のなかからうまれた朝鮮の民族革命の出発が、上海臨時政府の崩壊の日からはじまっていることは、現在の朝鮮の運命を暗示している。(25)

選任された各部の次長はつぎつぎと辞めていった。一方、食《く》い扶持《ぶち》をえようと、ポストをめぐる猟官的な動きがあった。戦後における朝鮮南北分断の端緒が、すでに臨時政府誕生時に見られたと手きびしい。三一独立運動をうけ、上海に樹立された大韓民国臨時政府。大韓民国臨時憲章・閣僚名簿とともに発布した「宣誓文」では、一致団結して独立をかちとることがうたわれていた。しかし、臨時政府自体は波乱含みの不安な船出であった。

大韓民国臨時政府への統合と分裂

各地から独立運動家たちが上海に集まり、臨時政府樹立についての謀議をしているらしい。日本政府は三一独立運動直後より、その動きを察知し、警戒にあたった。朝鮮総督府は四月一五日、三一運動を捜査する名目で警官三人を上海に派遣した[26]。そのうちの一人が、当時警視の黄鈺である。そう、義烈団の第二次暗殺・破壊計画に関わった黄鈺にほかならない。

こうした日本政府が配した密偵により、大韓民国臨時政府の動向が把握され、関係者が逮捕されたり、計画・施策がつぶされたりした。臨時政府内では、誰が情報をリークしているのかと互いに疑心暗鬼になった。五月九日には、黄鈺との関係を疑われ、議政院議員の李命教《イ・ミョンギョ》が辞職するにいたった[27]。ただでさえ、足元のおぼつかなかった臨時政府は、さらに混乱をきたした。

そうした中、内務総長に選出された安昌浩（図5―7）が五月二五日、アメリカから上海へと到着した。安は大韓人国民会の中央総会長であり、二万五〇〇〇ドルの資金をたずさえていた。李承晩のような学識や英語能力こそないものの、アメリカにおける独立運動のリーダー的存在であった。安の上海赴任は、大韓民国臨時政府が曲がりなりにも行政をとりおこなう端緒となった。

六月二五日、内務総長に就任するに先だち、安昌浩の演説がおこなわれた。安は演説で、議論の的となっていた国務総理の李承晩を擁護した(28)。大韓人国民会は李をパリ講和会議代表に選出したものの、渡航ビザが下りなかったこと。その後、委任統治の請願書をアメリカの講和会議代表団に送ろうとしたが、実現しなかったこと。安はそうした事情を説明した上で、三一独立運動後には完全な独立をめざして活動しているとし、李をひきつづき支持することをうったえた。

安昌浩が内務総長へ正式に就任した六月二八日、パリでは連合国とドイツの間で、ヴェルサイユ講和条約が調印された。新韓青年党が派遣した金奎植は、三月一三日にパリへ到着して以来、アメリカをはじめとする各国代表団に対し、さまざまなロビー活動を展開した。大韓民国臨時政府誕生後は、その外務総長および全権大使に任じられた。しかし、金の努力もむなしく、講和会議で朝鮮問題がとりあげられることはなかった。

図５－７　ソウル・安昌浩記念館前の安昌浩像（筆者撮影）

大韓民国臨時政府誕生前、金奎植が講和会議に送った書簡では、朝鮮独立を実現するにあたり、一定の試験期間、国際的監督に委ねることが求められていた(29)。これは、批判を浴びた李承晩の外交独立論と何ら変わらない。金は李のパリ行ビザが発給されるよう、アメリカの要人に働きかけた。李も金が講和会議で発言する機会をえられるよう要望する書簡を、ウィルソンやフランスのジョルジュ・クレマンソー首相に送った。臨時政府の母体となった新韓青年党は、もともと李の立場に近かったといえよう。

他方、李承晩は六月一四日、「大韓民国大統領（President of the Republic of Korea）」の名義で、四月二三日に京城で開かれた国民大会により、新たな民主政府が誕生し、自らが大統領に選出されたことを伝える書簡を、アメリカ・イギリス・フランス・イタリア・中国の首脳にそれぞれ送った(30)。この新政府とは、すなわち漢城政府のことにほかならない。李は書簡を送る直前、漢城政府に関する情報をうけとっていた。漢城政府案で任ぜられた「執政官総裁」を、「大統領」によみかえたわけである(31)。七月四日には、同胞に向けても「大韓民主国臨時大統領宣言書」を発表し、漢城政府の「大統領」に選出されたことを伝えた。

さきに指摘したように、実際に京城で国民大会が開催されたのかは不明である。仮に開かれたとしても、ごく形式的なものにすぎなかったであろう。アメリカで活動する李承晩としては、「国務総理」でなく「大統領」を名乗りたかった。その拠りどころを漢城政府に見出したのである。李は一九四八年八月に大韓民国初代大統領となった際も、大韓民国が漢城政府を継承したものであると説いていた。

この李承晩による大統領の名称使用に頭を悩ませたのが、安昌浩である。安は六月二五日の演説で、臨時政府が確固たる地位を確保するために、政府の統合をはかる必要性を説いた。しかし、李が突然、どの臨時政府案にもない大統領職を名乗りだした。安は李に、政府統合の障害となるため、大統領としての行動を止めるように求めた(32)。これに対し、李はすでに大統領名義で各国に国書を送った以上、その名称を変更すれば独立運動に支障が出るとし、聞く耳を持たなかった。

結局、安昌浩が折れる形で、大統領制をうけいれるとともに、漢城政府を中心とした統合がはかられた。統合臨時政府の所在地は上海とし、名称も大韓民国臨時政府とする。安は議政院で議員らにその旨を説明し、説得につとめた。また、ウラジオストクの大韓国民議会とも連絡をとり、統合政府に合流し、代表を上海に送ることを求めた。大韓国民議会はこの提案をうけいれた。

こうして九月一一日、議政院が決議した新たな大韓民国臨時政府の「大韓民国臨時憲法」が公布された。全五八条からなる大韓民国臨時憲法は、第六条で「大韓民国の主権行使は、憲法の範囲内で臨時大統領に委任する」と、大統領の存在を明記していた。[33]大統領以下、新生臨時政府の顔ぶれは、つぎの通りである。

大統領　　李承晩
国務総理　李東輝
内務総長　李東寧
外務総長　朴容萬
法務総長　申圭植
財務総長　李始栄
軍務総長　盧伯麟《ノ・ベンニン》
交通総長　文昌範
学務総長　金奎植
労働局総弁　安昌浩

これは、漢城政府の宣布文で示された「臨時政府閣員」とほぼ一致する。大統領職を新たに設ける一方、国務総理はひきつづき存続することとなった。

晴れて大統領となった李承晩は、上海に赴く意思がなく、アメリカにとどまった。国務総理の李東輝は九月一八日、上海へと到着した。右に挙げた人物のうち、九月時点で上海にいたのは、安昌浩と李東輝の

図5－8　上海に来た李承晩大統領の歓迎会。中央で花輪をかけているのが李承晩。その右が安昌浩、左が李東輝（『写真で見る大韓民国臨時政府』）

二人にすぎなかった。

　その李東輝も上海到着後、李承晩の委任統治請願を知り、国務総理への就任を保留した。さきにふれたように、李東輝はソヴィエト・ロシアの支援をうけ、韓人社会党を組織した人物である。中国・ロシア極東地域を根拠に、武力闘争による独立実現をめざしていた。もともと、アメリカを頼りとした外交的独立にとりくんだ李承晩と、ロシアの傘下で暴力革命による独立を志した李東輝では、まったく反りが合わず水と油であった。

　上海に来て一ヶ月あまり経ち、李東輝はひとまず国務総理に就任した[34]。第四章で述べたように、李は一九一九年末、韓馨権をモスクワへ派遣した。韓はモスクワでレーニンと会い、独立運動資金を受領した。李はこのいわゆるレーニン資金を、臨時政府でなく韓人社会党の活動費に費やした。一時期外務総長も兼務する立場にありながら、もっぱら自己派閥の拡大にいそしんでいた。

　一九二〇年一二月、議政院から再三の要請をうけた李承晩が、ついに上海へと赴任してきた（図5―8）。上海に到着した李が目にしたのは、内閣が分裂し、各地に別団体をかまえ、協力しあう気もない臨時政府の姿であった[35]。対面したところで、李承晩と李東輝の間の溝は埋まるべくもなかった。李東輝は一九二一年一月末、国務総理を辞任した。そして、五月に韓人社会党を改組する形で、上海派と呼ばれる高麗共産党をたちあげた。李承晩と李東輝の意思疎通に腐心した安昌浩も、ほどなく労働局総弁の座を降りた。こうして統合臨時政府の一角は、もろくも崩れ落ちてしまった。

李承晩と安昌浩の苦悩

上海へ到着早々、李東輝の国務総理辞任と出鼻をくじかれた大統領の李承晩。彼によれば、後任の国務総理代理として、安昌浩と李東寧に白羽の矢をたてたという[36]。しかし、二人からは色好い返事はえられなかった。李承晩は赴任前より、李東輝が自らに敵意をいだいていることを、通信員などを通じてよく把握していた。しかし、上海における李承晩のふるまいを見るに、その具体的な打開策をねっていたとはいいがたい。

二月二八日、議政院の第八次開院式で李承晩の教書演説がおこなわれた。李は演説で、独立実現の鍵が武力にあるとし、その準備をする必要性を主張した[37]。具体的には、国内外における民兵制度の採用であり、一般の人々が仕事のかたわら、余暇に軍事訓練をおこなう。そして、時機が来たら正式に宣戦し、決戦へとのぞむ。これは、武力闘争による独立をかかげる武断派議員に配慮した主張であろう。

その一方で、李承晩は我が国の独立運動が「正義人道」に則ってこそ、「強暴無道」な敵を征伐できると指摘した。それゆえ、個人や団体が敵国人民に対し、「非人道的行為」に出ることに注意しなければならない。この演説の数ヶ月前にあたる一九二〇年八月と一二月に、義烈団が釜山警察署爆弾事件、および密陽警察署爆弾事件を起こしたことは、第四章で論じた通りである。また、間島では一〇月、日本軍と独立軍が衝突する青山里戦闘が勃発していた。李の指摘は、こうしたテロ行為や拙速な武力闘争におよぶことを、暗にいましめたものといえよう。

この教書演説に示された李承晩の施政方針は、以前の委任統治請願と相まって、やはり武断派からはげしい突き上げをくらった。その急先鋒となったのが、第四章でとりあげた軍事統一促成会である。軍事統一促成会の中心人物である申采浩、申肅、李会栄、朴容萬は、いずれも大韓民国臨時政府に関わりながら、反李承晩の旗幟《きし》を鮮明にしていた。

軍事統一促成会は四月一七日、各団体の代表を招集した軍事統一籌備会を北京郊外で開催した。この軍事統一籌備会は、申采浩の筆になる李承晩への「聲討文」を公表した。聲討文では、かつて申が議政院第一次議会で非難したように、アメリカに朝鮮の委任統治を請願する李承晩が、李完用と変わらない国賊であるとし、李ならびに閣僚の引責辞任が要求されていた。

さらに五月になると、聲討文に署名した義烈団の金元鳳ら荒くれ者が上海まで乗り込み、李承晩が辞任に応じなければ、命を奪おうとする事態にまで発展した。身に危険を感じた李は五月下旬、ひそかに上海を離れ、アメリカへと向かった[38]。その後、李がふたたび上海の地を踏むことはなかった。

上海を離れる前、李承晩は盧伯麟や金奎植らから事態を収拾するために、大統領の辞任を勧告されていた[39]。李もいったんはその勧告に応じた。しかし、李は翻意し、大統領の身分のままで上海を立ち去った。その後、李はくり返し、大統領を辞めるようにせまられた。これに対し、李は頑として首を縦にふらなかった。大韓民国臨時憲法には、大統領の任期や罷免に関する規定が明確に記載されていなかった。李が大統領職を剝奪されたのは、四年近く経った一九二五年三月のことであった。

李承晩は上海を離れるにあたり、臨時政府の閣員を一新した。李東輝と安昌浩の後任として、法務総長の申圭植に国務総理代理、財務総長の李始栄に労働局総弁をそれぞれ兼任させた(40)。申圭植が忠清道の清原郡(現在の韓国忠清北道清州市)、李始栄は京畿道の京城の出身である。そのほかの総長も、多くを朝鮮半島中西部の京畿道と忠清道にゆかりを持つ畿湖《キホ》派でかためた。なお、李東輝の生まれは咸鏡道端川郡(現在の北朝鮮咸鏡北道端川市)、安昌浩は平安道の江西郡(現在の北朝鮮平安南道南浦市)と、朝鮮半島北部である。臨時政府内においては、独立方針をめぐる文治派と武断派の争いに加え、こうした地域的な対立もみられた。

この時期、臨時政府は財政的な窮乏にも苦しんでいた。たとえば、一九二一年八月一日付の官憲文書は、その状況をつぎのように伝えている。

人心の荒廃其《そ》の極に達し、相結束して金立の保管せる共産党宣伝費を強奪せんと企て、或《あるい》は不逞幹部連にして僅《わずか》に五円の支払に窮し、不渡手形を発行し、更に甚しきに至りては、窮余実子を支那人家宅内に遺棄する等、其惨状名状すべからざるものあり。中には一日一食に減食し、或は支那餅を食して辛ふじて生活し居る者あり。之《これ》が為《た》め、多数の者は帰郷を希望し居るも、既に犯せる罪悪の苛責を受け、躊躇煩悶《ちゅうちょはんもん》し居れりと云《い》ふ(41)。

金立が保管する「共産党宣伝費」とは、第四章で言及したレーニンからうけとった独立運動資金、いわゆるレーニン資金のことである。レーニン資金を強奪されることはなかったものの、金立はその資金をめぐるトラブルで、一九二二年二月に臨時政府警務局長・金九の配下に殺されてしまった。

給料が満足に支払われない政府関係者からすれば、生き延びてゆくために、背に腹は代えられない。金立に限らず、まとまった資金を有する者は、うかうかと枕を高くして寝られなかった。李承晩も教書演説で、政府の名を語り、富豪を威嚇して金銭を出させようとする弊習を批判した。また、右の引用文が示唆するように、日本政府に帰順し、故郷へ戻ろうとする者も少なくなかったようだ。

李承晩にとって約半年間の上海滞在は、ほろ苦い経験であっただろう。ハワイへと戻った李は、それにめげることなく独立運動をつづけた。李がつぎに力を注いだのが、ワシントン会議への臨時政府代表参加であった。

ワシントン会議は、ウィルソンの後をうけてアメリカ大統領となったウォレン・ハーディング（一八六五―一九二三）が一九二一年七月、日本・イギリス・フランス・イタリアに対し、軍備制限、ならびにそれに関連する太平洋・極東問題を討議する会議の開催を提案したことに始まる。ここでいう極東問題とは、パリ講和会議で未解決に終わった山東問題など、日本と中国の間における懸案事項がおもに想定されていた。一一月一二日より始まったワシントン会議には、日・英・米・仏・伊の海軍五大国のほか、中国、オランダ、ベルギー、ポルトガルの計九カ国が参加した。

ワシントン会議開催のニュースをうけた李承晩は八月、朝鮮独立が極東問題としてとりあげられる好機ととらえ、ワシントンへと赴いた。臨時政府議政院は翌月、これを追認する形で李を代表、欧米委員部委員長の除載弼を副代表とする派遣団を選任した。(42)上海でも、代表参加を後押しする「外交研究会」や「外交後援会」が、臨時政府関係者により組織されるなど、ワシントン会議に対する期待が高まっていった。(43)

ワシントン会議開会直前、李承晩はワシントン会議への参加を求める請願書を、各国委員ならびに大使へ送った。(44)しかし、期待するような反応はなく、徒労に終わった。ワシントン会議が半ばを過ぎた一九二二年一月一日、李はあらためて臨時政府代表委員を列席させるよう請願書を会議事務局に提出した。この二度目の請願書は、一度目と比べると、朝鮮の事情をくわしく記した長文のものになっており、宗教や結社、朝鮮一三道の代表者ら三〇〇人以上の署名が付されていた。ただ、これもやはり、受領されずに返却されてしまった(45)。結局、臨時政府代表の出席はかなわず、朝鮮問題が議題とならないまま、ワシントン会議は二月六日に閉幕した。

李承晩らがアメリカ本土に渡航し、ロビー活動を展開するにあたっては、当然ながらそれにともなう経費が生じた。これは、臨時政府の予算だけでまかないきれない額であった(46)。臨時政府はワシントン会議の意義を強調し、寄付金を募った。さきに述べたように、ワシントン会議への期待は大きく、相当の寄付が集まった。

それが独立云々《うんぬん》どころか、ワシントン会議への参加もできなかったとなると、臨時政府は立つ瀬がない。とくに、上海の臨時政府閣員たちへの風当たりは強かったであろう。二月下旬、国務総理兼法務総長の申圭植をはじめ、財務総長兼労働局総弁の李始栄、内務総理の李東寧ら畿湖派の人士がこぞって辞職した(47)。その後、李承晩は後任をおくことができず、臨時政府は事実上、無政府状態となった。

バラバラとなってしまった臨時政府をどう立て直してゆくか。ワシントン会議後、この困難な課題にとりくんだのが、安昌浩であった。安は労働局総弁を辞任して以来、民意の統一をはかろうと、国民代表会議の開催を主唱した(48)。臨時政府側は、その必要がないと抵抗した。それから、ワシントン会議への代表派遣がもちあがると、安はこれを後押しするために、いったん国民代表会議に関する活動を自粛した。

ワシントン会議が成果なく終わると、安昌浩はあらためて国民代表会議開催を画策した。ただ、国民代表というからには、選出方法はともかく、朝鮮一三道のみならず、朝鮮人コミュニティのある世界各地から招集しなければならない。そうした諸経費が、会議開催の大きなネックとなった(49)。

この財源確保の問題を解決したのが、さきにふれたレーニン資金であった。韓馨権が保管していたレーニン資金二六万元のうち、四万六七〇〇元が義烈団に支給されたことは、第四章で指摘した通りである。韓は国民代表会議開催に対しても、レーニン資金から六万四九七五元を提供した(50)。レーニン資金の使途については、ソヴィエト・ロシアがチェックしており、その意向が働いていたのはいうまでもない(51)。ともあれ、これにより国民代表会議開催が可能となった。

一九二三年一月三日、六二人の代表が参加し、国民代表会議が上海フランス租界の三一堂で開会した。国民代表会議は五月一五日まで計六三回おこなわれ、合わせて一三〇人前後の参加者があった(52)。朝鮮人独立運動史上、最大規模の会議とされている。

第一回会議では、大韓人国民会代表として参加した安昌浩が臨時議長に選出された(53)。すると一月九日の第二回会議で、安には国民代表会議へ参加する資格がないとする声が挙がった。李承晩と鄭翰景が委任統治請願をおこなった際、安が大韓人国民会の中央総会長であったというのが、その理由である。これをうけ、安は翌日、議長を辞退するとともに、会議出席をとりやめた。実質的な主催者たる安が不在の異常事態である。その後、解決がはかられ、安は副議長として会議に復帰することとなった。安としては、出鼻をくじかれ、暗澹《あんたん》たる思いであっただろう。

実際、国民代表会議は安昌浩が望んだように、統合へと進まなかった。現臨時政府を前提に、統一戦線をおこなえるよう「改造」してゆくべきだと考える改造派と、臨時政府を完全につぶし、一から新しい政府を「創造」することをめざす創造派の間で、意見がはげしく対立した。安は改造派であり、創造派を主導したのが、高麗共産党員の尹海《ユン・ヘ》や元世勲《ウォン・セフン》であった。創造派は、臨時政府をロシア領に移すことを目論んでいた。この両派に加え、臨時政府は現状のままでよいとする維持派も存在した(54)。代表会議で議論を重ねても、溝は広がるばかりであった。結局、五月一五日の会議で改造派が総退場する事態となり、完全に決裂してしまった[55]。

国民代表会議はその開催意図と裏腹に、独立運動の一体感のなさを浮き彫りとする結果となった。この国民代表会議もあってか、臨時政府は財政的にますます窮迫した。一九二三年八月には、臨時政府事務所の家賃支払いが滞り、李始栄と李東寧の家族が住む家屋へと移転せざるをえなくなった[56]。こうして臨時政府が苦境にあった最中に起こったのが、関東大震災であった。

『独立新聞』の関東大震災報道

第二章で述べたように、関東大震災の第一報が上海に伝わったのは、九月二日のロイター電である。関東へと通ずる東海道線や電信が不通となっていることを報じる一方、震源地がどこかもはっきり分からない状況であった。九月三日以降になると、東京や横浜が激震をうけ、甚大な被害をこうむっていることが明らかとなり、『申報』や『民国日報』『新聞報』『時報』『字林西報（*North China Daily News*）』『大陸報（*The China Press*）』など、上海の新聞がこぞって紙面を割いて、大きくとりあげるようになった。また、三・四日の紙面には、早くも「赤羽その他の火薬庫が韓人により爆破された」「東京にいた朝鮮人約二〇〇人が、武器を携帯して八王子に集まり、不穏な形成となりつつある」といった朝鮮人にまつわる流言が確認できる[57]。

上海在住の朝鮮人も、これら中国語や英語の現地新聞、あるいは日本内地にいる同志との通信などを通じ、朝鮮人が暴動を起こしているという流言に接したであろう。大韓民国臨時政府の機関紙的役割をはたした『独立新聞』は、九月四日付でつぎのような号外を出していた（図5―9）。

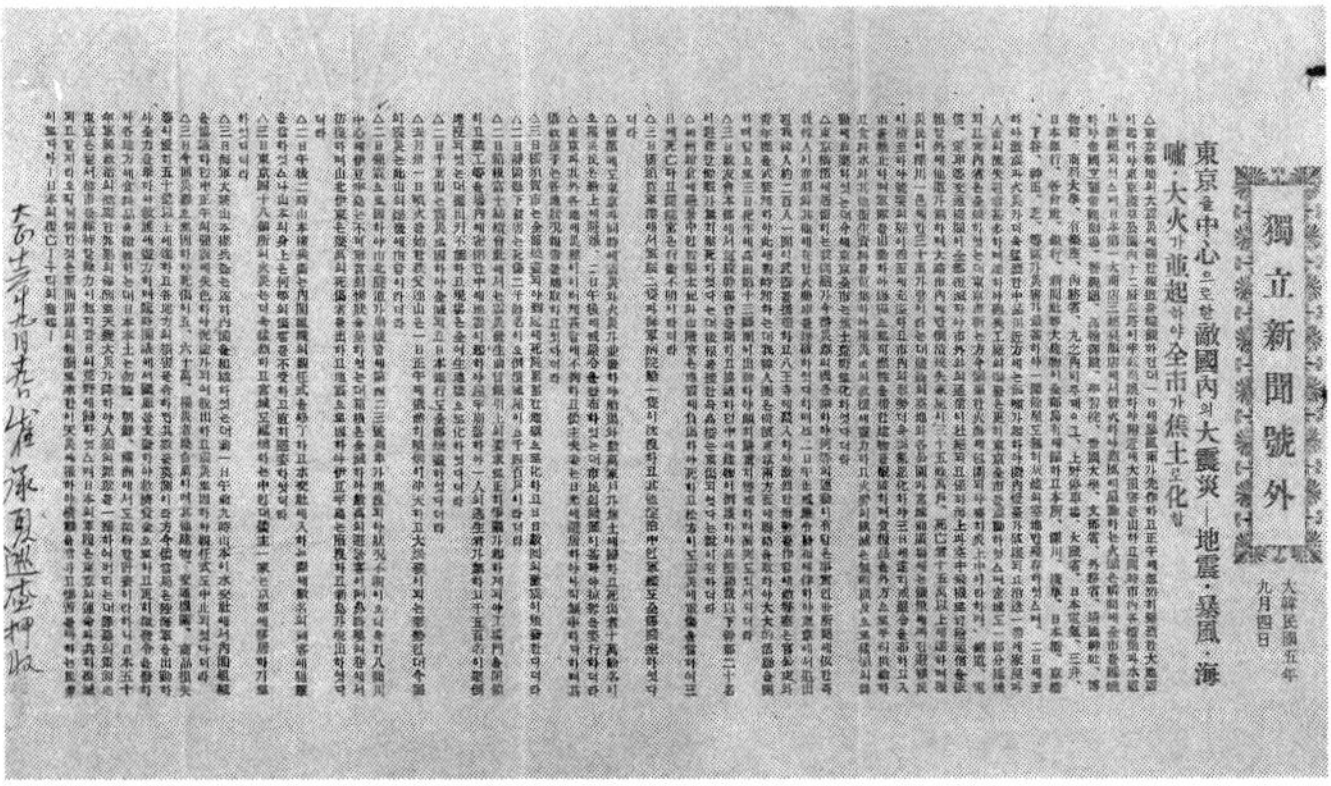
獨立新聞號外

大韓民國五年
九月四日

東京을中心으로한敵國內의大震災—地震・暴風・海嘯・大火가並起하야全市가焦土로化함

図５－９　『独立新聞号外』1923年９月４日（外務省外交史料館蔵）

東京・横浜に居留している我が同胞が、このたびの災難の機会に乗じて、何らかの動きがあったのは事実であるとのこと。聞くところによれば、我が韓人が赤羽その他にある火薬庫を爆破した。また、二日正午の戒厳令の発令にともない、東京から追い出された我が韓人約二〇〇名の一団が、武器を携帯して八王子に集まり、激烈な形勢をとった。敵の警察は官公吏と青年団を武装させ、これに対峙した。我が韓人団は横浜と東京の両方面で連絡をとり、大々的な活動を開始しようとしている。これに対し、三日夜半に高田第一三師団が出動し、きわめて厳重に警戒している。衝突もあったようだ。…日本の五〇年にわたる軍閥政治のひどい罪悪の報いにより、天変大災が降りかかり、人類の罪悪を一掃してしまった。罪悪の策源地である東京はすでに都市を維持する余力がなく、昔日の荒野に帰してしまった。日本の軍閥は東京と運命をともにし、覆滅してしまうであろう。ただ、かわいそうなのは、軍閥の罪悪の報いで起こった天災をこうむって艱難にぶつかり、苦しみあえいでいる民衆である。——日本の滅亡——我々の奮起——[58]。

朝鮮人が火薬庫を爆破したり、八王子に武装して集まったりしたなど、日本から伝わった流言をそのまうけとめ、奮起をうながしているのが分かる。たしかに、関東大震災は独立実現のための絶好の機会であっただろう。しかし、臨時政府自身にはいうまでもなく、それを敢行するだけの組織も財力もなかった。

『独立新聞』(当初の題号は『独立』)は、一九一九年八月二一日に創刊された。新聞社の社屋は、臨時政府と同じくフランス租界に置かれた。初代社長兼編集長をつとめたのが、李光洙《イ・グァンス》(一八九二―一九五〇)である。李は、日本内地に留学した朝鮮人学生が二月八日に公表した「二・八独立宣言」の起草者として知られる。この二・八独立宣言公表後に上海へと渡り、安昌浩の依頼をうけて『独立新聞』の経営を担ったのであった。

『独立新聞』は当初、火・木・土曜日の週三回の発行をめざした。発行部数については諸説あり、正確な数字は分からないが、通常二〇〇〇部前後であったとされる(59)。そのうち、上海で五~六〇〇部を配布し、残りはアメリカや中国東北部、ロシア、朝鮮半島に送られた。情報収集や出版に適した上海で刷り、朝鮮人が居住するほかの地域へと配布したのである。

『独立新聞』の発行にあたり、経営陣の頭を悩ましたのが、臨時政府と同じく財政難と日本政府の干渉であった(60)。週三回の発行は、しばしば不規則となりながらも、一九二〇年五月一一日の第七五号までつづけられた。しかし、第七六号以降は火・土曜日の週二回発行となり、さらに六月二四日の第八六号発行後、約半年間の停刊を余儀なくされた。その背景には、購読料がほとんどえられず、寄付金に頼った苦しい台所事情と、日本政府の要請をうけたフランス租界の取り締まり強化があった。

一二月一八日に復刊した『独立新聞』は、原則的に土曜日発行の週間紙となった。この時期、李光洙が

『独立新聞』経営から手を引いた。その後、再度の停刊を経て一九二一年一〇月に社長へと就任したのが、金承学《キム・スンハク》(一八八一―一九六五)である。金は安昌浩と同じく平安道の出身で、韓国併合直後に中国東北部へとわたった古参の独立運動家であった。

金承学は『独立新聞』の宗旨として、「我々の最高機関である臨時政府を中心にして、分散した民心を一つにすること」をかかげた(61)。大韓民国臨時政府の機関紙としての位置づけを明確化したものといえよう。金の就任は、ちょうどワシントン会議への期待が高まった時期にあたる。ただ、金体制となった後も、きびしい経営状況は変わらなかった。とくに一九二三年四月以降、月一回の発行にとどまり、八月は停刊となっていた。

関東大震災の情報が伝わった当初、臨時政府も『独立新聞』の号外と同じように、朝鮮人に関する流言をうけ、その活動に期待した者もいたであろう。また、震災に同情を寄せ、義援金を集めようとする動きもみられた。しかし、その期待や同情はすぐに裏切られた。それどころか、反対に朝鮮人が被災地で日本人に襲われ、命を奪われているという情報が入ってきた。これをうけ、臨時政府は九月七日、緊急閣議を開き、対応を協議した。外交総長の趙素昻《チョ・ソアン》(一八八七―一九五八)は、山本権兵衛内閣総理大臣兼外務大臣に宛て、九月一〇日付でつぎのような漢文で記した抗議書を送った(図5―10)。

粛啓　天地は力を合わせ、日本に禍をもたらした。三都は炎につつまれ、焦土と化した。これを聞くに惻怛《そくだつ》の心にいたり、恩讐を越える。まさかこの時、人々が殺気だち、天災地変を韓人に転嫁するとは。いわく、放火したのは韓人である、爆弾を投擲したは韓人であると。兵を動かし、宣戦したのである。大敵にのぞむように、民軍をはげしく動かし、武器を貸与した。老・幼・学・工の分別なく、韓人であれば屠《ほふ》った。苦しい境遇にかまわず、韓人であれば戮《りく》した。九月一日から七日までの間、路上で乱殺された韓人は一日に五〇人、軍営に収容された者はすでに一万五〇〇〇人。国内外の記者が縷々《るる》、その実状を報じている。韓人を保護するためと釈明しているが、誰がこれを信じるであろうか。狂民が乱行におよんだと釈明しているが、誰がこれを宥《ゆる》すであろうか。弊政府はここにおいて、黙認するに忍びない。夫《そ》れ、敵と敵の戦いには、守るべき法がある。被災民を虐殺することは、非人の所為である。いわんや、この被災地の韓人は、おっとりした肉体で忙しく生活していた。戦うような力はなく、殺すような情もなかった。それなのに、彼らと戦い、殺したのである。これは蛮行の最たるものである。天から大きな警告をうけながら、禍を悔いる見込みもない。人に同情を求めながら、自ずから人と隔絶している。これは人・天と戦いを挑むものである。弊政府は日本人民のために痛哀する。それは韓人に対してよりも甚だしい。こいねがわくは、すみやかな救済措置を求める。その救済措置は、一刻の猶予も許さない。この書をうけてから五日以内に、つぎに示す諸事項について究明・処理し、弊政府の抗議に答えることを求める。

一、不法に強制収容した一万五〇〇

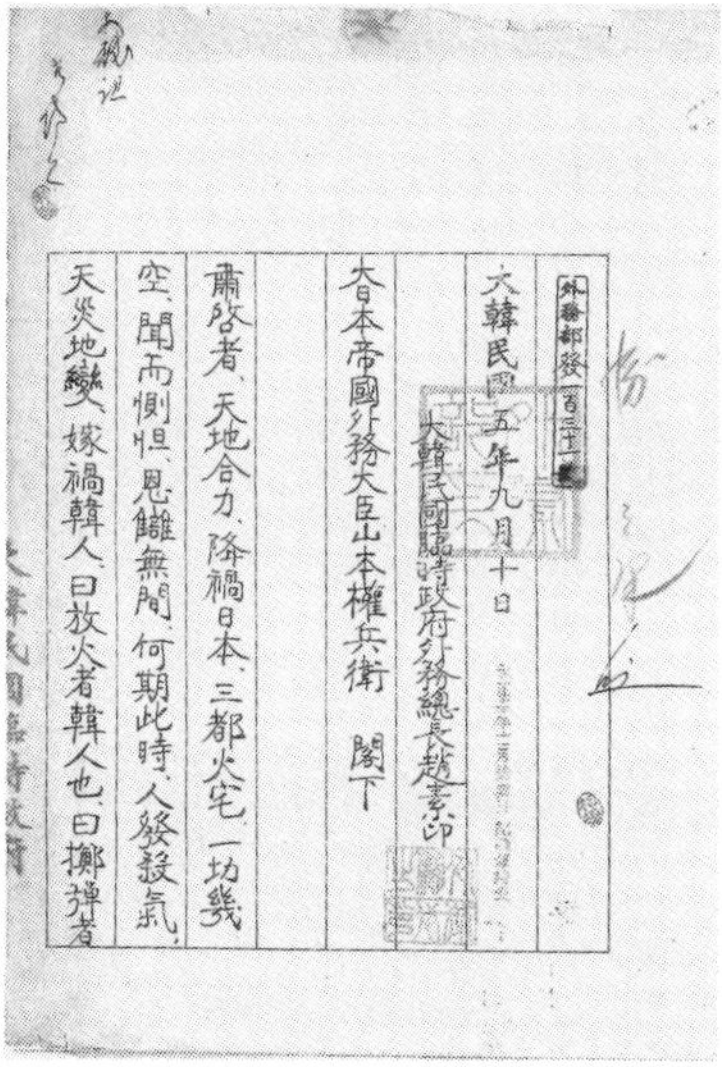
大韓民國五年九月十日
大韓民國臨時政府外務總長趙素昂
大日本帝國外務大臣山本權兵衛 閣下
肅啓者、天地合力、降禍日本、三都火宅、一切幾
空、聞而惻怛、思雖無間、何期此時、人發殺氣、
天災地變、嫁禍韓人、曰放火者韓人也、曰擲弾者

図5-10　趙素昂外交総長が山本権兵衛総理大臣兼外務大臣に宛てた抗議書（外務省外交史料館蔵）

〇の韓人を即時釈放すること。

二、被災地にいるすべての韓人の生死・姓名、年齢、住所について、切実に調査し、公布すること。

三、韓人を虐殺した乱徒を官民問わず、厳正に処罰すること。

被災した日本人民に哀悼の意を表した上で、朝鮮人への非道なふるまいを強く非難している。情報源は分からないが、ここでは九月一日の地震発生から一週間、一日に朝鮮人が五〇人殺されたとある。朝鮮人が強制収容された軍営というのは、第三章でとりあげた千葉県習志野の陸軍廠舎のことを指していよう。このいわゆる「支鮮人収容所」には、九月五日より東京付近の朝鮮人が収容されはじめた[62]。その収容人数は、九月一一日時点で三〇〇〇人あまりであり、抗議文の一万五〇〇〇人とはかなり開きがある。それはともかく、臨時政府は収容所に拘束された朝鮮人の釈放と被災した朝鮮人の安否調査、殺人犯の処罰を求めたのであった。

この日本政府へ送った抗議文は、九月一九日付の『独立新聞』に掲載された[63]。また、中国やロシアなど、外国のメディアでもその内容が報じられたようである。日本内地および朝鮮半島で、朝鮮人迫害に関する情報をきびしく統制した日本政府は、臨時政府の動きに神経をとがらせていた。

一〇月五日夜、朝鮮人約四〇人が三一堂に集まり、上海僑民大会を開いた[64]。大会では、被災した学生らから朝鮮人虐殺に関する報告を聞いた。その上で、(一)今後、その真状をさらにくわしく調査し、必要な計画を進めること、(二)内に同胞へ警醒の檄文を発し、外に列強へ日本の不道徳的蛮行を宣布すると同時に、助桀為虐(暴虐な桀を助けて人々を虐げること)と変わらない義援の供給を中止するよう要求すること、の二項を決議した。執行委員として金承学、呂運亨、李裕弼《イ・ユピル》、尹琦燮《ユン・ギソプ》、趙琬九《チョ・ウァング》、趙徳津《チョ・ドクジン》、趙尚燮《チョ・サンソプ》の七人が選任された。七人はいずれも臨時政府と関わりのある人物であった。

虐殺事件の調査と風化

九月四日付の号外を出した後、『独立新聞』は九、一〇、一一月と月刊のペースを保った。一二月は、五日と二六日の二回発行している。いずれの号も、関東大震災の虐殺事件について紙面を大きく割いていた。上海僑民大会の執行委員となった社長・金承学の意向が強く働いていたのはいうまでもない。

金承学体制のもとで手がけられた注目すべき試みとして、『独立新聞』中文（中国語）版の発行がある。金の社長就任前後、中国人と朝鮮人の互助をうたった中韓互助社という団体が、上海で結成された。金は中韓互助社の宣伝部長であった。[65] 独立運動を推し進めるにあたり、その実状を中国人に理解してもらい、相互の信頼をえる必要がある。そうした考えのもと、『独立新聞』中文版が一九二二年七月に創刊された。[66] この中文版の主筆には、朴殷植がむかえられた。朴はその二年前、漢文で『韓国独立運動之血史』を著した。『韓国独立運動之血史』は今日、大韓民国臨時政府にいたる独立運動の歴史を描いた古典的著作として知られる。朴は『香江雑誌』や『四民報』など、中国語雑誌・新聞に関わった経験もあり、うってつけの人物であったといえよう。

『独立新聞』中文版は、財政的に苦しい中にありながら、ハングル版よりも高い頻度で発行された。購読料はとらず、無料で中国各地の公的機関や各種団体へと配布された。中国人へのアピールを重視した表れであろう。関東大震災における殺傷事件や差別待遇をめぐっても、中文版は朝鮮人と中国人が連携して究明・抗議にあたることをうったえた。たとえば、一九二三年一一月一四日付の社説では、日本政府の対応がつぎのように批判されていた（図5—11）。

獨立新聞

論説

倭猶增加東拓之資金

震災時日政府虐殺韓僑之大陰謀發見

図５－11　『独立新聞』中文版1923年11月14日社説

その宣伝によれば、いわく韓人は爆弾を投擲して放火した、韓人は武器を持って略奪をした、韓人は婦女を強姦した、韓人はかの社会党と革命を共謀したなどの不法を犯したと。華人に対しては、いわく韓人と誤認して殴打・負傷させてしまったと。こうした種々の驚くべき聴聞。そもそも、爆弾は慌ただしい時に買えるものでない。韓人が慌てふためいていた際、たやすく爆弾を入手し、それを投げうてるであろうか。学生や労働者の身分で、あのきびしい取り締まりのもとに置かれ、寸鉄もたずさえていない。いわんや、たやすく持てる武器があろうか。まさに、死を逃れるのに必死でいとまのない中、どうして大胆に略奪をおこない、慾にかられて強姦するであろうか。こうした話は、まったく理から外れている。…華人についていえば、客桟に住んでいることがよく知られている。中国語を話し、中国服を着ているので、ひと目で分かる。それなのに韓人と誤認したなどという。また何をいわんや。さらに、その被害者は数百にのぼる。何を誤認してそんなに多くなるであろうか[67]。

朝鮮人の留学生や労働者が震災で混乱する最中、爆弾や武器を入手し、あまつさえそれらを用いて放火・略奪・強姦などできるわけがない。日本政府の弁明は、まったくの的外れだというわけである。

ここで注目したいのは、中国人が朝鮮人と間違われて襲われたとする説を真っ向から否定している点である。中国人は、朝鮮人とはっきりと見分けがつくので、何百もの人が誤認で被害をうけることはありえない。第三章で論じたように、朝鮮人と誤認されて襲われた中国人留学生は存在した。しかし、辮髪《べんぱつ》を垂らしたり、伝統的な中国服を着たりしていた多くの中国人労働者が、総じて朝鮮人と識別できなかったとは考えがたい。右の社説は、中国人労働者が日本人から意図的に襲撃されたと主張したのである。第三章でも、中国人労働者が殺傷された背景として、戦後不況下における日本人労働者との雇用をめぐる対立があった点を指摘した。

臨時政府に関連したメディアとしては、『独立新聞』のほかに『倍達公論』という月刊誌がある。倍達公論社の住所は、独立新聞社と同じであり、両社につながりがあったことがうかがえる。『倍達公論』創刊号が刊行されたのは、奇《く》しくも地震の起きた一九二三年九月一日であった。

つづく第二号では、関東大震災が大きくあつかわれた。冒頭の「謝告」によれば、関東大震災をうけて号外を出そうと考えたという。しかし、通信状況が悪く、後追い報道しかできないために断念した。第二号には、震災後ほどなくして執筆したと思しき「日本の大震災」と題した論説がある（図5―12）。執筆者は不明であるが、関東大震災に対する心情がこう吐露されていた。

今日における日本の大震災は、近世人類史においてはじめて見る大惨劇である。いつも倭奴、倭奴と敵方をみなしている我々としても、こうした惨変を聞くと、自ずと惻隠《そくいん》の情を禁じえない。…日本

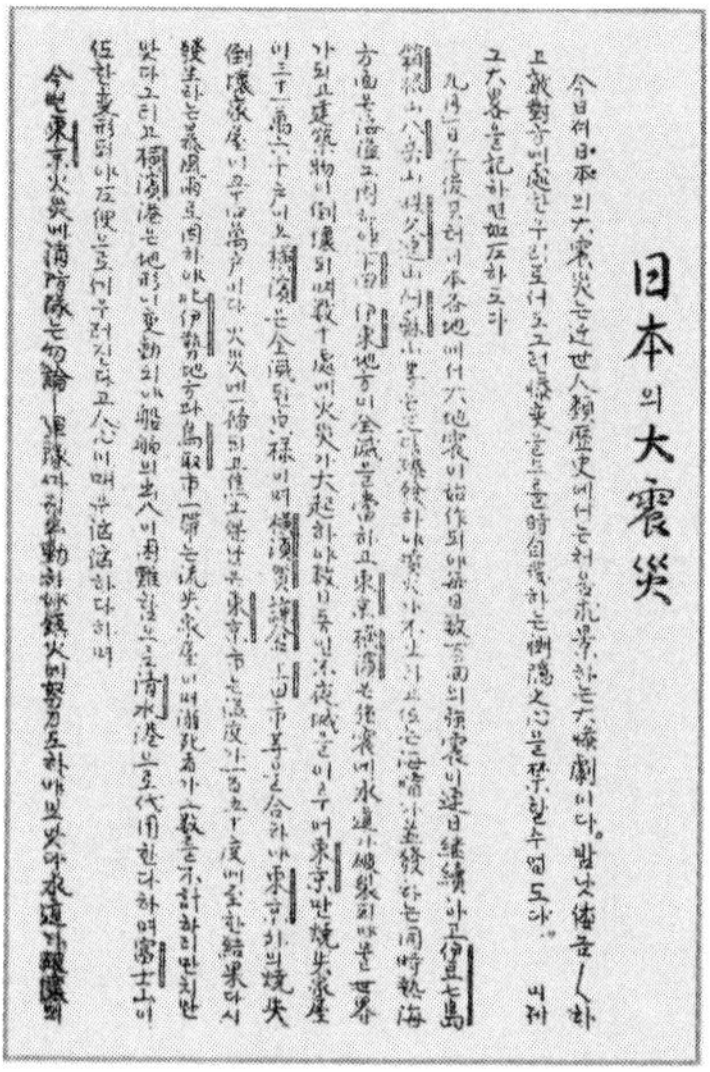

日本의大震災

図5-12　論説「日本の大震災」（『倍達公論』第2号、1923年10月）

にいた我が同胞は、これまで船便ごとに数百名が帰国した。本来、東京にいた我々同胞は大部分留学生たちであるが、この間の夏季休暇で半数以上が任意に帰国していた。苦学生の一部が旅費上の関係でとどまっており、残りは四方に散在した労働者同胞らであった。このたびの災変では、比較的に死傷が少なかったが、理のない日本人の毒手により殺された者が少なくなかったという。我々はこうしたことを、さほど怪悪に思わないかもしれない。しかし、このたび東京で災変が起こると、無政府状態におちいると同時に、警務当局では「朝鮮人は自由に取り扱うこと」などと布告した。こうなると官・平民はもちろん、我が同胞をむやみに暗殺しようとした。場所は敵の圏内である。我々の勢力がおよばないところであるので、その詳細な調査をおこなえないのは、さらにやるせないことである(68)。

「倭奴」、すなわち憎き敵の日本であっても、大震災にみまわれた報に接し、同情せざるをえない。朝鮮人が心ない日本人に殺されたというのも、混乱した状況下で致し方ないのかもしれない。しかし、警察が朝鮮人殺害をたきつけたとの情報もあり、その真相を調査する必要がある。当初、こうしたアンビバレントな受け止め方をした上海の朝鮮人は少なくなかったであろう。上海僑民大会の執行委員は、まさにこの真相調査をおこなおうと選任されたものであった。

では、上海僑民大会執行委員らは、具体的にいかなる対応をとったのであろうか。これについて、金承学が東京に潜入し、同志を糾合して犠牲者の調査をおこなったとする説がある。[69] しかし、実際には金をふくめ、七人の執行委員が被災地に足を運ぶことはなかった。執行委員らは、活動費用を有志の援助に頼らざるをえないとして、寄付を呼びかけた。[70] 寄付金がどれほど集まったかは不明であるが、十分な渡航費を確保できなかったのではないかと思われる。

金承学はのちに、「新聞社では、倭京の震災時に韓人を大虐殺した事件が内外に伝わったので、名古屋の雑誌社にいた韓世《ハン・セ》復《ボク》君を東京などの地へ特派し、虐殺された真状を調査した」と回顧している。[71] 韓世復は、名古屋ガゼットという出版社で社主をつとめていた。官憲文書によれば、福岡から船で青島へと渡った韓が一〇月二二日、上海へと出航したという。[72] 上海で、金と調査について打ち合わせをしたのであろう。

『独立新聞』は一二月五日、特派調査員の第一信として「一万の犧牲者!!!」と題した記事を巻頭にかかげた(図5―13)。調査員の姓名は伏せ字となっているが、韓世復で間違いないであろう。記事では一一月二五日までの第一次調査の結果として、東京・神奈川・埼玉・千葉・茨城・長野の各地における被殺人数が示された。これは大きく、死体がみつかった者一一六五人と、みつからなかった者三二四〇人に分けられている。この二つを合わせた四四〇五人と、第一次調査後に各県から新たに報告のあった二二五六人を加えた計六六六一人が、被殺者総数とされていた。

調査結果に付された説明によれば、詳細な調査をおこなう余裕がなく、まずは急いで大要をまとめあげたという。すでに粉雪がぱらつく季節となり、通信状況もよくない。韓世復は少なくとも一〇月末まで上海におり、調査期間は限られていた。一人で被災地を回るのは困難であり、調査を十分におこなえなかったというのは、偽らざる本音であろう。

この『独立新聞』の記事は、のちに殺害された朝鮮人犠牲者数をめぐる有力な説の一つとなった。高校歴史教科書『歴史総合』（二〇二二）の教師用指導書でも、「この（関東大震災の――筆者）騒ぎで殺された朝鮮人の数はいまだ正確ではないが、少なくとも六〇〇〇人以上であったとされる」と説かれている。(73) 韓国でも、『独立新聞』記事にもとづく犠牲者数六七〇〇〇人前後が定説である。(74)

獨立新聞

一萬의犧牲者!!!

図５-13　記事「一万の犠牲者 !!!」『独立新聞』1923年12月５日

実のところ、韓世復は単独で調査をおこなったわけではない。その第一次調査は、全面的に「朝鮮罹災同胞慰問班」から提供されたデータに依拠したものと考えられる。(75) 朝鮮罹災同胞慰問班は、朝鮮基督教青年会の総務であった崔承萬《チェ・スンマン》（一八九七―一九八四）ら留学生が中心となり組織された。(76) おおっぴらに調査をおこなうことはできないため、罹災者慰問を名目とし、活動の許可をえたという。

慰問班がおこなった一〇月末までの調査によれば、虐殺された朝鮮人の数は東京、神奈川、埼玉、千葉、茨城、栃木、群馬、長野の一府七県で合わせて二六一三人にのぼった。このデータについては、朝鮮基督教青年会と交流のあった東京帝国大学教授の吉野作造が、『大正大震火災誌』（一九二四）に寄稿した論文「圧迫と虐殺」で公表しようと企てた[77]。しかし、「圧迫と虐殺」は活字化される前に、内務省から公表を差し止められてしまった。その草稿は今日、東京大学の明治新聞雑誌文庫に所蔵されている。

『独立新聞』の第一次調査は、慰問班のデータに依拠しているとはいえ、六六六一人と二六一三人では、二倍以上の開きがある。韓世復が慰問班以外からどのように情報を収集し、総合化をはかったのかについては、よく分からない。神奈川県の被殺者総数三九九九人が、一九二三年当時の神奈川県推定朝鮮人人口三六四五人を上回るなど、明らかに過大な部分もみうけられる[78]。韓自身が弁明しているように、急ごしらえの正確性に欠ける調査結果であったのは否めない。

『独立新聞』の記事では、第一次調査につづき、第二次調査に着手したことが記されていた。しかし、第二次調査の結果がその後、『独立新聞』に公表されることはなく、横浜だけで一万五〇〇〇人が虐殺されたなど、さらに信憑性のない記事が出るにとどまった[79]。慰問班もさらなる調査をおこなった様子はない。一九二四年一月には、慰問班は資金提供をうけた『東亜日報』の論調が軟化したとして詰問状を送るなど、調査と異なる活動に従事したようだ[80]。

一九二四年に入ると、『独立新聞』に限らず、臨時政府関係者の間で虐殺事件への関心は、にわかにうすれていった。それを端的に表しているのが、関東大震災後にはじめて開かれた第一二次議政院会議である。二月二九日よりはじまった第一二次会議には、金承学や呂運亨ら上海僑民大会執行委員も議員として参加した。この六月二五日まで四八回にわたりおこなわれた議会の速記録を見るに、関東大震災について

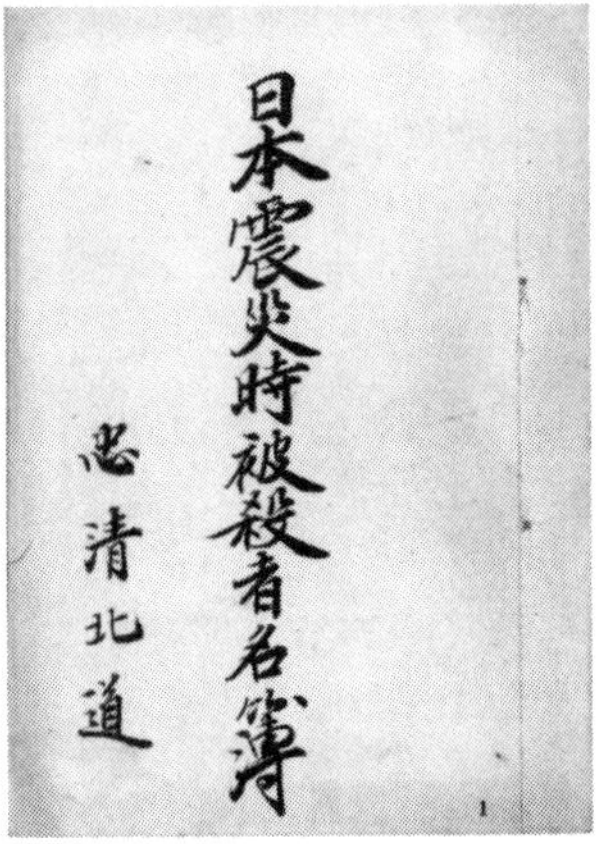

図5-14　日本震災時被殺者名簿（韓国国家記録院蔵）

は一言も発言が見当たらない(81)。

第一二次会議で議論されているのは、議長や総長の選任、議員の資格審査、李承晩大統領の処遇、それに関連した憲法改正など、もっぱら臨時政府内の人事に関わる事項であった。これは、国民代表会議決裂後の臨時政府をどう維持・改革してゆくかが、会議の最重要課題であったことを表していよう。虐殺事件については、もはやとりあげても意味がないとの諦念《ていねん》があったのかもしれない。ともあれ、こうして虐殺事件は、臨時政府およびその周辺で急速に風化していったのである。

権力闘争への傾倒

二〇一三年六月、東京の駐日韓国大使館が庁舎の移転作業をおこなった際、過去の名簿六七冊を発見した(82)。名簿の内訳は『三一運動時被殺者名簿』一冊、『日本震災時被殺者名簿』一冊、『日政時被徴用者名簿』六五冊である。『日本震災時被殺者名簿』には、関東大震災で亡くなった犠牲者二八九人の姓名や本籍地、年齢、死亡日時・場所・状況などが記載されていた（図5―14）。

『独立新聞』をふくめ、それまで確認された調査は、もっぱら被殺者人数に焦点があてられていた。第四章でふれた司法省刑事部作成の『震災後に於ける刑事事犯及之に関連する事項調査書』も、朝鮮人被害者の姓名はほとんど記されていない。これに対し、『日本震災時被殺者名簿』は、犠牲者個々の情報をくわしく載せており、高い資料的価値を有するものとして注目を集めた。今日、『日本震災時被殺者名簿』の原本は、韓国国家記録院へと移管・整理され、インターネット上で公開されている。

これら発見された名簿は、李承晩大統領が一九五二年一二月一五日、国務会議で下した指示にもとづき、内務部により調査・集計されたものであった。李はその年の二月よりはじまった第一次日韓会談の決裂後、翌年四月の第二次会談に備え、名簿を作成させたと考えられる[83]。第一次会談が決裂した大きな要因として、韓国に残された日本財産をめぐる問題があった。日本側が主張する対韓請求権に対抗しようと、交渉材料として名簿を用意させたのである。

ただ、『日本震災時被殺者名簿』の死亡状況を見ると、「地震で死亡」「警察署留置所などで殉国《じゅんこく》」といった記述があり、必ずしも殺害されたといえない者がいる。また、『三一運動時被殺者名簿』の方に、震災による犠牲者が一部ふくまれてしまっている。短期間での作成であったために、体裁を整える余裕がなかったのかもしれない。実際の日韓会談では、この名簿が用いられることはなかったようだ。

『日本震災時被殺者名簿』作成を命じた李承晩は、関東大震災発生時における臨時政府の大統領でもあった。当時、ハワイにいた李は一九二四年一月末、アメリカ本土へと出航した[84]。これは、虐殺事件を英米政府にうったえるべきだとする臨時政府法律顧問のアメリカ人からの要請に応じたものであった。ハワイでは、李らが中心となり、朝鮮人虐殺の抗議活動を目的とした「共動会」が組織されていた。

サンフランシスコに到着した李承晩は、横浜から来た任永信《イム・ヨンシン》（一八九九―一九七七）と出会ったという[85]。任は日本内地で修学した後、故郷の錦山で児童教育などにたずさわっていた。のちに、韓国の初代商工部長官になった女性政治家として知られる。任は関東大震災の報をうけ、地元出身者の安否をたずねるために、日本内地へと渡った。そこで、ある青年たちから朝鮮人虐殺に関する資料を、李に手渡すよう託されたとされる。これが事実であれば、その資料とはおそらく、朝鮮罹災同胞慰問班がおこなった調査のことであろう。李は一九二四年の三一節を迎えるにあたり、虐殺された四〇〇〇人の同胞を追悼するよう、上海とホノルルに大統領令を送らせていた[86]。

任永信から資料をうけとった李承晩は、これを出版し、朝鮮人の惨状を広く知らしめようと語ったという。ただ、李がアメリカ本土滞在中、虐殺事件をアピールするために、特段目立った活動をおこなった形跡は確認できない。李がアメリカからうったえたのは、独立を実現するために、派閥的な感情を捨て大統領のもとに一致団結する必要性であった[87]。ワシントンに着いた李のもとには、上海ではじまった第一二次議政院会議の情報が逐次、電信でとどいた。大統領の李を罷免したり、彼の支持層を排除したりしようとする会議の動きにどう対抗し、自らの権力を保持するか。大統領職に固執した李は遠隔地にいながら、その対策に追われた。自ずと李の中で、虐殺問題は後景に退いていった。

『独立新聞』の記事「一万の犠牲者!!!」が、後世において注目されたこともあり、臨時政府が虐殺事件の調査や抗議活動に、主導的役割をはたしたイメージがある。たしかに、日本政府の統制・干渉があまりおよばない中国やアメリカで、臨時政府関係者は震災直後よりさまざまなアクションを起こした。しかし、熾烈な権力闘争が繰り広げられる中、その取り組みは長くつづかなかった。そもそも、虐殺事件の調査自体は、朝鮮人留学生や宗教家、およびそれを支援した日本人によりおこなわれたことを指摘しなければならない。

こうした構図は、第三章で論じた大島町事件と王希天事件にもあてはまる。北京政府は両事件発覚後、日本政府に表向き抗議し、調査団を派遣した。その調査団が帰国後に作成・提出した報告書は、ほとんど既存の調査に依拠したものであった。調査団の代表であった王正廷は、ソヴィエト・ロシアとの国交交渉に関わる事項を、日本政府と協議することが隠れた目的であったといわれる。大島町事件と王希天事件の現場にも、足を運ばなかった。調査そのものを担ったのは、やはり中国人留学生ならびに彼らと交流のあった日本人であった。

虐殺事件については、何より隠蔽をはかった日本政府の責任が重いのはいうまでもない。ただ、大韓民国臨時政府と北京政府も、保身を第一に考えていた点では変わらない。いかにして敵対する同胞の勢力をおさえ、政権を保持・拡張してゆくか。これが最重要課題となり、虐殺事件の究明・追及は二の次とされてしまった。国民の政府をうたいながら、政治家はえてして自己権力の維持・拡大に腐心してしまう。これは一〇〇年前にかぎらず、今日にもあてはまることかもしれない。

おわりに

四川大地震と関東大震災

近代都市を直撃した世界史上初の大規模地震となった関東大震災。その衝撃は日本本土にとどまらず、またたく間に海を越えて広がった。東アジアに居住した中国人と朝鮮人は、関東大震災をいかにうけとめ、どのように反応したのか。本書「はじめに」でかかげたテーマである「中国・朝鮮人の関東大震災」については、これまでの各章の考察を通じ、その諸相を明らかにすることができたであろう。ここでは最後に、私が本研究へととりくむにいたった経緯をふりかえりつつ、本論の総括をおこないたい。

すでに何度か述べているように、私は二〇一一年三月一一日に東日本大震災が発生した際、留学先であった中国・上海にいた。上海の復旦大学で留学生活をはじめたのは、その約二年半前の二〇〇八年八月末のことであった。ちょうど、中国にとって初のオリンピックとなった北京夏季オリンピックが閉幕した直後であり、上海も興奮冷めやらぬ雰囲気につつまれていたのを覚えている。

北京夏季オリンピックがはじまる三ヶ月前の五月一二日、四川省羌族・阿垻蔵族自治州汶川県を震源とする大地震が発生した。中国地震局が観測したマグニチュードは八・〇。この四川大地震による死者・行方不明者は、合わせて八万七一五〇人にのぼった。これは、東日本大震災におけるそれの約四・七倍にあたる。およそ二〇〇〇万人が、震災で住居を失ったとされる。中国大陸では、一九七六年七月二八日に起こった唐山大地震以来の大規模震災であった。聖火リレーが中国国内でおこなわれていた最中であり、オリンピック開催を危ぶむ声も聞かれた。

四川大地震で大きな波紋を呼び起こした出来事の一つに、ある学校教師がとった行動がある。その教師は地震発生時、教室で授業をおこなっていた。北京大学歴史学科を卒業したエリートであった。教師は大きな揺れを感じると、教室の生徒を誘導することなく、いの一番に校庭へと逃げ出してしまった。この振る舞いがメディアなどで広く世の中に伝わると、教師としてあるまじき利己的な行為であるとして非難の声が殺到した。これに対し、教師は生死の狭間にあって、自己の身を優先的に守ることの正当性を主張した。教師の行動をめぐっては、今日にいたるまで賛否両論の議論が交わされている。

四川大地震では、「自力更生」にこだわった唐山大地震の時と異なり、中国政府が海外からの救援を積極的にうけいれた。日本からは地震発生の三日後、国際緊急援助隊三一人が他国の先陣を切って成都へと向かった。生存者救出の見込みが低くなる中、日本の救援隊は危険な被災地に乗り込み、夜を徹して救出活動にはげんだ。残念ながら命を救い出すことができなかったものの、発見・搬出した遺体に深々と頭を下げ、哀悼の意を表する救助隊の姿は、多くの中国人の琴線にふれた。

四川大地震にさきだつ二〇〇八年三月、チベット自治区およびその周辺地区で独立を求める動乱が起こった。情報を統制し、力で抑えこもうとする中国政府に対し、日本で批判の声が上がった。翌月、長野市でおこなわれた聖火リレーでは、それを応援する中国人とオリンピック開催に異を唱える日本人が沿道で対峙し、物々しい状況となった。このように日中関係がギクシャクしていた中、日本の援助隊による懸命な救出活動は、国家間のわだかまりを越えた共助の精神や絆の存在を想起させたのであった。

被災した家族の愛情を描いた二〇一〇年上映の『唐山大地震』が、中国映画歴代最高の興行収入をたたき出したのも、四川大地震を経験した人々が震災下における人と人とのつながりに共感したからであろう。印象的であったのは、中国における歴史研究でにわかに関東大震災へ注目が集まった点である。

関東大震災前には、旅順・大連回収運動や長沙事件が起こり、日中関係は険悪化していた。それが一転、九月一日に地震が発生すると、中国人は官民挙げて、日本に支援の手を差し伸べた。中でも、いち早く中国協済日災義賑会を組織し、義援や救援物資の輸送などに力をつくしたのが、王一亭である。仏教徒であった王は、犠牲者を供養する大規模な法要をおこない、霊を慰めるために幽冥鐘を寄贈した。

日本の赤十字社にあたる中国紅十字会が、はじめて救護隊を海外に派遣したのも、関東大震災である。世界紅卍字会と大本教のような、新興宗教の相互支援・交流もみられた。過去の関東大震災で、中国側が被災した日本に共助の精神を発揮したさまざまな事実が掘り起こされたのである。

断ち切られた共感

第一章「菩薩と呼ばれた中国人」と第二章「まさかの友は真の友」は、こうした中国の関東大震災研究に触発され、それを参考としつつ、執筆したものにほかならない。もちろん、私が東日本大震災の際、中国で実感した共助の精神も、大きな執筆動機となっている。

一九三〇年の始撞式以来、横網町公園の鐘楼に安置された幽冥鐘は毎年、地震が起こった九月一日に打ち鳴らされている。現在は、遺志をひきついだ王一亭の子孫が撞打の任にあたる。しかし、当日数千におよぶ参拝・入園者がいる中で、撞打に足をとめて見届ける人はごくわずかにすぎない。幽冥鐘の由来も、ほとんど知られていないのではないか。この忘却は幽冥鐘だけでなく、中国からの震災支援全体にあてはまる。

東日本大震災復興構想会議がまとめた『復興への提言』では、世界から示された共感を銘記し、国際社会との絆を強化してゆくことが提言されていた。ただ、その共感は、何も東日本大震災ではじめて表れ出たものではない。関東大震災で示された共感についても、我々は記憶し、思いをいたすべきであろう。

この関東大震災における中国人からの物質的・精神的支援の考察を進めてゆく過程で、避けて通れないのが、中国人が殺害された大島町事件と王希天事件である。「はじめに」で述べたように、関東大震災後の日本は、世界から示された共助の精神を活かし、国際社会との絆を強固なものとすることができなかった。それどころか反対に、中国との関係は悪化の一途をたどり、一九三七年七月の盧溝橋事件により日中全面戦争へとおちいった。このいわば「逆コース」を歩む蹟《つまず》きの石となったのが、ほかならぬ大島町事件と王希天事件であった。

第三章「ある中国人青年の死」ではまず、この大島町事件と王希天事件が引き起こされた社会的背景を明らかにした。一八九九年七月の内地開放後、中国人が大挙して日本に押し寄せてくるのではないかという懸念は杞憂に終わり、ゆるやかな増加にとどまった。一九一〇年代後半には、第一次世界大戦にともなう好景気で人手不足が顕著となり、勅令第三五二号による中国人の労働制限を解除しようとする動きすらみられた。

しかし、戦後は一転して反動恐慌にみまわれる一方、大戦中にほぼ横ばいで推移した在留中国人が急増していった。彼らの多くは浙江省温州・青田の出身であり、出稼ぎを目的として来日した。貨物の荷揚げ・積み下ろし作業などの職種において、日本と中国の労働者が競合する状況が生じた。一九二〇年代に入ると、雇用をめぐる日中労働者間の衝突・トラブルが激しさを増した。これが、震災時における中国人虐殺の大きな要因となった。王希天が殺されたのも、彼が中国人労働者の権利保護を目的とする僑日共済会の会長をつとめていたことが大きい。

大島町事件と王希天事件の情報は、ほどなく中国大陸につたわった。日本政府関係者の間では、日本側の非をみとめ、事件の真相を少しでも明らかにしなければ、事態の収拾がはかれないとの意見があった。しかし、五相会議は最終的に「徹底的に隠蔽」することに決した。謝罪はもちろん、犠牲者遺族への見舞金も支払われなかった。この不誠実な対応により、震災で生まれた両国の絆は急速に薄れていった。ここで日本政府が真相の究明につとめ、中国政府や遺族に謝罪していれば、その後の日中関係は大きく異なっていたであろう。

虐殺事件と義烈団

上海留学中、私がとりくんだ研究テーマの一つに、中国の五四運動がある。五四運動は一九一九年五月四日、北京の学生たちが日本の山東省権益をみとめたヴェルサイユ講和条約の決定を不服とし、天安門前で抗議集会を開いたことにはじまる。そのそばに位置した各国大使館に請願書を提出した後、一部が暴徒化し、親日派と目された曹汝霖・交通総長の邸宅を襲撃した。邸宅に火を放った上、偶然邸内にいた駐日公使の章宗祥に瀕死の重傷を負わせた。これが発火点となり、日本に抗議する動きが北京のみならず、各地へと広がっていった。

こうして北京とならび五四運動の一大拠点となったのが、やはり南の大商業都市・上海である。日貨排斥（日本製品ボイコット）が唱えられ、五月七日には二万人規模の抗議デモがおこなわれた。抗日運動は激しさを増してゆき、ついには日貨排斥に消極的であった実業界も突き動かした。六月五日、上海に店をかまえる商人や工場で働く労働者らが、大規模なストライキを開始した。

　このストライキを調べる中で、私の関心を引いたのが、日本人が井戸や食品内に毒を入れたといった新聞報道である。[1] 連日、まことしやかに報じられ、英字新聞もとりあげるほどであった。いずれも日本人がそうした行為をおこなった証拠はなく、流言蜚語であった。

　当然ながら、これらの情報に接した現地の中国人は大きなパニックに陥った。疑いをかけられた上海在住の日本人がたびたび襲撃された。[2] 中には、現地語がうまく話せず殴打されたり、日本人に巻き込まれて命を失ったりした中国人もいた。地元政府は、拡散する流言の打ち消しに追われた。世事に疎い上海の民衆が抗日運動に加わった背景には、山東問題に発した愛国心よりも、いわば「不逞日本人」に対する恐怖感の方が強かったとする指摘もある。[3]

　日清戦争が勃発した直後の一八九四年八月には、中国人が横浜で水道に毒薬を流そうとしたという騒ぎがあった（のちに誤報と判明）。[4] こうした類のデマは、危機的な緊張状態にあって、歴史的にしばしばみうけられたものである。東日本大震災でも、外国人に関するさまざまな流言が乱れ飛んだことは記憶に新しい。

　ただ、このような流言が広まっても通常、多くの人の命を殺《あや》めるまでにはいたらない。五四運動においても、日本人の被殺者は確認されない。なぜ関東大震災では、流言に踊らされ、多数の朝鮮人が虐殺されるにいたったのであろうか。

　第四章「〝「不逞鮮人」来襲〟」は、以上の問題意識から、これまで等閑視されてきた義烈団の存在に着目した。一九一九年一一月に誕生した義烈団は当初、数ある独立運動団体の一つにすぎなかった。それが数々の爆破・暗殺事件を派手にくりひろげ、その名をとどろかせていった。武力闘争を旨とした義烈団のクライマックスといえるのが、映画『密偵』でも題材となった一九二三年二〜三月の第二次暗殺・破壊計画である。現役警官までとりこんだ大胆な爆弾輸送計画は、失敗に終わったものの、世間の人々を驚かせた。さらに、押収された爆弾は、日本軍のものと同等以上の性能を有することが判明した。義烈団への警戒はとみに高まった。

義烈団はこうした状況をたくみに利用し、新たな大規模破壊工作を企てているなどと、陽動作戦をしかけた。日本政府および日本人は、その真偽のつかない情報に翻弄され、恐怖におののいた。そうした中、折悪しく起こったのが関東大震災である。流言をうけた日本人を朝鮮人虐殺にまでいたらしめた背景には、義烈団への過度な怯《おび》えがあったと考えられる。

近年、北朝鮮のスリーパーセル（破壊工作員）が日本に潜伏しているとするある国際政治学者の発言が、大きな物議をかもした。北朝鮮スリーパーセルがはたして実際に存在するのかは分からない。重要なのは、仮にスリーパーセルの存在が非常時に発覚したとしても、パニックにおちいらずに、一般人とはっきり弁別することである。情報を拡大解釈せず、冷静に対応すべきことの大切さを、義烈団の事例は教えてくれる。

大韓民国臨時政府の実態

第五章「大韓民国臨時政府の苦悩」では、文字通り義烈団と因縁が深かった大韓民国臨時政府にスポットライトをあてた。上海留学中、私がよく足を運んだ場所として、新天地と魯迅《ろじん》公園がある。第五章冒頭で述べたように、今日上海きっての歓楽街となっている新天地には、大韓民国臨時政府旧址とされる建物が遺っている。新型コロナウイルスが流行する前、そこはいつも大勢の韓国人観光客でにぎわっていた。

また、上海市民の憩いの場となっている魯迅公園内には、尹奉吉《ユン・ボンギル》の記念館がある。尹は一九三二年四月二九日、臨時政府の領袖となった金九の命をうけ、虹口公園（現在の魯迅公園）で開かれた天長節の式典へ忍び込み、手榴弾を式壇に向かって投擲した。これにより上海居留民団行政委員会長で医師の河端貞次と、白川義則・上海派遣軍司令官の二人が死亡、在中国特命全権公使の重光葵や村井倉松・上海総領事ら四人が重症を負った。その後、この事件に着目した蔣介石の支援をえることとなり、低迷した臨時政府が大きく飛躍するきっかけとなった。尹奉吉の記念館は、上海を訪れた韓国人が必ずや立ち寄る巡礼スポットとなっており、事件現場に建てられた尹奉吉像前には、献花が絶えなかった。

私は復旦大学の大学院講義を受講した際、何気なく用いていた「朝鮮《チァオシエン》」「朝鮮人《チァオシエンレン》」という言葉を、韓国人留学生からひかえるよう求められたことがある。韓国人留学生いわく、一九一〇年の韓国併合により、日本が朝鮮半島を不当に支配したものの、我々は主権を奪われたわけでない。その証として、大韓帝国の政権をひきつぐ大韓民国臨時政府が存在した。それゆえ、韓国併合以後も「朝鮮」「朝鮮人」でなく、「韓国」「韓人」を用いるべきである、と。

正直なところ、私はこの指摘にとまどった。ただ、ソウルの大韓民国臨時政府記念館でも、大韓民国臨時政府は「国民の国」をもたらしたとし、今日にいたる大韓民国の始原と位置づけられている。では、主権を担ったとされる臨時政府は、その成立から数年後に起った関東大震災にどのような対応をおこなったのか。これが第五章執筆の問題意識となった。

大韓民国臨時政府は一九一九年四月、上海フランス租界に誕生した。しかし、選出された初代閣僚のうち、上海にいたのは一人にすぎず、就任のコンセンサスもとりつけていなかった。また、国務総理となった李承晩に対しては、さしあたり朝鮮の委任統治領化をめざすとする彼の「外交独立論」に、政府内で強い反発があった。

やがて、このアメリカに依拠した李承晩らの文治派と、ソヴィエト・ロシアの支援のもと、武力闘争による独立をかかげる李東輝を中心とした武断派の対立が露《あら》わとなった。李承晩と李東輝は、上海にいったん足を運んだものの、すぐに任務そっちのけで離脱した。一九二三年一～五月、分裂状態にあった臨時政府を何とか立て直そうと、安昌浩の主導のもとに国民代表会議が開催された。しかし、各派閥の溝は深まるばかりで、決裂に終わった。関東大震災前夜、臨時政府は財政的にも窮しており、有名無実の状態にあった。

関東大震災で朝鮮人虐殺の報が伝わると、臨時政府は趙素昂外交総長の名で、山本権兵衛内閣総理大臣兼外務大臣に宛て抗議書を送った。また、臨時政府の機関紙『独立新聞』は、虐殺事件を大きくとりあげ、その蛮行を非難した。『独立新聞』が特派員の調査結果として報じた被殺者数六六六一人は、のちに有力な説の一つとなった。ただ、『独立新聞』が独自に調査したとはいいがたく、紙面で弁明されていたように、急ごしらえで不完全なものであった。

臨時政府周辺における虐殺事件への関心は、一九二四年に入ると、にわかに薄れていった。二月末からはじまった臨時政府の議政院会議でも、話し合われたのはもっぱら政府人事であり、関東大震災についての発言がまったくみられない。虐殺事件をうったえようと、アメリカ本土に渡った大統領の李承晩も、その所期の目的をよそに、臨時政府における権力の維持に傾注したのである。

本書「はじめに」では、関東大震災が新歴史科目「歴史総合」にとって、格好のテーマであることを指摘した。くりかえして述べれば、歴史総合とは「近現代の歴史の変化に関わる諸事象について、世界とその中の日本を広く相互的な視野から捉え、現代的な諸課題の形成に関わる近現代の歴史を理解するとともに、諸資料から歴史に関する様々な情報を適切かつ効果的に調べまとめる技能を身に付けるようにする」科目である。本書の考察した関東大震災からは、いかなる理解・教訓がえられるであろうか。

私たちは、東日本大震災で平時における国家間の対立を越えた国際的共助の精神を強く実感した。ただ、これは突如として生まれたものではない。「はじめに」で言及したように、国際的共助の精神は関東大震災の報告書でも、「災厄に伴ふ一つの図らざる収穫」として強調されたものであった。たしかに、かつてアダム・スミスが『道徳感情論』で指摘したように、地震における国際的共助といった利他的な精神は所詮、利己心と比べると弱く、長続きしないのかもしれない。しかし、そうであっても、「まさかの友は真の友」として発揮された共助の精神をしっかりと記憶にとどめておくべきであろう。

東日本大震災ではまた、被災者の冷静な対応、社会秩序の維持、互助の精神などが、海外メディアから称賛された。こうした日本人の姿勢は、関東大震災に対する外国人の論評からも確認することができる。もちろん、これに反するような事態もあったことはいうまでもない。ただ、この両震災における総体的な評価は、肯定的にうけとめてよいだろう。来たるべき新たな震災でも、同様の評価がえられるよう、コミュニティの維持・強化につとめてゆかねばならない。

関東大震災を語る際、第三・四・五章でふれた中国人および朝鮮人の虐殺事件をさけることはできない。

東京出身の私は小中学校時代、道徳の時間でこの虐殺事件をくりかえし学んだ記憶がある。こうした過ちを二度と犯してはならないことを教えこまれた。幸い、東日本大震災では、表立って在日外国人が迫害をうけた事件はみられなかった。この点で、私たちは教育や啓蒙活動を通じ、関東大震災からの教訓を東日本大震災に活かせたといえよう。

少子高齢化が進む日本は今後、ますます多くの外国人労働者をうけいれなければならないであろう。さきに述べたように、王希天および中国人労働者が殺傷された背景には、雇用をめぐる日本人労働者との対立があった。これは朝鮮人虐殺の要因の一つにもなった。生活に関わる怨讐《おんしゅう》は、ときに思わぬ形で暴発する。そうならないためにも、平時より共生への意識を高める必要がある。

今日、日本で生活する外国人は労働者に限らない。また、日本に永住・帰化する者も増えている。その一方、テレビやインターネットでは、ときに外国人による犯罪が大きくクローズアップされる。厳に慎むべきは、その国籍・民族に特有の犯罪であるかのようなイメージをいだくことである。義烈団にもとづく朝鮮人イメージがまさにそれであった。一特殊集団による違法行為を、けっしてその国籍・民族に結びつけて拡大解釈しないこと。とくに非常時には、まことしやかな流言に惑わされず、冷静に対応すること。くりかえしになるが、これが本書の考察からえられる何よりの教訓である。

注

はじめに

（1）東日本大震災復興構想会議編『復興への提言――悲惨のなかの希望』東日本大震災復興対策本部事務局、二〇一一年、四四頁。
（2）内務省社会局編『大正震災志』下巻、内務省社会局、一九二六年、六四三―四頁。
（3）代表的な先行研究としては、関東大震災八〇周年記念行事実行委員会編『世界史としての関東大震災――アジア・国家・民衆』（日本経済評論社、二〇〇四年）がある。
（4）文部科学省編『高等学校学習指導要領』文部科学省、二〇一八年、五六頁。

第一章

（1）井下清「被服廠跡余録」前島康彦編『井下清著作集――都市と緑』東京都公園協会、一九七三年、六二一頁。
（2）中央防災会議編『一九二三関東大震災報告書』第一編、中央防災会議災害教訓の継承に関する専門調査会、二〇〇六年、二〇五頁。
（3）加藤雍太郎・中島宏・木暮亘男『横網町公園――東京都慰霊堂・復興記念館』東京都公園協会、二〇〇九年、一一七―八頁。
（4）数少ない日本語の先行研究として、西浜二男『友好の鐘――王一亭先生の遺徳を偲んで』（共立速記印刷、一九八三年）と野村ひかり「王一亭と関東大震災」（『若木書法』第六号、二〇〇七年三月）がある。
（5）王中秀『王一亭年譜長編』上海書画出版社、二〇一〇年、五―六頁。
（6）汪仁澤「王一亭」朱信泉・厳如平編『民国人物伝』第四巻、中華書局、一九八四年、二五五頁。
（7）日本経営史研究所編『創業百年史』大阪商船三井船舶、一九八五年、七六頁。

（8）林安繁「故文堂堀啓次郎翁の面影」高梨光司編『堀啓次郎翁追憶録』堀啓次郎翁追憶録編纂会、一九四九年、二四〇頁。
（9）根岸佶『買辦制度の研究』日本図書、一九四八年、二二六―三二頁。
（10）浅居誠一編『日清汽船株式会社三十年史及追補』日清汽船、一九四一年、三四―四七頁。
（11）小風秀雅『帝国主義下の日本海運――国際競走と対外自立』山川出版社、一九九五年、二七八―八三頁。
（12）陳祖恩・李華興『王一亭伝』上海辞書出版社、二〇〇七年、二八―九頁。
（13）陳定山『春申旧聞続』海豚出版社、二〇一五年、四〇頁。
（14）沈文泉『海上奇人王一亭』中国社会科学出版社、二〇一一年、四四―五〇頁。
（15）武藤秀太郎「南洋勧業会をめぐる日中関係――上海万博との対比から」佐野真由子編『万国博覧会と人間の歴史』思文閣出版、二〇一五年、六二九―三三頁。
（16）鮑永安編『南洋勧業会図説』上海交通大学出版社、二〇一〇年、五二―四頁。
（17）李廷江「渋沢栄一と近代中国――大正初期を中心に」陶徳民・藤田高夫編『近代日中関係人物史研究の新しい地平』雄松堂、二〇〇八年、二一〇―三頁。
（18）「観光実業団ニ関スル件　明治四十三年六月二十八日」JACAR（アジア歴史資料センター）Ref. B11090441800、『日清両国実業家ノ連絡機関設立一件』、外務省外交史料館蔵、第五画像。
（19）馬敏著、吉田健一郎訳「中・日・米実業団体間の交流」辛亥革命百周年記念論集編集委員会編『総合研究　辛亥革命』岩波書店、二〇一二年、四二二頁。
（20）「中国興業の性質」『東京朝日新聞』一九一三年五月二六日。
（21）野沢豊「辛亥革命と産業問題――一九二〇年の南洋勧業会と日・米両実業団の中国訪問」『人文学報』（東京都立大学人文学部）第一五四号、一九八二年三月、一二九頁。
（22）「中国興業会社支那側出資者ニ関シ問合ノ件回答　大正二年八月九日」JACAR、Ref. B04011208900、『中日実業会社関係雑纂』第一巻、外務省外交史料館蔵、第九画像。
（23）丁日初「辛亥革命前上海資本家的政治活動」『近代史研究』一九八二年第二期、一九八二年五月、一三七頁。
（24）小島淑男「辛亥革命における上海独立と商紳層」東京教育大学文学部東洋史学研究室アジア史研究会・中国近代史部会編『中国近代化の社会構造――辛亥革命の史的位置』汲古書院、一九六〇年、一二八頁。

(25) 李宗武「辛亥革命上海光復紀要」中国人民政治協商会議上海市委員会文史資料工作委員会編『辛亥革命七十周年――文史資料紀念専輯』上海人民出版社、一九八一年、一五七―八頁。
(26) 朱堯卿「上海商団始末」上海市政協文史資料委員会編『上海文史資料存稿彙編』一（政治軍事）、上海古籍出版社、二〇〇一年、七五―六頁。
(27) 「商務総長王一亭陳請辞職書」『申報』一九一二年二月一一日。
(28) 徐鼎新・銭小明『上海総商会史（一九〇二―一九二九）』上海社会科学院出版社、一九九一年、一六九頁。
(29) 「致南北両軍公函」『申報』一九一三年七月二二日。
(30) 朱英「再論〝二次革命〟前後的上海総商会」『広東社会科学』二〇一八年第五期、二〇一八年九月、一一二―五頁。
(31) 「王一亭啓事」『申報』一九一三年七月二八日。
(32) 呉昌碩「白龍山人伝」谷上隆介編『一亭近画』高島屋呉服店美術部、一九二二年。なお、呉が一九二五年に執筆した「白龍山人小伝」では、第二革命以後に上海に移り、王とはじめて会ったとしているが、これは明らかに事実とくいちがっている。
(33) 松村茂樹『呉昌碩研究』研文出版、二〇〇九年、一一〇―一頁。
(34) 譚少雲「憶呉昌碩先生」上海市文史館上海市人民政府参事室文史資料工作委員会編『上海地方史資料』五、上海社会科学院出版社、一九八六年、二二二頁。
(35) 王一亭「画人画語」『国画』第四期、一九三六年五月、一頁。
(36) 「王震」劉紹唐編『民国人物小伝』第一〇冊、一九八八年一月、伝記文学出版社、三五―六頁。
(37) 蕭芬琪『王一亭』河北教育出版社、二〇〇二年、九五―一一二頁。
(38) 鄭逸梅「呉昌碩画派的継承人趙子雲」『鄭逸梅選集』第三巻、黒龍江人民出版社、一九九一年、六五頁。
(39) 池田信雄『続上海百話』日本堂、一九二二年、二六頁。この西園寺を描いた王の画は、西園寺の邸宅「坐漁荘」の床の間にかけられていたという（「西園寺公（二）」『東京朝日新聞』一九四〇年一一月二五日）。
(40) 石井柏亭『絵の旅　朝鮮支那の巻』日本評論社、一九二一年、一五八―六〇頁。
(41) 沈文泉「呉昌碩王一亭関係考」『中国美術学院学報』二〇一〇年第三期、二〇一〇年六月、五五―七頁。陶小軍「呉昌碩与近代中日書画交流」『江蘇社会科学』二〇一九年第一期、二〇一九年一月、二二五―六頁。

(42)「画潤助賑」『申報』一八八七年四月二日。「潤資助賑」『申報』一八八七年四月二五日。
(43)「湖州孤児院発起之踊躍」『申報』一九二六年一二月一二日。
(44)小浜正子『近代上海の公共性と国家』研文出版、二〇〇〇年、六七—七三頁。
(45)岩間一弘「中国救済婦孺会の活動と論理——民国期上海における民間実業家の社会倫理」『史学雑誌』第一〇九巻第一〇号、二〇〇〇年一〇月、六六—九頁。
(46)陶水木「北洋政府時期旅滬浙商的慈善活動」『浙江社会科学』二〇〇五年第六期、二〇〇五年一一月、一七九頁。
(47)Paul R. Katz, *Religion in China & its modern fate*, Waltham: Brandeis University Press, 2014, pp. 121-3.
(48)高處寒「記上海慈善画家王震」『藝文誌』第四八期、一九六九年九月、二九頁。
(49)大阪商船編『村田省蔵追想録』大阪商船、一九五九年、三一〇頁。
(50)「日華聯合絵画展覧会記事」JACAR、Ref. B05016015000、『展覧会関係雑件』第一巻、外務省外交史料館蔵、第五〇画像。
(51)「中日美術会館建設趣意書」JACAR、Ref. B05016015000、『展覧会関係雑件』第一巻、外務省外交史料館蔵、第一九画像。
(52)吉田千鶴子「大村西崖と中国」『東京芸術大学美術学部紀要』第二九号、一九九四年三月、一九—二一頁。
(53)鶴田武良「日華(中日)絵画聯合展覧会について」『美術研究』三八三号、二〇〇四年八月、六—九頁。
(54)当時作成された展覧会の報告書では、第一回を予備展覧会とし、この展覧会を第一回と記しているものもあるが、本書では時系列順に回を付することとする。
(55)「上海ニ於テ開催予定ノ日支画会ニ対シ周肇祥一派反対ノ件　昭和四年九月五日」JACAR、Ref. B05016017700、『展覧会関係雑件』第六巻、外務省外交史料館蔵、第七二画像。
(56)王一亭「中日現代絵画展覧会演説詞」『湖社月刊』第二五冊、一九二九年、二一—三頁。
(57)「日華聯合絵画展覧会第三回開催報告」JACAR、Ref. B05016015000、『展覧会関係雑件』第一巻、外務省外交史料館蔵、第七五画像。
(58)「西湖有美画社将落成之滬聞」『申報』一九二三年八月二七日。
(59)浅居誠一編『日清汽船株式会社三十年史及追補』、三九五—六頁。

(60)吉澤誠一郎『愛国とボイコット——近代中国の地域的文脈と対日関係』名古屋大学出版会、二〇二一年、一七〇—五頁。
(61)「警告日清公司買弁王一亭」『求是新報』政治号、一九二三年、四八頁。
(62)上海市工商業連合会編『上海総商会議事録』四、上海古籍出版社、二〇〇六年、一八九七—九頁。
(63)「関於日本地震巨災之昨聞」『時報』一九二三年九月七日。
(64)「外国救援船の魁として民国「新銘号」入港す」『大阪朝日新聞』一九二三年九月一三日夕刊。
(65)「王叔賢調査日災報告」『民国日報』一九二三年九月一九日。
(66)「各方振済日災之昨訊」『申報』一九二三年九月一二日。「各方振済日災之昨聞」『申報』一九二三年九月一六日。「救済日災消息彙誌」『申報』一九二三年九月二一日。「張謇続賑日災」『申報』一九二三年一〇月二一日。
(67)李学智「一九二三年中国人対日本震灾的賑救行動」『近代史研究』一九九八年第三期、一九九八年五月、二九三頁。
(68)「吊霊鐘の由来」JACAR、Ref. B05016032300、『寄贈品関係雑件』第八巻、外務省外交史料館蔵、第一四—六画像。
(69)「玉仏寺祈禱会誌盛」『時報』一九二三年一〇月七日。
(70)東京震災記念事業協会清算事務所編『被服廠跡——東京震災記念事業協会事業報告』東京震災記念事業協会清算事務所、一九三二年、一六六頁。
(71)「中国仏教普済日災会寄贈大鐘に関する件」、資料ID000129417、東京都公文書館蔵。
(72)「支那仏教徒等ヨリ東京市へ寄贈ノ大梵鐘通関方ノ件　大正十四年六月五日」JACAR、Ref. B05016026000、『寄贈品関係雑件』第二巻、外務省外交史料館蔵、第四—五画像。
(73)高野宏康「関東大震災の公的な記念施設と復興期の社会意識」『関東大震災　記憶の継承——歴史・地域・運動から現在を問う』日本経済評論社、二〇一四年、八〇頁。
(74)東京震災記念事業協会清算事務所編『被服廠跡』、一〇二—四頁。
(75)ジェニファー・ワイゼンフェルド著、篠儀直子訳『関東大震災の想像力——災害と復興の視覚文化論』青土社、二〇一四年、三二四—八頁。
(76)「王一亭等対日出品」『時報』一九二八年四月五日。
(77)「王一亭氏所蔵の名画を寄贈」『東京朝日新聞』夕刊、一九二八年一一月二四日。松坂屋の展示会では、寄贈された二六五点にくわえ、新たに王一亭の書画五点、来日中の王雲から寄せられた書画二点が売りに出された。

(78)「震災記念堂梵鐘始撞式」『東京市公報』一九三〇年一〇月七日、一八二九頁。
(79)「王一亭氏逝く」『中外日報』一九三八年一一月一六日。
(80)王方中「一九三一年江淮大水灾及其後果」『近代史研究』一九九〇年第一期、一九九〇年三月、二二〇―一頁。
(81)「画壇の大家連　支那水災に起つ」『東京朝日新聞』夕刊、一九三一年九月一二日。
(82)「王一亭氏の義挙」『日華学報』第四八号、一九三四年一一月、四八―九頁。
(83)「何香凝主弁救済国難書画展覧会」『申報』一九三一年一二月一二日。
(84)陳存仁『抗戦時代生活史』長興書局、一九七九年、一八一―二頁。
(85)「百余団体昨挙行王一亭追悼会」『申報』一九三九年一月二三日。
(86)「親切だった王一亭さん」『朝日新聞』一九五五年八月一一日。「王一亭氏の法要」『朝日新聞』一九五五年一一月九日。
(87)西浜二男『友好の鐘』、二二一―三頁。
(88)李明「王一亭研究現状小議」『国画家』二〇一二年第五期、二〇一二年九月、五七―八頁。

第二章

(1)「北京天津上海等地有震感」『南方日報』二〇一一年三月一二日。
(2)「日本之大地震」『申報』一九二三年九月二日。「日本発生大地震」『民国日報』一九二三年九月二日。「大阪地震横浜火災香港地塌」『時報』一九二三年九月二日。
(3)「奉政府訓令東京横浜一帯近罹惨災本国米糧不足供給請迅飭長江各口岸将運糧出口禁令予以解除以資周急由」、館蔵号03-18-073-05-002、台湾中央研究院近代史研究所檔案館蔵。
(4)「京中対拯救日災之熱烈」『申報』一九二三年九月八日。なお、この特別会議で決まった二〇万元の支出は結局、かけ声倒れに終わり、日本政府のもとに送られなかった(「中華民国摂政内閣震災義捐金ニ関スル件 大正十四年四月六日」『変災及救済関係雑件 関東地方震災ノ件 金品其他寄贈ニ関スル事実問題 支那ノ部』第一巻、分類番号6.3.1.8-17-5-4、外務省外交史料館蔵)。
(5)「日本災情最惨籌運糧食一節業経閣議議決特別允許出口至出口数目俟電詢蘇皖地方長官再行酌定由」、館蔵号03-18-073-

05–004、台湾中央研究院近代史研究所檔案館蔵。
（6）「直魯予巡閲使曹錕来電照録 大正十二年九月五日」『変災及救済関係雑件 関東地方震災ノ件 金品其他寄贈ニ関スル事実問題 支那ノ部』第一巻、分類番号6.3.1.8–17–5–4、外務省外交史料館蔵。
（7）「救災同志会之進行種種」『大公報』一九二三年九月八日。
（8）「国内・天津電」『申報』一九二三年九月九日。
（9）李学智「一九二三年中国人対日本震災的賑救行動」『近代史研究』一九九八年第三期、一九九八年五月、二九三頁。
（10）「張総司令注意日本天災」『盛京時報』一九二三年九月四日。
（11）「準輸送麦粉及牛隻」『盛京時報』一九二三年九月五日。
（12）「張総司令又贈毛氈」『盛京時報』一九二三年九月一四日。
（13）内務省社会局編『大正震災志』下巻、岩波書店、一九二六年、六八八―九頁。
（14）代華「略論張作霖、張学良父子対一九二三年日本関東大地震的賑済」『内蒙古農業大学学報（社会科学版）』二〇一二年第四期、二〇一二年八月、三〇一頁。
（15）「致日本国摂政裕仁親王電」『孫中山全集』第八巻、中華書局、一九八六年、一九八頁。
（16）「孫大元帥慰問日本朝野名流」『広州民国日報』一九二三年九月二五日。
（17）杜永鎮「孫中山対日本地震灾民的同情与支援」『社会科学戦線』一九八一年第四期、一九八一年八月、一一一頁。
（18）「救済日本地震大災消息種種」『申報』一九二三年九月七日。
（19）「留日同学協済日災会成立」『申報』一九二三年九月一五日。
（20）「支那文献寄贈一件」JACAR、Ref. B05016024400、『寄贈品関係雑件』第一巻、外務省外交史料館蔵。
（21）李学智「一九二三年中国人対日本震灾的賑救行動」、一八七頁。
（22）「梅蘭芳以五百元賑日灾」『大公報』一九二三年九月九日。
（23）「宣統前帝の御同情」『大阪毎日新聞』一九二三年九月九日。
（24）王継麟、横田豊訳「中国各界の日本関東大震災に対する救援活動」滕維藻ほか編『東アジア世界史探究』汲古書院、一九八六年、四八一頁。
（25）「日災救済会之成立会」『益世報』一九二三年九月一一日。

(26)「日本天災之急宜籌賑」『申報』一九二三年九月五日。
(27)厳千里「対於日本地震火災感言」『学生文芸叢刊』第四集、一九二三年一二月、一八頁。
(28)「小幡酉吉・内田康哉宛通信　大正九年九月二十日」JACAR、Ref. B04010846900、『北支那饑饉救済借款一件附財務委員会』、外務省外交史料館蔵、第三画像。
(29)「日華実業協会主意書及規則」渋沢青淵記念財団竜門社編『渋沢栄一伝記資料』第五五巻、渋沢栄一伝記資料刊行会、一九六四年、一六八頁。
(30)日華実業協会編『北支那旱災救濟事業報告』日華実業協会、一九二一年、三八―五二頁。
(31)日本赤十字社編『日本赤十字社史続稿』下巻、日本赤十字社、一九二九年、八五三―六二頁。
(32)清水安三「賀川さんと私」『復活の丘』第四四号、一九六〇年五月、一頁。
(33)清水安三『朝陽門外』朝日新聞社、一九三九年、一〇四頁。
(34)太田哲男『清水安三と中国』花伝社、二〇一一年、一三三―六頁。
(35)「小学生の真心を飢饉の支那へ」『東京朝日新聞』一九二一年一月一四日。
(36)大豆生田稔『近代日本の食糧政策――対外依存米穀供給構造の変容』ミネルヴァ書房、一九九三年、六〇―三頁。
(37)「日本ノ事態ニ鑑ミ中国米対日輸出解禁方極力運動セラレタキ件」外務省編『日本外交文書』大正七年第二冊上巻、外務省、一九六九年、五四八頁。
(38)南満洲鉄道株式会社庶務部調査課編『支那防穀令』日清印刷所、一九二三年、九二―六頁。
(39)馬場明「中国米輸入問題――米価調節から参戦軍維持へ」『日本歴史』第四〇七号、一九八二年四月、一〇―八頁。
(40)「日本天災続報」『広州民国日報』一九二三年九月一三日。
(41)「関於解除米禁救済本国震災事希望中国政府加以好意考慮由」、館蔵号03-18-073-05-009、台湾中央研究院近代史研究所檔案館蔵。
(42)「運米賑日的限制」『民国日報』一九二三年九月七日。
(43)「章太炎反対弛米禁」『申報』一九二三年九月八日。「章太炎対於弛放米禁之意見」『大公報』一九二三年九月一〇日。
(44)内務省社会局編『大正震災志』下巻、二一―二頁。
(45)「米は多い程続々着いた」『東京日日新聞』一九二三年九月七日。

(46)「上海朱佩珍運麵粉等物赴日救済災民専為卹鄰起見由海関免験放行係属約外特准並非弛禁請査照備案由」、館蔵号03-18-073-05-011、台湾中央研究院近代史研究所檔案館蔵。

(47)紀浩鵬「二〇世紀二〇年代中日関係的一個側面——日本関東大地震後中国蘇、湘両省米粮弛禁之争」『民国檔案』二〇一八年第三期、二〇一八年八月、五六—六〇頁。

(48)「飢饉救済」『東京日日新聞』一九二〇年九月二八日。

(49)「閣議通過附加関税」『盛京時報』一九二三年九月一二日。

(50)代華『民族主義与人道主義——一九二三年日本関東大地震的中国響応』合肥工業大学出版社、二〇一五年、一三四—六頁。

(51)「発現振日奨券」『時報』一九二三年九月一二日。

(52)「淆惑人心之伝単」『大公報』一九二三年九月五日。

(53)「謡言誤殺迷信漢」『晨報』一九二三年九月三〇日。

(54)「天文台痛闢妖言之通告」『申報』一九二三年九月一三日。「天文台又闢日月無光之謬説」『申報』一九二三年九月一四日。「闢世界宗教大同会伝単之謬」『大公報』一九二三年九月一六—七日。

(55)周秋光「晩清時期的中国紅十字会述論」『近代史研究』二〇〇〇年第三期、二〇〇〇年五月、一三五—六頁。譚嗣同が著した『仁学』では、日本赤十字社の活動が日清戦争を勝利に導いた要因として挙げられていた(篠崎守利「清末中国の赤十字活動に関する一考察——中国紅十字会成立史の諸相」『学習院史学』第三四号、一九九六年三月、九九頁)。

(56)「大阪華商孫淦呈請裕欽使転咨総署奏設紅十字会稟」中国紅十字会総会編『中国紅十字会歴史資料選編1904~1949』南京大学出版社、一九九三年、四—六頁。

(57)王見川著、小武海櫻子訳「清末の災難における扶乩団体の慈善活動——中国紅十字会の起源について」竹内房司編『戦争・災害と近代東アジアの民衆宗教』有志舎、二〇一四年、一二七—九頁。中国紅十字年鑑編集部編『中国紅十字会通誌一九〇四—二〇一五』中華工商連合出版社、二〇一六年、四—六頁。

(58)上海万国紅十字会の理事は、中国人一〇人に対し、欧米人が三五人を占めていた。専務理事の構成も中国人二人、欧米人五人となっており、欧米人主体の組織であった(篠崎守利「辛亥革命前夜における中国 Red Cross 事情」『中国研究月報』第六六巻第四号、二〇一二年四月、九頁)。

(59)張建俅『中国紅十字会初期発展之研究』中華書局、二〇〇七年、六―七頁。
(60)「晩清関於紅十字会開創之奏折」中国紅十字会総会編『中国紅十字会歴史資料選編1904~1949』、一〇―二頁。
(61)小島淑男『留日学生の辛亥革命』青木書店、一九八九年、二〇八―一六頁。見城悌治・坂本秀幸「長崎医学専門学校中国留学生の赤十字隊と「辛亥革命」」『千葉大学国際教養学研究』第四号、二〇二〇年三月、一九―二二頁。
(62)「松方正義・斎藤実宛通信　明治四十四年十一月十六日」JACAR、Ref. C08040986300、『自明治四十四年~至大正二年清国事変書類』第三巻、防衛省防衛研究所蔵、第一―二画像。
(63)有賀長雄「清国赤十字事業に就て」『国際法雑誌』第一〇巻第五号、一九一二年一月、三五一―四頁。
(64)「中国紅十字会第一次会員大会記」中国紅十字会総会編『中国紅十字会歴史資料選編1904~1949』、二五七―八頁。
(65)篠崎守利「中国紅十字会と清末民初の標章問題」竹内房司編『戦争・災害と近代東アジアの民衆宗教』、一四四―七頁。
(66)「中国紅十字会首次統一大会」中国紅十字会総会編『中国紅十字会歴史資料選編1904~1949』、二六五―六頁。
(67)小浜正子「戦時中国の救済工作――中国紅十字会と世界紅卍字会の救済ネットワーク」エズラ・ヴォーゲル、平野健一郎編『日中戦争期中国の社会と文化』慶應義塾大学出版会、二〇一〇年、一九八―九頁。
(68)周秋光『紅十字会在中国(1904-1927)』人民出版社、二〇〇八年、二八〇―一頁。
(69)「中国紅十字会救日本震災紀事本末」中国紅十字会総会編『中国紅十字会歴史資料選編1904~1949』、四一六―七頁。
(70)「民国紅十字一行も着神」『大阪朝日新聞』夕刊、一九二三年九月一二日。
(71)代華・池子華「日本関東大地震与中国紅十字会的人道救援」『福建論壇・人文社会科学版』二〇一二年第一期、二〇一二年一月、一〇四頁。
(72)郭庭柯「一個鮮為人知的救灾故事」『天風』二〇〇八年第一期、二〇〇八年八月、三〇―一頁。
(73)飛郵「東京見聞雑綴(二)」『申報』一九二三年九月二八日。
(74)「民国赤十字社代表来援」『大阪朝日新聞』一九二三年九月一三日。
(75)日本赤十字社編『大正一二年関東大震災日本赤十字社救護誌』日本赤十字社、一九二五年、七七五頁。
(76)「華工被災後之実現」『晨報』一九二三年一〇月一二日。

(77)楊叔吉著『日本大震災実記』中国紅十字会西安分会、一九二三年、六頁。
(78)篠崎守利「中国紅十字会と清末民初の標章問題」竹内房司編『戦争・災害と近代東アジアの民衆宗教』、一四四―一五〇頁。
(79)「僧人組織黄卍字会」『申報』一九一四年二月二〇日。
(80)「紅十字与黄卍字」『申報』一九一四年二月二七日。
(81)「仏教名流発起黄卍字会成立」『申報』一九三七年一月二一日。
(82)『道慈綱要大道篇』瀋陽卍字新聞印刷部、四六―八頁。
(83)末光高義『支那の秘密結社と慈善結社』満洲評論社、一九三二年、三〇五―六頁。
(84)酒井忠夫「道院紅卍字会――その開創と発展」『酒井忠夫著作集』第六巻、国書刊行会、二〇〇二年、二七一頁。
(85)高鵬程『近代紅十字会与紅卍字会比較研究』合肥工業大学出版社、二〇一五年、一七頁。
(86)世界紅卍字会中華総会編『世界紅卍字会史料匯編』世界紅卍字会中華総会、二〇〇〇年、三頁。
(87)「世界紅卍字会呈政府文」『熊希齢集』下巻、湖南出版社、一九九六年、一七五六頁。宮田義矢「中華民国期中国における新宗教の動向――第二の赤十字を目指した世界紅卍字会」『現代宗教』二〇〇九年六月、二六五―七三頁。宮田義矢「世界紅卍字会の慈善観」竹内房司編『戦争・災害と近代東アジアの民衆宗教』有志舎、二〇一四年、八九―九二頁。
(88)「京中籌救日災之熱烈」『申報』一九二三年九月九日。
(89)高鵬程「紅卍字会対日本関東大震災的救助及影響」郝如一・池子華編『紅十字運動研究』二〇〇八年巻、安徽人民出版社、二〇〇八年、二八三―四頁。
(90)佐々充昭「林出賢次郎の生涯――大本教と道院・紅卍字会との提携を仲介した外交官」『立命館文学』第六七六号、二〇二一年一二月、五四―五頁。林出の経歴については、「林出賢次郎小史」(林出翁をしのぶ会編『東方君子』林出翁をしのぶ会、一九七三年)を参照。
(91)「関東大震災救援関係書簡控え(世界紅卍字会他)」『林出賢次郎関係文書』、リール番号一二・資料番号三四、国立国会図書館憲政資料室蔵。
(92)「世界紅卍字会中華総会ヨリ震災救恤米二千担送付ニ関スル件」JACAR、Ref. B12081614200、『宗教関係雑件 大本教ト紅卍字提携ノ件』、外務省外交史料館蔵、第二―四画像。

(93) 孫江『近代中国の宗教・結社と権力』汲古書院、二〇一二年、八一—三頁。
(94) 大本教の資料では、米二〇〇〇石と銀二万元を送ったとある（大本七十年史編纂会編『大本七十年史』上巻、大本、一九六四年、七〇二頁）。他方、世界紅卍字会の報告書には、米二〇〇〇石を日本政府、一万元を在日華僑の救済に使ったと記されている（『世界紅卍字会歴年賑救工作報告書』一九三四年八月、一七頁）。
(95) 「北京世界紅卍会《ママ》及大本教提携布教計画ニ関スル件」JACAR、Ref. B12081614200、『宗教関係雑件　大本教ト紅卍字提携ノ件』、外務省外交史料館蔵、第三二画像。
(96) 川村邦光『出口なお・王仁三郎——世界を水晶の世に致すぞよ』ミネルヴァ書房、二〇一七年、二六一—三頁。
(97) 「大本教ノ出口入蒙ニ関スル件」JACAR、Ref. B12081614300、『宗教関係雑件　大本教ト紅卍字提携ノ件』、外務省外交史料館蔵、第五六画像。
(98) 『道慈綱要大道篇』七九—八二頁。
(99) 「人類愛善会趣意」『人類愛善新聞』一九二五年一〇月一日。
(100) 佐々充昭「大本教と道院・紅卍字会との提携——宗教連合運動に内包された政治的含意」『立命館文学』第六六七号、二〇二〇年三月、五五—六頁。
(101) 大本七十年史編纂会編『大本七十年史』下巻、大本、一九六七年、三〇—二頁。
(102) 孫江『近代中国の宗教・結社と権力』、一三〇—三頁。佐々充昭「満洲事変における大本教の宣教活動——道院・紅卍字会との提携を中心に」『立命館文学』第六七三号、二〇二一年三月、七九—八二頁。
(103) 「地乱了、心却不乱——在大震災裡読日本」『南方週末』二〇一一年三月一七日。
(104) 「為何日本不動乱？」『中国時報』二〇一一年三月一八日。
(105) 楊叔吉『日本大震災実記』、七〇頁。
(106) 「馬宗栄君来函論日本震災事」『学芸』第五巻第五号、一九二三年、一—二頁。
(107) 上海社会科学院社会学研究所編『李剣華先生紀念集』上海広電電脳彩色制版輸出中心、一九九五年、九九—一〇〇頁。
(108) 闇五「日本地震実見追記」『孤軍』第一期第二期、一九二三年九月、二一—三頁。
(109) 「粤女士之横浜歴険記」『民国日報』一九二三年九月二五日。
(110) 「旅日華僑脱離回国之自述」『広州民国日報』一九二三年九月二八日。

(111)「回国罹災留日生報告書」『民国日報』一九二三年一〇月一九日。なお、『中国人の日本観』編集委員会編『中国人の日本観　第二巻　二十一か条要求から日本敗戦まで』（社会評論社、二〇一二年）に、日本語訳が収録されている（一二三―六頁）。

(112) このコレア丸が中国人の乗船を拒否したという指摘に対し、コレア丸側はそうした事実はなかったと否定した。また、アメリカの軍艦が横浜に入港したのは、九月五日以降であり、突き落とされた中国人を救出すること自体がありえないとしている（「コレア丸其ノ他ニ於テ罹災民ヲ冷遇シタル事実ナキ旨弁明ノ件」外務省編『日本外交文書』大正十二年第一冊、外務省、一九七八年、六七〇―二頁）。

(113) レベッカ・ソルニット著、高月園子訳『災害ユートピア――なぜそのとき特別な共同体が立ち上がるのか』亜紀書房、二〇一〇年。

(114) 尾原宏之『大正大震災――忘却された断層』白水社、二〇一二年、一〇二―五頁。

(115) 日本学生支援機構「平成22年度　外国人留学生在籍状況調査結果」二〇一〇年一二月（https://www.studyinjapan.go.jp/ja/_mt/2020/08/date2010z.pdf）

(116)「中国人留学生ら被災地から輸送」『新潟日報』二〇一一年三月一六日。

(117)「被災者支援に感謝」『新潟日報』二〇一一年四月八日。

(118)「京中対拯救日災之熱烈」『申報』一九二三年九月八日。

(119)「我国公使館員無恙」『晨報』一九二三年九月九日。なお、施履本の代理公使赴任は、関東大震災前に内定していた。

(120)「回国罹災留日生報告書」『民国日報』一九二三年一〇月一九日。

(121) 楊叔吉著『日本大震災実記』、七一頁。

(122)「支那関係事務概要」JACAR、Ref. B12081646800、『在本邦各国留学生関係雑件　支那留学生ノ部』第一巻、外務省外交史料館蔵、第六画像。

(123) 楊叔吉著『日本大震災実記』、五五―六頁。

(124) 日華学会は地震直後、外務省に東京付近の中国人留学生が八～九〇〇人内外であると報告している（「支那留学生保護及救護方ニ関スル件」『変災及救済関係雑件　関東地方震火災之件　支那人（留学生ヲ含ム）救済及送還ニ関スル件』第三巻、分類番号6.3.1.8-17-17、外務省外交史料館蔵）。また、警視庁外事課も震災前の中国人留学生数を二〇〇〇人、その約半数が夏季休暇で東京を離れていたとみなしていた。
(125) 孫安石「「経費は遊学の母なり」――清末～一九三〇年代の中国留学生の留学経費と生活調査について」大里浩秋・孫安石編『中国人日本留学史研究の現段階』御茶の水書房、二〇〇二年、一八一―三頁。
(126) 「在京支那留学生取締方針ニ関スル高裁案」JACAR、Ref. B12081650400、『在本邦各国留学生関係雑件　支那留学生ノ部』第二巻、外務省外交史料館蔵、第四―五画像。
(127) 李天星「日本関東大地震後的中国留日学生」『近代中国』第二七輯、二〇一七年一二月、二六七―八頁。
(128) 砂田実編『日華学会二十年史』日華学会、一九三九年、一一―二頁。
(129) 酒井順一郎「関東大震災と中国人日本留学生――もう一つの日中関係」『留学生教育』第一六号、二〇一一年一二月、四〇―一頁。日本側の調査によれば、韓潮初、沈誦墳、陳倬の三人が避難先から第二中華学舎へと戻る道すがら、日本人九人に朝鮮人と間違われ、襲撃されたという（「中国ヨリ照会アリタル中国人留学生ノ被害ニ関シ調査事実大要回答ノ件」外務省編『日本外交文書』大正十二年第一冊、六四九―五〇頁）。
(130) 砂田実編『日華学会二十年史』、八二頁。
(131) 「支那人救護打合会（第五回）」『変災及救済関係雑件　関東地方震火災之件　支那人（留学生ヲ含ム）救済及送還ニ関スル件』第三巻、分類番号6.3.1.8-17-17、外務省外交史料館蔵。
(132) 具体的には、神戸までの船舶を五度、神戸から上海便を四度それぞれ出し、中国人留学生らを運んでいた。
(133) 「千歳丸昨午又運回大批難民」『民国日報』一九二三年九月二二日。
(134) 上海社会科学院社会学研究所編『李剣華先生記念集』、一〇〇頁。
(135) 「罹災支那人救護事務会計報告書」『変災及救済関係雑件　関東地方震火災之件　支那人（留学生ヲ含ム）救済及送還ニ関スル件』第二巻、分類番号6.3.1.8-17-17、外務省外交史料館蔵。
(136) 「回国罹災留日生報告書」『民国日報』一九二三年一〇月一九日。
(137) 平野日出雄『日中教育のかけ橋――松本亀次郎伝』静岡教育出版社、一九八二年、二二六―七頁。
(138) 公開されている日本語ヴァージョンを参考に翻訳した。中国語ヴァージョンとは若干の違いがみられる。
(139) 「昨日日使館之宴会」『北京益世報』一九二三年一一月二日。

第三章

(1)「回国罹災留日生報告書」『民国日報』一九二三年一〇月一九日。

(2)「旅日華僑脱離回国之自述(続)」『広州民国日報』一九二三年九月二九日。

(3) 徐中業「募建〝吉林義士王希天君紀念碑〟発起人王亦文」温州市政協文史資料委員会・浙江省政協文史資料委員会編『東瀛沈冤——日本関東大地震惨殺華工案』浙江人民出版社、一九九五年、一三九—四〇頁。

(4) 徐中業「尋找沈睡六十多年的王希天烈士紀念碑碑柱経過」長春王希天研究会編『王希天紀念文集』長春出版社、一九九六年、三三—五頁。

(5) 関東大震災における中国人殺傷事件については、日中両国で数多くの先行研究がある。主な日本語の先行研究として、小川博司「関東大震災と中国人労働者虐殺事件」『歴史評論』第二八一号、一九七三年一〇月。松岡文平「関東大震災下の中国人虐殺事件について」『ヒストリア』第六五号、一九七四年六月。今井清一「大島町事件・王希天事件と日本政府の対応」藤原彰・松尾尊兊編『論集現代史』筑摩書房、一九七六年。田原洋『関東大震災と王希天事件——もうひとつの虐殺秘史』三一書房、一九八二年。横田豊「関東大震災下の中国人虐殺事件の告発」『青山学院大学文学部紀要』第三二号、一九九〇年一月。仁木ふみ子『関東大震災中国人大虐殺』岩波書店、一九九一年。同『震災下の中国人虐殺——中国人労働者と王希天はなぜ殺されたか』青木書店、一九九三年。伊藤泉美「関東大震災と横浜華僑社会」『横浜開港資料館紀要』第一五号、一九九七年三月。

(6) 岡義武「条約改正論議に現われた当時の対外意識(一)」『国家学会雑誌』六七巻一・二号、一九五三年八月、一三—四頁。

(7)「支那人の内地雑居を論す」『日本人』第三五号、一八八九年一一月一八日、一頁。

(8) 加藤弘之『雑居尚早』哲学書院、一八九三年、二五—四〇頁。

(9)「勅令第百三十七号」『官報』号外、一八九四年八月五日。

(10) 岩壁義光「日清戦争と居留清国人問題——明治二七年「勅令第百三十七号」と横浜居留地」『法政史学』第三六号、一九八四年三月、七四頁。

(11) 許淑真「日本における労働移民禁止法の成立——勅令第三五二号をめぐって」布目潮渢博士記念論集刊行会編集委員会編『東アジアの法と社会——布目潮渢博士古稀記念論集』汲古書院、一九九〇年、五五九—六六頁。

(12)「勅令第三百五十二号」『官報』第四八二二号、一八九九年七月二八日。
(13)「内務省令第四十二号」『官報』第四八二二号、一八九九年七月二八日。
(14)山脇啓造『近代日本と外国人労働者――一八九〇年代後半と一九二〇年代前半における中国人・朝鮮人労働者問題』明石書店、一九九四年、六六―七〇頁。
(15)内閣統計局編『第一九回日本帝国統計年鑑』東京統計協会出版部、一九〇〇年、八一頁。
(16)「各開港場居留外国人戸口数取調書進達方廃止之件」JACAR(アジア歴史資料センター)Ref. B13080499200、『本邦各港居留外国人戸数口数取調一件』第三巻、外務省外交史料館蔵、第三画像。
(17)武藤秀太郎『「抗日」中国の起源――五四運動と日本』筑摩書房、二〇一九年、一〇三―八頁。
(18)康有為「請議遊学日本章程片」孔祥吉編『康有為変法奏章輯考』北京図書館出版社、二〇〇八年、二〇八―一〇頁。
(19)張之洞『勧学篇』下、田中文求堂、一八九八年、五―六頁。
(20)阿部洋『中国の近代教育と明治日本』福村出版、一九九〇年、五八―七〇頁。通説として一八九六年六月、中日公使の裕庚が東京に招いた一三人の若者が、最初の留学生であるとされている(さねとう・けいしゅう『中国人日本留学史』くろしお出版、一九六〇年、三七―四〇頁)。ただ、これについては異論もあり、あくまで駐日公使館における職員養成の延長にすぎず、留学生にあたらないという指摘がある(桑兵『交流与対抗――近代中日関係史論』広西師範大学出版社、二〇一五年、三四―四一頁)。中国人留学生の起源をどこに求めるかという問題はともかく、彼らが数百人単位で日本にやって来るのは、一八九九年以降のことであった。
(21)金谷志信「所謂清国留日学生取締規則事件の背景」『学習院史学』第九号、一九七二年一一月、五五―七頁。
(22)さねとう・けいしゅう『中国留学生史談』第一書房、一九八一年、二二四―七頁。
(23)渡辺祐子「もうひとつの中国人留学生史――中国人日本留学史における中華留日基督教青年会の位置」『カルチュール』第五巻第一号、二〇一一年三月、一八―九頁。
(24)「華人青年会」『開拓者』第一巻第八号、一九〇六年九月、五九頁。
(25)「中国基督教青年会成立紀念祝会」『開拓者』第二巻第二号、一九〇七年二月、六二頁。
(26)奈良常五郎『日本YMCA史』日本YMCA同盟、一九五九年、一三七頁。
(27)安藤良雄編『近代日本経済史要覧』東京大学出版会、一九七五年、一〇一頁。

(28)「軍艦長門の建造中止」『東京朝日新聞』一九一七年一一月二六日。
(29)「支那人労働制限解除ノ件　大正六年七月」JACAR、Ref. B12081467100、『労働者関係雑件』第二ノ一巻、外務省外交史料館蔵、第五画像。
(30)鄭楽静『日本温州籍華僑華人社会変遷研究』科学出版社、二〇一五年、一九―二一頁。
(31)青田華僑史編纂委員会編『青田華僑史』浙江人民出版社、二〇一一年、六九―七〇頁。
(32)「内務省令第一号」『官報』第一六四一号、一九一八年一月二四日。
(33)「支那人入国禁止処分表　大正十一年中」『支那労働者入国取締関係一件』第一巻、分類番号3.9.4.121、外務省外交史料館蔵。「日本拒絶華工入境」『申報』一九二三年一月四日。「日本拒絶華工入境」『晨報』一九二三年一月一六日。
(34)山脇啓造『近代日本と外国人労働者』一一二頁。
(35)「支那人労働者取締情況　大正十三年四月」JACAR、Ref. B12081458900、『帝国労働政策及法規関係雑纂　支那労働者入国取締』、外務省外交史料館蔵、第七画像。
(36)「渡来支那人ニ関スル件　大正十二年二月六日」『支那労働者入国取締関係一件』第一巻、分類番号3.9.4.121、外務省外交史料館蔵。
(37)「支那人労働者入国禁止及労働取締緩和運動」『外事警察報』第二五号、一九二四年七月、一二一―一二頁。なお、神奈川県下については不明とされている。
(38)「支那労働者に退去の説諭」『東京朝日新聞』一九二二年三月一四日。「日本実行駆逐華工之所聞」『北京益世報』一九二二年三月二〇日。
(39)「支那人鎹止職人ニ関スル件　大正十一年四月八日」『支那労働者入国取締関係一件』第一巻、分類番号3.9.4.121、外務省外交史料館蔵。
(40)「支那労働者に帰国を命ず」『東京朝日新聞』一九二二年八月一二日。
(41)「労働差支なし」『国民新聞』一九二二年八月一九日夕刊。
(42)「脇浜に巣ふ支那労働者六十名に退去命令」『神戸新聞』一九二二年九月七日。
(43)「日本駆逐温州華商之陳述」『新聞報』一九二二年九月三〇日。
(44)鄭楽静『日本温州籍華僑華人社会変遷研究』、三〇―一頁。

(45)「王希天被害始末」『晨報』一九二三年一二月七日。
(46)仁木ふみ子『震災下の中国人虐殺』、一四七頁。
(47)劉会軍ほか「王希天小伝」長春王希天研究会編『王希天研究文集』長春出版社、一九九六年、二一八―九頁。
(48)劉学兵『王希天――生平与思想研究』吉林文史出版社、二〇一三年、三一―三頁。
(49)謝介眉「王希天小史（初版本）」長春王希天研究会編『王希天紀念文集』長春出版社、一九九六年、二三四―五頁。
(50)武藤秀太郎『「抗日」中国の起源』、二一九―二三頁。
(51)周玉和「王希天与一九一八年拒約運動」『王希天研究文集』六四―九頁。
(52)「中華民国留日学生救国団宣言書」『民国日報』一九一八年五月二〇日。
(53)謝介眉「王希天小史（再販本）」長春王希天研究会編『王希天研究文集』、三五一―二、三七四頁。
(54)謝介眉「王希天小史（初版本）」長春王希天研究会編『王希天紀念文集』、二三七頁。
(55)「王希天為請以官費転学徳国的呈文（一九二〇年一〇月四日）」吉林省檔案館編『王希天檔案史料選編』長春出版社、一九九六年、二一頁。
(56)八高時代の王希天については、田原洋『関東大震災と王希天事件』、八五―九頁を参照。同級生であった日本人の証言が紹介されている。
(57)謝介眉「王希天小史（再販本）」長春王希天研究会編『王希天研究文集』、三五三―四頁。
(58)「僑日共済会代表之接洽」『申報』一九二三年五月八日。
(59)謝介眉「王希天小史（初版本）」長春王希天研究会編『王希天紀念文集』、二四六―五〇頁。
(60)「僑日共済会之発展」『申報』一九二三年五月二一日。
(61)「三理由を提げて海員当局に迫る」『東京朝日新聞』一九二〇年八月二三日。
(62)「友愛会主張」『労働及産業』第八巻第一〇号、一九一九年一〇月、二一―三頁。
(63)大原社会問題研究所編『日本労働年鑑（大正拾貳年）』大原社会問題研究所出版部、一九二三年、四〇四頁。
(64)「本邦労働者ト支那労働者ノ争闘ニ関スル件　大正十二年二月十九日」『支那労働者入国取締関係一件』第一巻、分類番号3.9.4.121、外務省外交史料館蔵。
(65)「支那労働問題断じて不可軽視　大正十二年二月二十四日」『支那労働者入国取締関係一件』第一巻、分類番号3.9.4.121、外務省外交史料館蔵。

(66) 謝介眉「王希天小史（初版本）」長春王希天研究会編『王希天紀念文集』、二四七頁。賃金未払いのトラブルについては、救世軍の機関誌にもつぎのような記述がある。「賃銀の不払といふのは、人夫請負の下受の中、特に悪辣なのが居て、殊更帳面を曖昧にし、内金々々で、結局分らなくして了ふ。現に其中の一件の如きは、共済会の事務員が、会費の徴収旁々、催促に行くと、いきなり擲りつけ、更に停車場迄つけて来て、再度擲つた。其処で今度は王君と青木中校とが行つたら、頭を侮辱すると、何とかいふて、棍棒と匕首とを振舞して威嚇した。好い加減にあしらひ乍ら、どうやらこうやら話を進めて見たが、結局三百何十円を卅円だといひ張つてきかなかつた」（「共済会訪問記（三）」『ときのこゑ』第六六三号、一九二三年八月一日、一二七頁）。

(67) 謝介眉「王希天小史（初版本）」長春王希天研究会編『王希天紀念文集』、二六九—七〇頁。

(68) 孫士傑『中華民国十二年九月一日　横浜大震災中之華僑状況』長崎市立博物館蔵、三一—五頁。孫士傑・朱芾「震災当時の思ひ出」横浜市役所市史編纂係『横浜市震災誌（未定稿）』第五冊、横浜市、一九二七年、六五五—九頁。

(69) 「鮮人及支那人ノ救恤保護ニ関スル件」『変災及救済関係雑件　関東地方震災ノ件　支那人ノ被害及救済ニ関スル件』第一巻、分類番号6.3.1.8-17-16、外務省外交史料館蔵。

(70) 「支那人ニ関スル報道　九月六日警視庁広瀬外事課長直話」JACAR、Ref. B04013322800、『本邦変災並救護関係雑件　関東地方震災関係』、外務省外交史料館蔵、第二画像。

(71) 習志野には、中国人と朝鮮人のほか、日本人も収容されていた。

(72) 劉会軍ほか「王希天小伝」長春王希天研究会編『王希天研究文集』、二八八—九頁。

(73) 「震災時支那傷害事件」『変災及救済関係雑件　関東地方震災ノ件　支那人ノ被害及救済ニ関スル件』第二巻、分類番号6.3.1.8-17-16、外務省外交史料館蔵。

(74) 「西春彦領事・伊集院彦吉外務大臣宛通信　大正十二年十月十六日」『変災及救済関係雑件　関東地方震災ノ件　支那人ノ被害及救済ニ関スル件』第一巻、分類番号6.3.1.8-17-16、外務省外交史料館蔵。

(75) 山室武甫『山室軍平――人道の戦士』玉川大学出版部、一九六五年、一五九頁。

(76) 山室軍平「一二月二〇日、山室軍平メモ」今井清一監修、仁木ふみ子編『史料集　関東大震災下の中国人虐殺事件』明石書店、二〇〇八年、七二五頁。仁木ふみ子は王希天と山室軍平が会った日について、時間的な問題から九月九日でなくその前日であったと推測する（仁木ふみ子『震災下の中国人虐殺』、五四頁）。本書では沖野岩三郎の証言などにしたがい、九日とした。
(77) 謝介眉「王希天小史（初版本）」長春王希天研究会編『王希天紀念文集』、二五二―三頁。
(78) 謝介眉「王希天小史（再版本）」や「陳報赴日本調査日僑学生商工人等因災被害情形編号附陳用備査核而資交渉」（館蔵号03-31-008-02-001、台湾中央研究院近代史研究所檔案館蔵）の「附件五号」にある王兆澄の供述では、習志野に行ったのは一二日となっている。
(79) 「日本殺害華人誤認為韓人者真相如何仰密査復」、館蔵号03-31-007-01-001、台湾中央研究院近代史研究所檔案館蔵。
(80) 「支那人被害事件並支那人救護ノ件ニ付施支那代理公使来談要領」『変災及救済関係雑件　関東地方震災ノ件　支那人ノ被害及救済ニ関スル件』第一巻、分類番号6.3.1.8-17-16、外務省外交史料館蔵。
(81) 「支那人王希天行衛不明ノ件」JACAR、Ref. B04013322800、『本邦変災並救護関係雑件　関東地方震災関係』、外務省外交史料館蔵、第六―七画像。
(82) 「陳報赴日本調査日僑学生商工人等因災被害情形編号附陳用備査核而資交渉」、館蔵号03-31-008-02-001、台湾中央研究院近代史研究所檔案館蔵。
(83) 「支那公使館員等ノ支鮮人収容所訪問ノ件　大正十二年十月一日」『変災及救済関係雑件　関東地方震災ノ件　支那人（留学生ヲ含ム）救済及送還ニ関スル件』第一巻、分類番号6.3.1.8-17-17、外務省外交史料館蔵。
(84) 「第一、罹災支那人送還方針ノ決定及其ノ実行」『変災及救済関係雑件　関東地方震災ノ件　支那人（留学生ヲ含ム）救済及送還ニ関スル件』第三巻、分類番号6.3.1.8-17-17、外務省外交史料館蔵。この資料では、留学生を二等待遇、労働者を三等待遇と区別したとしている。一方、第二章で引用した李剣華の証言にあるように、留学生の中には、一等室に割り当てられた者もいたようである。
(85) 仁木ふみ子『震災下の中国人虐殺』、七〇頁。
(86) 「容疑者王希天ニ関スル支那人ノ通信ニ関スル件　大正十二年九月三十日」『変災及救済関係雑件　関東地方震災ノ件　支那人（留学生ヲ含ム）救済及送還ニ関スル件』第一巻、分類番号6.3.1.8-17-17、外務省外交史料館蔵。
(87) 「王兆澄神戸行ニ関スル件」、「僑日共済会副会長来神ニ関スル件　大正十二年十月十三日」『変災及救済関係雑件　関東地方震災ノ件　支那人ノ被害及救済ニ関スル件』第一巻、分類番号6.3.1.8-17-16、外務省外交史料館蔵。

(88)「日本惨殺華僑之憤激」『時報』一九二三年一〇月二四日。

(89)「日人惨殺華工之鉄証」『民国日報』一九二三年一〇月一五日。

(90)「回国難民述日人惨殺華僑情形」『民国日報』一九二三年一〇月一三日。「関於日災難民之昨訊」『時報』一九二三年一〇月一三日。「難民述日人対待華僑情況」『新聞報』一九二三年一〇月一三日。

(91)「日人惨殺華工之調査」『民国日報』一九二三年一〇月一七日。

(92)孫士傑『中華民国十二年九月一日　横浜大震災中之華僑状況』、四九―一〇〇頁。

(93)「日本青年団妄指中国人為朝鮮人任意殺傷已向日本外省提出抗議鈔録文件請核示祈遵由」、館蔵号03-31-007-01-010、台湾中央研究院近代史研究所檔案館蔵。

(94)「罹災留日生致顧維鈞電」『申報』一九二三年一〇月二三日。

(95)「日人乗震惨殺華僑謹具表冊臚陳事実迫祈迅准提出厳重交渉」、館蔵号03-31-007-01-028、台湾中央研究院近代史研究所檔案館蔵。

(96)「記昨日両団体之歓迎会」『申報』一九二三年一〇月二一日。

(97)上海市工商業連合会編『上海総商会議事録』四、上海古籍出版社、二〇〇六年、一九二一頁。

(98)「水野梅暁・出淵勝次亜細亜局長　小村欣一情報部次長宛通信　大正十二年十月二十九日」『変災及救済関係雑件　関東地方震災ノ件　支那人ノ被害及救済ニ関スル件』第一巻、分類番号6.3.1.8-17-16、外務省外交史料館蔵。

(99)「震災地ニ於ケル支那人殺傷事件調査委員寄港ニ関スル件　大正十二年十一月十二日」『変災及救済関係雑件　関東地方震災ノ件　支那人ノ被害及救済ニ関スル件』第二巻、分類番号6.3.1.8-17-16、外務省外交史料館蔵。

(100)「水野梅暁・出淵勝次亜細亜局長　小村欣一情報部次長宛通信　大正十二年十月二十九日」『変災及救済関係雑件　関東地方震災ノ件　支那人ノ被害及救済ニ関スル件』第一巻、分類番号6.3.1.8-17-16、外務省外交史料館蔵。

(101)「行衛不明の僑日共済会長王希天」『東京日日新聞』一九二三年一〇月一七日。「王希典《ママ》氏の行方捜索」『東京朝日新聞』一九二三年一〇月一七日。

(102)「王希天問題及大島町事件善後策決定ノ顛末」JACAR、Ref. B04013322800、『本邦変災並救護関係雑件　関東地方震災関係』、外務省外交史料館蔵、第一三画像。

(103)「「支那人惨害事件」『読売新聞』一九二三年一一月七日」『変災及救済関係雑件　関東地方震災ノ件　支那人ノ被害及救

済ニ関スル件』第二巻、分類番号6.3.1.8-17-16、外務省外交史料館蔵。
(104)「王希天問題及大島町事件善後策決定ノ顛末」JACAR、Ref. B04013322800、『本邦変災並救護関係雑件　関東地方震災関係』、外務省外交史料館蔵、第一七画像。
(105) 高橋勝浩編『出淵勝次日記』国書刊行会、二〇二三年、七七頁。
(106)「支那調査員一行ノ動静　大正十二年十一月十九日」『変災及救済関係雑件　関東地方震災ノ件　支那人ノ被害及救済ニ関スル件』第二巻、分類番号6.3.1.8-17-16、外務省外交史料館蔵。
(107)「支那調査員一行ノ動静（其ノ四）　大正十二年十一月二十五日」『変災及救済関係雑件　関東地方震災ノ件　支那人ノ被害及救済ニ関スル件』第二巻、分類番号6.3.1.8-17-16、外務省外交史料館蔵。
(108)「赴日団代表与留学生談話紀」『申報』一九二三年一二月二〇日。この記事では、兪顕庭も帰国したと記されているが、誤りである。
(109)「十一月九日　丸山大迫両人大島行中国労働者被害事件調査八丁目惨殺ノ件」『変災及救済関係雑件　関東地方震災ノ件　支那人ノ被害及救済ニ関スル件』第四巻、分類番号6.3.1.8-17-16、外務省外交史料館蔵。
(110)「支那調査員一行ノ動静（其ノ三）　大正十二年十一月廿三日」『変災及救済関係雑件　関東地方震災ノ件　支那人ノ被害及救済ニ関スル件』第二巻、分類番号6.3.1.8-17-16、外務省外交史料館蔵。
(111)「支鮮人殺傷事件捜査復命　大正十二年十一月二十一日」JACAR、Ref. B04013322800、『本邦変災並救護関係雑件　関東地方震災関係』、外務省外交史料館蔵、第二四―三〇画像。
(112)「日本青年団誤殺華工事上海各慈善団已挙代表赴東確査許交渉員擬請政府派員会同調査俾得将来以法律解決」、館蔵号03-31-007-01-014、台湾中央研究院近代史研究所檔案館蔵。
(113)「日本青年団惨殺我国僑工呈送名単及診断書請鑒核」、館蔵号03-31-007-01-009、台湾中央研究院近代史研究所檔案館蔵。神奈川県、とくに横浜における中国人虐殺事件については、伊藤泉美『横浜華僑社会の形成と発展――幕末開港期から関東大震災復興期まで』（山川出版社、二〇一八年）第四章「関東大震災と横浜華僑社会」を参照。
(114)「貴部所提選派専員赴日切実調査欧外僑民学生情形一案業経閣議議決照弁請査照弁理」、館蔵号03-31-007-01-027、台湾中央研究院近代史研究所檔案館蔵。
(115)「伊集院彦吉外務大臣・施履本支那代理公使宛通信」『変災及救済関係雑件　関東地方震災ノ件　支那人ノ被害及救済ニ

関スル件』第二巻、分類番号6.3.1.8-17-16、外務省外交史料館蔵。
(116)「震災時支那傷害事件」『変災及救済関係雑件　関東地方震災ノ件　支那人ノ被害及救済ニ関スル件』第二巻、分類番号6.3.1.8-17-16、外務省外交史料館蔵。
(117) 完顔紹元『王正廷的外交生涯』団結出版社、二〇〇八年、一〇八頁。
(118)「北京特約通信」『申報』一九二三年一二月三日。
(119)「王正廷赴日途中之談話」『晨報』一九二三年一二月五日。王正廷派遣と対ソ交渉との関連については、川島真『中国近代外交の形成』(名古屋大学出版会、二〇〇四年)第Ⅳ部第五章「関東大震災と中国外交——北京政府外交部の対応を中心に」参照。
(120)「王正廷氏一行来邦ノ使命目的及動静ニ関スル報告ノ件　大正十二年十二月八日」『変災及救済関係雑件　関東地方震災ノ件　支那人ノ被害及救済ニ関スル件』第三巻、分類番号6.3.1.8-17-16、外務省外交史料館蔵。
(121)「王正廷一行ノ来邦所感並ニ支那人被害事件調査ニ関スル報告ノ件　大正十三年一月十一日」JACAR、Ref. B04013322900、『本邦変災並救護関係雑件　関東地方震災関係』、外務省外交史料館蔵、第一画像。
(122)「支那人被害事件調査員沈其昌、劉彦ト亜細亜局長会談録」JACAR、Ref. B04013322800、『本邦変災並救護関係雑件　関東地方震災関係』、外務省外交史料館蔵、第五六—六九画像。
(123) 高橋勝浩編『出淵勝次日記』、八〇頁。
(124)「王正廷一行ノ行動（其四）　大正十二年十二月十四日」『変災及救済関係雑件　関東地方震災ノ件　支那人ノ被害及救済ニ関スル件』第三巻、分類番号6.3.1.8-17-16、外務省外交史料館蔵。
(125) 王正廷が帰国後に北京政府に提出した報告書には、自らも大島町に赴いたと記しているが、日本側の監視記録を見る限り、実際に足を運んでいないようである。
(126)「第四十七回帝国議会衆議院議事速記録第五号」『官報』号外、一九二三年一二月一六日、一〇七頁。
(127)「陳報赴日本調査日僑学生商工人等因災被害情形編号附陳用備査核而資交渉」、館蔵号03-31-008-02-001、台湾中央研究院近代史研究所檔案館蔵。
(128)「王正廷一行ノ動静（其十一）　大正十二年十二月二十一日」『変災及救済関係雑件　関東地方震災ノ件　支那人ノ被害及救済ニ関スル件』第三巻、分類番号6.3.1.8-17-16、外務省外交史料館蔵。

(129)渉江「王正廷竟荒謬至此！」『晨報』一九二三年一二月二三日。
(130)「陳報赴日本調査日僑学生商工人等因災被害情形編号附陳用備査核而資交渉」、館蔵号03-31-008-02-001、台湾中央研究院近代史研究所檔案館蔵。
(131)「惨殺華人案業已経本国派員査実応請迅電政府従速懲弁凶手及撫卹者家族」、館蔵号03-31-008-03-010、台湾中央研究院近代史研究所檔案館蔵。
(132)「震災当時ノ支那人誤殺事件ニ関スル件　大正十五年四月二十三日」『変災及救済関係雑件　関東地方震災ノ件　支那人ノ被害及救済ニ関スル件』第五巻、分類番号6.3.1.8-17-16、外務省外交史料館蔵。
(133)「久保野日記」今井清一監修、仁木ふみ子編『史料集　関東大震災下の中国人虐殺事件』、一六八―九頁。
(134)田原洋『関東大震災と王希天事件』、一四―七頁。
(135)「第四十七回帝国議会衆議院議事速記録第五号」『官報』号外、一九二三年一二月一六日、一〇七―八頁。
(136)謝介眉「王希天小史（初版本）」長春王希天研究会編『王希天紀念文集』、二三〇頁。
(137)沖野岩三郎「王希天の死所」『東京朝日新聞』一九二四年一〇月一日。

第四章

(1)朝鮮軍司令部『不逞鮮人ニ関スル基礎的研究』朝鮮軍司令部、一九二四年、六頁。
(2)朴慶植『朝鮮三・一独立運動』平凡社、一九七六年、八八―九〇頁。
(3)西村直登「関東大震災下における朝鮮人の帰還」『社会科学』第四七巻第一号、二〇一七年五月、三九―四〇頁。
(4)上田貞次郎『上田貞次郎日記　大正八年―昭和十五年』慶応通信、一九六三年、七六、七九頁。
(5)上田貞次郎「朝鮮人を理解せよ」『青年』第八巻第一一号、一九二三年一一月、二六―七頁。
(6)「震災後に於ける刑事事犯及之に関連する事項調査書」姜徳相・琴秉洞編『現代史資料六　関東大震災と朝鮮人』みすず書房、一九六三年、三七二―三、四二〇―五頁。
(7)『震災後に於ける刑事事犯及之に関連する事項調査書』の本文では、強盗四件、強姦二件と記されているが、具体的内容を示した別表を確認する限り、それぞれ三件、一件である。また、『斎藤実関係文書』所収の文書によれば、警視庁が九月一〇日までに検挙した「的確なる犯人竝嫌疑者」は窃盗一〇件、放火未遂六件、ダイナマイト一個所持者一人、ダイナマイト一一個・雷管一五個・導火線五本の所持者二人、爆発物携帯者四人、強盗強姦殺人未遂一件であるという。ただ、これも犯人の氏名は明記されていない（「一六　関東地方震災ノ朝鮮ニ及ボシタル状況　朝鮮総督府警務局　大正十二年十二月」『斎藤実関係文書』（書類の部一）、リール番号121・資料番号234、国会図書館憲政資料室蔵）。

（8）工藤美代子『関東大震災――「朝鮮人虐殺の真実」』産経新聞出版、二〇〇九年、二八〇、二八八、三〇五頁。また、これとほぼ同一内容のものが、加藤康男『関東大震災「朝鮮人虐殺」はなかった！』（ワック、二〇一四年）として公刊されている。

（9）김동진『１９２３　경성을　뒤흔든　사람들――의열단，경성의　심장을　쏘다！（개정판）』서해문집、二〇一五年、二七九頁。

（10）日本の義烈団研究として、梶村秀樹「義烈団と金元鳳――その初期の思想」（『季刊三千里』第二一号、一九八〇年二月）と鹿嶋節子「金元鳳の思想と行動」（むくげの会編『朝鮮一九三〇年代研究』三一書房、一九八二年）がある。この二論文は韓国をふくめて先駆的な研究であるが、概括的な考察にとどまっている。

（11）「義烈団ニ関スル印刷物送付ノ件　大正十三年二月十三日」『不逞団関係雑件　朝鮮人ノ部　義烈団行動』、分類番号4.3.2.2-1-18、外務省外交史料館蔵。

（12）慶尚北道警察部『高等警察要史』慶尚北道警察部、一九三四年、九六―一〇〇頁。

（13）以下、義烈団結成にいたるまでの金元鳳の経歴について、とくに注を付していない部分は、基本的に朴泰遠著、金容権訳『金若山と義烈団――一九二〇代における朝鮮独立運動とテロル』（皓星社、一九八〇年）第一～三章による。

（14）朴英姫『朝鮮民族革命党研究（１９３５―１９４５）』遼寧民族出版社、二〇〇一年、七頁。

（15）「義烈団ノ内容ニ関スル件　大正十二年九月二十二日」『不逞団関係雑件　朝鮮人ノ部　義烈団行動』、分類番号4.3.2.2-1-18、外務省外交史料館蔵。

（16）胡濱・卞永海「天津徳華学堂創建新考」『歴史教学』二〇〇七年第七期、二〇〇七年七月、九四―七頁。

（17）警保局保安課「大正五年六月三十日調　朝鮮人概況」金正柱編『朝鮮統治史料』第七巻、韓国史料研究所、一九七一年、六二三―七頁。

（18）尹恩子「20세기　초　南京의　한인　유학생과　단체（1915-1925）」『中国近現代史研究』第三九輯、二〇〇八年九月、

三三三頁。
(19) 金学俊編『혁명가들의 항일 회상――金星淑・張建相・鄭華岩・李康勲』民音社、一九八八年、八三頁。
(20) 王徳滋編『南京大学百年史』南京大学出版社、二〇〇二年、五七一―七頁。
(21) 長田彰文「ベルサイユ講和会議と朝鮮問題――パリでの金奎植の活動と日米の対応」『一橋論叢』第一一五巻第二号、一九九六年二月、三六二―四頁。
(22) 이종범『義烈団副将 李鍾岩伝』(광복회、一九七〇年)によれば、李命鍵と金科佺は、金元鳳との金銭トラブルが理由で朝鮮へと戻ったという(六二―三頁)。
(23) 慶尚北道警察部『高等警察要史』、九七頁。
(24) 김염범『의열투쟁I 1920년대』독립기념관 한국독립운동사연구소、二〇〇九年、一三四頁。
(25)「朝鮮重大事件判決集(下)」『思想月報』第一巻第六号、一九三一年九月、六七八―九頁。慶尚北道警察部『高等警察要史』、九七頁。
(26) 김영범「의열단 창립단원 문제와 제1차 국내거사기획의 실패 전말――13인설 재검토와 '구영필문제' 의숙고를 중심으로」『한국독립운동사연구』第五八集、二〇一七年五月、九―二二頁。「公約一〇条」の第八条「一は九のために、九は一のために献身する」を文字通り人数とうけとれば、合計一〇人になるとしている。
(27)「一二 義烈団の沿革並其妄動状況 朝鮮総督府警務局 大正十三年一月」『斎藤実関係文書』(書類の部一)、リール番号95・資料番号489、国会図書館憲政資料室蔵。
(28) ニム・ウェールズ、キム・サン著、松平いを子訳『アリランの歌――ある朝鮮人革命家の生涯』岩波書店、一九八七年、一三二―四頁。
(29) 김영범『한국 근대민족운동과 의열단』창작과비평사、一九九七年、四八―九頁。
(30) 이종범『義烈団副将 李鍾岩伝』、七二―三頁。
(31)「秘密結社少年団の情況」金正明編『朝鮮独立運動II――民族主義運動篇』原書房、一九六七年、八八九―九〇頁。
(32) 当時は、「密陽爆弾事件」とも呼ばれた。以下、第一次暗殺・破壊計画のあらましについて、とくに注を付していない部分は、基本的に「京城地方法院判決書」(一九二一年六月二一日、管理番号CJA0000271、韓国国家記録院蔵)、「郭在驥等爆発物取締罰則違反事件」(『思想月報』第一巻第六号、一九三一年九月、六七四―八六頁)による。

(33) 朝鮮総督府法務局『朝鮮独立思想運動の変遷』朝鮮総督府法務局、一九三一年、三五頁。事件当時の新聞でも、朝鮮総督府、東洋拓殖会社、京城日報社などを破壊目標としていたと報じられた(「朝鮮総督府를 破壊하라든 爆発弾隊의大検挙」『東亜日報』一九二〇年七月三〇日)。

(34) 尹致衡の供述によれば、満洲で土地を購入するとして、実兄から四〇〇〇円をもらい、全額を具栄佖に送付した。そして四〇〇〇円のうち、二〇〇〇円で吉林の土地を買いうけてもらい、残り二〇〇〇円を独立運動に使うよう伝達したという。

(35) 李一夢の判決書では、爆弾送付に応じたのは、大韓民国臨時政府の朴容萬と安昌浩となっている(「京城地方法院判決書」一九二四年五月一三日、管理番号CJA0000288、韓国国家記録院蔵、第二一—三画像)。

(36) 慶尚北道警察部『高等警察要史』、一九七頁。

(37) 「京城地方法院判決書」一九二四年五月一三日、第七—八画像。

(38) 「京城地方法院判決書」一九二四年五月一三日、第一〇—一一画像。

(39) 「京城地方法院判決書」一九二一年六月二一日、第二八画像。

(40) 「京城地方法院判決書」一九二一年六月二一日、第三一—二画像。

(41) 『反民特委　裁判記録』第九巻、다락방、一九九三年、一八九—九一頁。

(42) 「鮮人騒擾事件　吉林近県居住朝鮮人ノ概況　大正九年十一月十六日」外務省記録『不逞団関係雑件　朝鮮人ノ部　在満洲』第二三巻、分類番号4.3.2.2-1-3、外務省外交史料館蔵。

(43) 尹致衡「義烈団密陽爆弾事件回顧(下)」『国際新報』一九六二年六月二七日。

(44) 金泰錫と尹致衡の発言をめぐる韓国の議論については、김영범「독립운동가 백민 황상규의 생애와 초상」(『지역과 역사』第四〇号、二〇一七年四月)二二〇—五頁を参照。

(45) 「鮮内外一般の状況　大正九年五月十三日」金正明編『朝鮮独立運動Ⅰ分冊——民族主義運動篇』原書房、一九六七年、四一八頁。

(46) 安昌浩「日記」『島山安昌浩全集』第四巻、島山安昌浩先生紀念事業会、二〇〇〇年、四〇二—三、四三五頁。

(47) 朴泰遠著、金容権訳『金若山と義烈団』、三四—五頁。

(48) 以下、朴載赫の経歴について、とくに注を付していない部分は、基本的に박철규「의열단원　박재혁(朴載赫)의 생

애와 부산경찰서 투탄（投彈）」（『항도부산』第三七号、二〇一九年二月）、김삼웅『의열지사 박재혁 평전』（호밀밭、二〇一九年）による。

（49）「朝鮮人来往ノ件 大正六年七月三日」外務省記録『不逞団関係雑件 朝鮮人ノ部 在内地』第二巻、分類番号4.3.2.2-1-4、外務省外交史料館蔵。

（50）「釜山警察署爆弾投下ニ関スル件 大正九年十月二日」外務省記録『不逞団関係雑件 朝鮮人ノ部 在内地』第一一巻、分類番号4.3.2.2-1-4、外務省外交史料館蔵。

（51）朴泰遠著、金容権訳『金若山と義烈団』、三七頁。

（52）その一例として、김영범『의열투쟁Ⅰ』、一五二頁。이원규『민족혁명가 김원봉』한길사、二〇一九年、一五二―三頁。김삼웅『항일의 불꽃――의열단』두레、二〇一九年、六五頁。橋本秀平が殺害されていない証拠としては、何より裁判における朴載赫の罪状が殺人でなく、殺人未遂である点が挙げられる。なお、橋本はこの事件後、ほどなく警察を退職している。

（53）김영범『의열투쟁Ⅰ』、一五三頁。

（54）朴泰遠著、金容権訳『金若山と義烈団』、四一頁。

（55）慶尚北道警察部『高等警察要史』、二三八―九頁。

（56）「大邱覆審法院判決書」一九二一年四月一六日、管理番号CJA0000757、韓国国家記録院蔵、第三―四画像。

（57）「密陽警察署ニ於ケル爆弾犯人ノ検挙」ＪＡＣＡＲ、Ref. C06031124700、『朝鮮騒擾事件関係書類』、防衛省防衛研究所蔵、第三―四画像。

（58）朴泰遠著、金容権訳『金若山と義烈団』、三八頁。

（59）「上海在住不逞鮮人の状況」金正明編『朝鮮独立運動Ⅱ――民族主義運動篇』、四四二―三頁。

（60）「聲討文」雩南李承晩文書編纂委員会編『梨花荘所蔵 雩南李承晩文書』東文篇第八巻、中央日報社・現代韓国学研究所、一九九八年、二九二―三二〇頁。

（61）「上海に於ける不逞鮮人間の紛擾倍熾烈となる 大正十年五月九日」金正明編『朝鮮独立運動Ⅱ――民族主義運動篇』、四五二頁。

（62）「公開된爆弾事件의真相」『東亜日報』一九二二年七月二日。

(63)「予審決定書의理由」『東亜日報』一九二二年五月二二日。
(64)崔鳳春「民国時期中国空軍航校韓籍飛行員考述」『朝鮮・韓国歴史研究』二〇一三年第二期、二〇一三年八月、二九三頁。
(65)朴泰遠著、金容権訳『金若山と義烈団』、五〇―二頁。
(66)「公開된爆弾事件의真相」『東亜日報』一九二二年七月二日。
(67)「爆弾投擲事件　大正十年九月十二日」『不逞団関係雑件　朝鮮人ノ部　在内地』第一三巻、分類番号4.3.2.2-1-4、外務省外交史料館蔵。
(68)이종범『義烈団副将　李鍾岩伝』、一一七―二〇頁。田中が行きに上海へ立ち寄った際、現地の新聞で帰路は上海を北上し、満洲・朝鮮を通って帰国すると報じられていたので、そう思いこんだのであろう(「日本田中大将過滬紀」『時報』一九二二年三月二日)。
(69)ニム・ウェールズ、キム・サン著、松平いを子訳『アリランの歌』、一三四頁。
(70)朴泰遠著、金容権訳『金若山と義烈団』、六一―二頁。
(71)「不逞鮮人ノ田中大将狙撃事件ニ関スル件　大正十一年三月二十九日」『本邦人ノ外国訪問関係雑件　田中大将外遊及朝鮮人狙撃事件』第一巻、分類番号6.4.4.3-5、外務省外交史料館蔵。
(72)朴泰遠著、金容権訳『金若山と義烈団』によれば、殺害されたアメリカ人女性の夫が、収監された金益相と呉成崙のもとを訪れ、「愛する妻を亡くして私は不幸です。しかし、けっしてあなたたちを怨んではいません。私はあなたたちを尊敬します。私は妻の死をもって、あなたたちを永遠に記念しましょう。これから私に機会があり、また力が十分であれば、あなたたちの解放運動を助けたいと思います」と語ったという(六八頁)。この夫は、弔慰を示した上海の朝鮮人愛国婦人会に対しても、朝鮮独立の達成を願う礼状を返していた(「不逞鮮人近況報告ノ件　大正十一年十一月七日」『不逞団関係雑件　朝鮮人ノ部　在上海地方』第四巻、分類番号4.3.2.2-1-7、外務省外交史料館蔵)。
(73)이종범『義烈団副将　李鍾岩伝』、一二一―三頁。
(74)「韓人謀刺田中大将案四誌」『新聞報』一九二二年四月一日。「爆弾事件과仮政府」『東亜日報』一九二二年四月七日。
(75)「新関碼頭暗殺案三誌」『申報』一九二二年三月三一日。
(76)「爆弾事件과仮政府」『東亜日報』一九二二年四月七日。
(77)「総督府爆弾犯은上海의爆弾犯金益相」『東亜日報』一九二二年五月二〇日。

(78)朝鮮総督府警務局『大正十一年朝鮮治安状況』第二巻、高麗書林、一九八九年、一五八―九頁。
(79)「金益相死刑確定」『東亜日報』一九二二年一一月一二日。
(80)「狙撃犯自白　傍若無人の振舞」『東京朝日新聞』一九二二年三月三〇日。
(81)「法廷で頻に放言」『大阪毎日新聞』、一九二二年七月一日。「田中大将を狙撃した金益相の豪語」『大阪毎日新聞』夕刊、一九二二年七月一日。
(82)「死刑の宣告に金益相の大暴れ」『東京朝日新聞』一九二二年一一月七日。
(83)小野容照『韓国「建国」の起源を探る――三・一独立運動とナショナリズムの変遷』慶應義塾大学出版会、二〇二一年、二一六―七頁。
(84)「国外情報　大正十一年二月二十五日」外務省記録『不逞団関係雑件　朝鮮人ノ部　上海仮政府』第四巻、分類番号4.3.2.2-1-13、外務省外交史料館蔵。
(85)慶尚北道警察部『高等警察要史』、二二九頁。
(86)金俊燁・金昌順『韓国共産主義運動史』第一巻、청계연구소、一九八六年、一九一―二頁。
(87)「새쇼식」『倍達公論』第二号、一九二三年一〇月。
(88)「共産宣伝費使途ノ計算書　大正十二年十一月十三日」『不逞団関係雑件　朝鮮人ノ部　鮮人ト過激派』第五巻、分類番号4.3.2.2-1-11、外務省外交史料館蔵。
(89)김영범『한국　근대민족운동과　의열단』、八七頁
(90)이승원「金翰의　민족운동　연구」『한국민족운동사연구』第七四号、二〇一三年三月、二二八―九頁。
(91)再審準備会編『金子文子・朴烈裁判記録』黒色戦線社、一九七七年、二二〇頁。
(92)「京城地方法院判決書」一九二三年五月二六日、管理番号CJA0000294、韓国国家記録院蔵、第四―六画像。金翰の第二回証人訊問調書によれば、雑誌発刊の資金をえる見返りに、爆弾の輸入・保管を請け負ったという(再審準備会編『金子文子・朴烈裁判記録』、一二〇―一頁)。
(93)再審準備会編『金子文子・朴烈裁判記録』、三二六頁。また、朴烈は張作霖の部下が国境付近で爆弾を没収したために、計画が頓挫したと述べている(五〇頁)。
(94)朝鮮総督府警務局「大正十一年　朝鮮治安状況(鮮内)追加」金正柱編『朝鮮統治史料』第七巻、五六一頁。

(95)「兇猛な犯人」『東京朝日新聞』一九二三年一月二三日。
(96)김영범『의열투쟁Ⅰ』、一六四―五頁。
(97)以下、いわゆる黄鈺事件のあらましについて、とくに注を付していない部分は、基本的に「予審終結決定書」(一九二三年六月一二日、管理番号CJA0000294、韓国国家記録院蔵)、「京城地方法院判決書」(一九二三年八月二一日、管理番号CJA0000294、韓国国家記録院蔵)による。
(98)「上海情報　大正十二年四月十六日」外務省記録『不逞団関係雑件　朝鮮人ノ部　上海仮政府』第五巻、分類番号4.3.2.2-1-13、外務省外交史料館蔵。
(99)朴泰遠著、金容権訳『金若山と義烈団』、一〇〇頁。
(100)慶尚北道警察部『高等警察要史』、二一七頁。
(101)「義烈団爆弾事件検挙ニ関スル件　大正十二年三月三十一日」韓国歴史研究会編『日帝下社会運動史資料叢書』第四巻、高麗書林、一九九二年、三二一頁。
(102)朴泰遠著、金容権訳『金若山と義烈団』、七八―八六頁。
(103)「臨時報第一〇〇号　大正十二年三月十日」「斎藤実朝鮮総督・内田康哉外務大臣宛通信　大正十二年三月十九日」『不逞団関係雑件　朝鮮人ノ部　義烈団行動』、分類番号4.3.2.2-1-18、外務省外交史料館蔵。
(104)朝鮮総督府警務局『大正十一年朝鮮治安状況』第一巻、高麗書林、一九八九年、二八二―九一頁。
(105)「義烈団第二爆弾輸送計画」伊藤武雄編『現代史資料三一　満鉄』みすず書房、一九六六年、五七六頁。
(106)「木下警視復命ノ件　大正十二年八月三十日」『不逞団関係雑件　朝鮮人ノ部　義烈団行動』、分類番号4.3.2.2-1-18、外務省外交史料館蔵。
(107)「一一　義烈団の沿革並其妄動状況　朝鮮総督府警務局　大正十三年一月」『斎藤実関係文書』(書類の部一)、リール番号95・資料番号489、国会図書館憲政資料室蔵。それぞれの姓名の後に、カッコで記された出身と年齢は省略した。
(108)「木下警視復命ノ件　大正十二年八月三十日」『不逞団関係雑件　朝鮮人ノ部　義烈団行動』、分類番号4.3.2.2-1-18、外務省外交史料館蔵。
(109)朝鮮軍司令部『不逞鮮人ニ関スル基礎的研究』、二八頁。
(110)朝鮮総督府警務局「大正十一年　朝鮮治安状況(国外)」金正柱編『朝鮮統治史料』第七巻、一八六―七頁。

(111)「朝鮮義烈団本部移転説ニ関スル件　大正十二年四月十六日」『不逞団関係雑件　朝鮮人ノ部　義烈団行動』、分類番号4.3.2.2-1-18、外務省外交史料館蔵。

(112)「在蒙古不逞鮮人ノ決死隊派遣ニ関スル件　大正十二年六月十三日」『不逞団関係雑件　朝鮮人ノ部　義烈団行動』、分類番号4.3.2.2-1-18、外務省外交史料館蔵。

(113)「義烈团이　蒙古에서　재거를　도모하는　중이라고」『東亜日報』一九二三年七月一七日。

(114) 内務省警保局「大正十一年五月　国外在住朝鮮人情況」荻野富士夫編『特高警察関係資料集成』第一二巻、不二出版、一九九二年、七三頁。「北京義烈団暗殺部員鮮人梁朱平ニ関スル件　大正十一年四月十一日」『不逞団関係雑件　朝鮮人ノ部　在内地』第一三巻、分類番号4.3.2.2-1-4、外務省外交史料館蔵。

(115)「暗殺団の安聖根は日本の女に言寄って巧みに化けて上陸したか」『大阪朝日新聞』一九二二年五月九日夕刊。「安重根親弟의去処」『東亜日報』一九二二年五月一〇日。

(116)「要注意朝鮮人ニ関スル件　大正十一年五月十六日」『不逞団関係雑件　朝鮮人ノ部　在支那各地』第二巻、分類番号4.3.2.2-1-6、外務省外交史料館蔵。

(117)「不逞鮮人田中大将狙撃事件ニ関スル件　大正十一年四月五日」『本邦人ノ外国訪問関係雑件　田中大将外遊及朝鮮人狙撃事件』第一巻、分類番号6.4.4.3-5、外務省外交史料館蔵。

(118)「義烈団ニ関スル印刷物送付ノ件　大正十三年二月十三日」『不逞団関係雑件　朝鮮人ノ部　義烈団行動』、分類番号4.3.2.2-1-18、外務省外交史料館蔵。

(119)「韓義烈団首領入台」『晨報』一九二三年四月一八日。「大阪에도義烈団三名」『東亜日報』一九二三年四月二二日。「神戸에도義烈団」『朝鮮日報』一九二三年四月二三日。「義烈団の一人　黄壬性東京に入る」『読売新聞』一九二三年四月二五日。「義烈団四名が東京へ潜入」『読売新聞』一九二三年五月一五日。「東京에潜入한義烈団」『朝鮮日報』一九二三年五月一六日。

(120)「木下警視復命ノ件　大正十二年八月三十日」『不逞団関係雑件　朝鮮人ノ部　義烈団行動』、分類番号4.3.2.2-1-18、外務省外交史料館蔵。

(121) 김영범『한국　근대민족운동과　의열단』、一一一—二頁。이원규『민족혁명가　김원봉』、二三八—四〇頁。

(122)「一二一　義烈団の沿革並其妄動状況　朝鮮総督府警務局　大正十三年一月」『斎藤実関係文書』(書類の部一)、リール番号95・資料番号489、国会図書館憲政資料室蔵。
（123）同右書。
（124）「一五　時局に関する重要通牒控（国外関係）」『斎藤実関係文書』（書類の部一）、リール番号121・資料番号211、国会図書館憲政資料室蔵。
（125）「爆弾密蔵犯被疑朝鮮人ノ処分方ニ関スル件　大正十二年十月二十五日」『不逞団関係雑件　朝鮮人ノ部　義烈団行動』、分類番号4.3.2.2-1-18、外務省外交史料館蔵。
（126）「国外不逞鮮人情勢ニ関スル件　大正十二年十月二十六日」『不逞団関係雑件　朝鮮人ノ部　鮮人ト過激派』第四巻、分類番号4.3.2.2-1-11、外務省外交史料館蔵。
（127）「私蔵手槍子弾之査獲」『申報』一九二三年九月二〇日。「暗殺未成犯各押三月」『申報』一九二三年一二月二日。
（128）波多野勝・飯森明子『関東大震災と日本外交』草思社、一九九九年、二〇〇―一七頁。
（129）「国外ノ形勢ニ鑑ミ査察警戒ヲ厳密ナラシムル件　大正十二年九月十三日」『大正十二年九月　関東ノ震災ニ対スル情報』韓国国史編纂委員会蔵。
（130）以下、朴烈事件のあらましについて、とくに注を付していない部分は、基本的に再審準備会編『金子文子・朴烈裁判記録』による。
（131）「信濃川を頻々流れ下る鮮人の虐殺死体」『読売新聞』一九二二年七月二九日。
（132）佐藤泰治「新潟県中津川朝鮮人虐殺事件（一九二二年）」『在日朝鮮人史研究』第一五号、一九八五年一〇月、六二―八頁。
（133）「革命歌裏에解散」『東亜日報』一九二二年九月九日。
（134）再審準備会編『金子文子・朴烈裁判記録』、一三二頁。
（135）「男装한女子」『東亜日報』一九二三年四月一八日。
（136）김명섭「의열단의　対日　거사계획과　박열의　의열투쟁」『韓日民族問題研究』第三八号、二〇二〇年六月、二〇六―七頁。
（137）再審準備会編『金子文子・朴烈裁判記録』、三九―四〇頁。
（138）同右書、六三頁。

(139) 松本清張『昭和史発掘』第一巻、文藝春秋、一九六五年、二二一―二三頁。
(140) 山田昭次『金子文子――自己・天皇制国家・朝鮮人』影書房、一九九六年、一三二―五頁。
(141) 松本清張『昭和史発掘』第一巻、一九二―三頁。
(142) 「一三　二重橋前金址燮《ママ》爆弾投擲事件関係書類　大正十三年一月」『斎藤実関係文書』（書類の部一）、リール番号96・資料番号2、国会図書館憲政資料室蔵。
(143) 「一二　義烈団の沿革並其妄動状況　朝鮮総督府警務局　大正十三年一月」『斎藤実関係文書』（書類の部一）、リール番号95・資料番号489、国会図書館憲政資料室蔵。
(144) 慶尚北道警察部『高等警察要史』、二二八頁。
(145) 「一二　義烈団の沿革並其妄動状況　朝鮮総督府警務局　大正十三年一月」『斎藤実関係文書』（書類の部一）、リール番号95・資料番号489、国会図書館憲政資料室蔵。
(146) 慶尚北道警察部『高等警察要史』、二二八―九頁。
(147) 「大正十三年五月　在京朝鮮人状況」金正明編『朝鮮独立運動Ⅲ――民族主義運動篇』原書房、一九六七年、五五五頁。
(148) 「義烈団一派ノ兇暴計画概要」荻野富士夫編『特高警察関係資料集成』第一二巻、一〇四―五頁。
(149) 「二重橋事件公判開く」『東京朝日新聞』一九二四年九月一〇日夕刊。「火の呪ひを法廷に総ざらひ」『東京日日新聞』一九二四年一〇月一二日夕刊。
(150) 「二重橋事件判決　金に無期懲役」『東京朝日新聞』一九二四年一一月七日夕刊。
(151) 韓国行政安全部「国家記録院三一運動関連日帝強占期記録物公開」（https://www.mois.go.kr/frt/bbs/type010/commonSelectBoardArticle.do?bbsId=BBSMSTR_000000000008&nttId=29559）。
(152) 朝鮮総督府警務局『大正十一年朝鮮治安状況』第一巻、三三一―二頁。
(153) 「義烈団ノ内容ニ関スル件　大正十二年九月二十二日」『不逞団関係雑件　朝鮮人ノ部　義烈団行動』、分類番号4.3.2.2-1-18、外務省外交史料館蔵。
(154) 朝鮮総督府警務局『大正十一年朝鮮治安状況』第一巻、三四〇頁。
(155) 「木下警視復命ノ件　大正十二年八月三十日」『不逞団関係雑件　朝鮮人ノ部　義烈団行動』、分類番号4.3.2.2-1-18、外務省外交史料館蔵。

(156)「義烈団ノ兇暴計画ニ関スル件　大正十二年十一月三十日」『不逞団関係雑件　朝鮮人ノ部　義烈団行動』、分類番号4.3.2.2-1-18、外務省外交史料館蔵。五八六

(157) 慶尚北道警察部『高等警察要史』、九七頁。

(158)「義烈団ニ関スル印刷物送付ノ件　大正十三年二月十三日」『不逞団関係雑件　朝鮮人ノ部　義烈団行動』、分類番号4.3.2.2-1-18、外務省外交史料館蔵。

(159) 朝鮮軍司令部『不逞鮮人ニ関スル研究』、五一頁。一九二三年に義烈団に加わった金星淑は、当時の団員が数百人におよんだと回顧している（金学俊編『혁명가들의 항일 회상』、七五―六頁）。

(160)「一三　二重橋前金址《マ》燮《マ》爆弾投擲事件関係書類　大正十三年一月」『斎藤実関係文書』（書類の部一）、リール番号96・資料番号2、国会図書館憲政資料室蔵。

(161)「鮮人青年同盟会総会状況ニ関スル件　大正十三年十月五日」『不逞団関係雑件　朝鮮人ノ部　在上海地方』第五巻、分類番号4.3.2.2-1-7、外務省外交史料館蔵。

(162)「義烈団対青年同盟会ノ軋轢ニ関スル件　大正十三年十二月五日」『不逞団関係雑件　朝鮮人ノ部　義烈団行動附金元鳳』、分類番号4.3.2.2-1-21、外務省外交史料館蔵。

(163) 염인호『김원봉연구――의열단, 민족혁명당 40년사』창작과배평사、一九九三年、八九―九〇頁。

第五章

(1)「제72주년 광복절 경축사」(https://www.korea.kr/archive/speechView.do?newsId=132030095)

(2)「문 대통령〝3・1운동과 건국 100주년, 평화체제 구축 출발선〟」(https://www.korea.kr/news/policyNewsView.do?newsId=148848341)

(3)「제71주년 광복절 경축사」(https://www.korea.kr/archive/speechView.do?newsId=132029688)

(4) 小野容照「韓国「歴史論争」と大韓民国臨時政府」山室信一・岡田暁生・小関隆・藤原辰史編『われわれはどんな「世界」を生きているのか――来るべき人文学のために』ナカニシヤ出版、二〇一九年、二五六―九頁。

(5)「尹益善地方法院予審訊問調書」市川正明編『三・一独立運動』第四巻、原書房、一九八四年、二一四―六頁。

（6）「仮政府組織説」『朝鮮独立新聞』第二号、一九一九年三月二日。
（7）「浦潮情報　大正六年三月六日」『不逞団関係雑件　朝鮮人ノ部　在西比利亜』第六巻、分類番号4.3.2.2-1-2、外務省外交史料館蔵。
（8）「鮮人ノ不穏文書発見ニ関スル件　大正十年四月七日」『不逞団関係雑件　朝鮮人ノ部　鮮人ト過激派』第一巻、分類番号4.3.2.2-1-11、外務省外交史料館蔵。文書では、「大韓国民議会」でなく「全韓国民議会」と記されている。
（9）潘炳律「大韓国民議会의　성립과　조직」『韓国学報』第四六輯、一九八七年三月、一五五―七頁。
（10）「朝鮮人概況送付ノ件　大正八年三月二十七日」『不逞団関係雑件　朝鮮人ノ部　在欧米』第七―二巻、分類番号4.3.2.2-1-5、外務省外交史料館蔵。
（11）李奎甲「漢城臨時政府樹立의顚末」『新東亞』一九六九年四月号、一八二頁。
（12）「独立運動ニ関スル不穏文書発見ノ件　大正八年四月二十四日」『不逞団関係雑件　朝鮮人ノ部　在内地』第五巻、分類番号4.3.2.2-1-4、外務省外交史料館蔵。
（13）윤대원「임시정부　법통론의　역사적　연원과　의미」고정휴外『대한민국　임시정부의　현대사적　성찰』나남、二〇一〇年、一〇九頁。
（14）姜徳相『呂運亨評伝①　朝鮮三・一独立運動』新幹社、二〇〇二年、一二六―三四頁。
（15）孫安石『一九二〇年代、上海のコミュニティ研究』博士論文（甲第一三〇八六号）、一九九八年、二八―三二頁。
（16）呂運弘『夢陽　呂運亨』青廈閣、一九六七年、三九頁。
（17）「独立運動ニ関スル不穏文書発見ノ件　大正八年四月二十四日」『不逞団関係雑件　朝鮮人ノ部　在内地』第五巻、分類番号4.3.2.2-1-4、外務省外交史料館蔵。
（18）「上海不逞鮮人ニ関スル件　大正九年六月九日」『不逞団関係雑件　朝鮮人ノ部　上海仮政府』第二巻、分類番号4.3.2.2-1-13、外務省外交史料館蔵。
（19）유영익『이승만의　삶과　꿈――대통령이　되기까지』중앙일보사、一九九六年、六八頁。
（20）方善柱『在美韓人의独立運動』한림대학교출판부、一九八九年、二〇八―九頁。
（21）양영석「위임통치청원（1919）에　관한　고찰――그　비판과　반론」『韓国学報』第四九輯、一九八七年一二月、一〇六―一〇頁。

(22) 한시준『대한민국 임시정부의 지도자들』역사공간、二〇一六年、六〇—一頁。

(23)「独立運動ニ関スル件 大正八年五月十三日」『不逞団関係雑件 朝鮮人ノ部 上海仮政府』第一巻、分類番号4.3.2.2-1-13、外務省外交史料館蔵。

(24) 鄭靖和著、姜信子訳『長江日記——ある女性独立運動家の回想録』明石書店、二〇二〇年、五四—五頁。

(25) 山辺健太郎『日本統治下の朝鮮』岩波書店、一九七一年、九〇—二頁。

(26)「幣原喜重郎外務次官 山縣伊三郎朝鮮総督府政務総監宛通信 大正八年四月十四日」『不逞団関係雑件 朝鮮人ノ部 在上海地方』第一巻、分類番号4.3.2.2-1-7、外務省外交史料館蔵。

(27)「朝鮮民族運動年鑑」金正明編『朝鮮独立運動Ⅱ——民族主義運動篇』原書房、一九六七年、一九五頁。

(28) 안창호「독립운동 방침」『島山安昌浩全集』第六巻、島山安昌浩先生紀念事業会、二〇〇〇年、七七—九頁。

(29) 長田彰文「ベルサイユ講和会議と朝鮮問題——パリでの金奎植の活動と日米の対応」『一橋論叢』第一一五巻第二号、一九九六年二月、三六七—九頁。

(30) 유영익「대한민국 임시정부 수반 이승만 초기 행적과 사상——1919년에 작성된 영문 자료들을 중심으로」유영익 외『이승만과 대한민국임시정부』연세대학교 출판부、二〇〇九年、一九—二七頁。

(31) 한시준「이승만과 대한민국임시정부」유영익편『이승만 연구——독립운동과 대한민국 건국』연세대학교출판부、二〇〇〇年、一六八頁。

(32) 김원용『재미한인50년사』혜안、二〇〇四年、二三八—九頁。

(33)「大韓民国臨時憲法」雩南李承晩文書編纂委員会編『梨花荘所蔵 雩南李承晩文書』東文篇第八巻、中央日報社・現代韓国学研究所、一九九八年、四七頁。

(34)「総理及三総長就任」『独立新聞』一九一九年一一月四日。

(35) 胡春恵『韓国独立運動在中国』中華民国史料研究中心、一九七六年、二三頁。

(36) 外務省亜細亜局「朝鮮独立運動問題」金正柱編『朝鮮統治史料』第七巻、韓国史料研究所、一九七一年、四四九—五〇頁。

(37)「大統領의教書」『独立新聞』一九二一年三月五日。

(38)「大統領離滬」『独立新聞』一九二一年五月三一日。

(39)주요한편『安島山全書』흥사단출판부、二〇一五年、三三一―二頁。
(40)「朝鮮民族運動年鑑」金正明編『朝鮮独立運動Ⅱ』、二七四頁。
(41)「国外情報　大正十年八月一日」『不逞団関係雑件　朝鮮人ノ部　上海仮政府』第四巻、分類番号4.3.2.2-1-13、外務省外交史料館蔵。
(42)「臨時議政院의決議事項」『独立新聞』一九二一年一〇月五日。
(43)「上海在住不逞鮮人ノ近況　大正十年十月十四日」『不逞団関係雑件　朝鮮人ノ部　在上海地方』第三巻、分類番号4.3.2.2-1-7、外務省外交史料館蔵。
(44)朝鮮総督府警務局『大正十一年朝鮮治安状況』第二巻、高麗書林、一九八九年、二六三―八三頁。
(45)長田彰文『世界史の中の近代日韓関係』慶應義塾大学出版会、二〇一三年、一三〇頁。
(46)「太平洋会議와　우리의經費問題」『独立新聞』一九二一年一〇月五日。
(47)「政府閣員의辞職」『独立新聞』一九二二年三月三一日。
(48)「上海ニ於ケル不逞鮮人間ノ紛争続報　大正十年五月二十四日」『不逞団関係雑件　朝鮮人ノ部　上海仮政府』第三巻、分類番号4.3.2.2-1-13、外務省外交史料館蔵。
(49)李明花「대한민국임시정부와　국민대표회의」『대한민국임시정부　수립80주년기념논문집』하권、국가보훈처、一九九九年、四七一頁。
(50)「새쇼식」『倍達公論』第二号、一九二三年一〇月。
(51)「韓族国民会予備会議及共産党宣伝費ニ関スル件　大正十一年五月十日」『不逞団関係雑件　朝鮮人ノ部　鮮人ト過激派』第三巻、分類番号4.3.2.2-1-11、外務省外交史料館蔵。
(52)김희곤『대한민국임시정부　연구』지식산업사、二〇〇四年、六八頁。
(53)「国民代表会議記事」『独立新聞』一九二三年一月二四日。
(54)「国民代表会議ニ関スル近況ノ件　大正十二年一月三十日」『不逞団関係雑件　朝鮮人ノ部　上海仮政府』第四巻、分類番号4.3.2.2-1-13、外務省外交史料館蔵。
(55)「国民代表会ノ経過ニ関スル件　大正十二年六月四日」『不逞団関係雑件　朝鮮人ノ部　上海仮政府』第五巻、分類番号4.3.2.2-1-13、外務省外交史料館蔵。

(56)「潜称政府移転ニ関スル件　大正十二年八月十四日」『不逞団関係雑件　朝鮮人ノ部　上海仮政府』第五巻、分類番号4.3.2.2-1-13、外務省外交史料館蔵。
(57)「日本大地震損害紀」『申報』一九二三年九月三・四日。
(58)「東京을中心으로敵国内의大震災――地震・暴風・海嘯・大火가並起하야全市가焦土로化함」『独立新聞』一九二三年九月四日号外。
(59)崔起榮「상해판《독립신문》의 발간과 운영」『대한민국임시정부 수립80주년기념논문집』하권、四〇四頁。
(60)孫安石「上海の朝鮮語『独立新聞』について――新史料による書誌的研究と再検討の可能性」『近きに在りて』第二九号、一九九六年五月、二四―八頁。
(61)「謹告」『独立新聞』一九二四年一一月二九日。
(62)東京市編『東京震災録』前輯、東京市、一九二六年、三七九頁。
(63)「我臨時政府에서　敵政府抗議提出」『独立新聞』一九二三年九月一九日。
(64)「敵의韓人虐殺에対한　上海我僑民大会」『独立新聞』一九二三年一〇月一三日。「関東地方震災善後策ニ付不逞鮮人会合ノ件 大正十二年十月八日」『変災及救済関係雑件 関東地方震災ノ件 朝鮮人問題及其影響』第二巻、分類番号6.3.1.8-17-15、外務省外交史料館蔵。
(65)金承学「亡命客行蹟録」『한국독립운동사　연구』第一二輯、一九九八年一二月、四三一頁。
(66)「中文報創刊」『独立新聞』一九二二年七月一五日。
(67)「震災時日政府虐殺韓僑之大陰謀発見」『独立新聞』中文版、一九二三年一一月一四日。
(68)「日本의大震災」『倍達公論』第二号、一九二三年一〇月。
(69)姜徳相『関東大震災』中央公論社、一九七五年、一五四頁。
(70)「広告」『独立新聞』一九二三年一〇月一三日。
(71)金承学「亡命客行蹟録」、四三一―二頁。
(72)「特別要視察朝鮮人ノ言動ニ関スル件　大正十二年十月二十四日」『不逞団関係雑件　朝鮮人ノ部　在支那各地』第三巻、分類番号4.3.2.2-1-6、外務省外交史料館蔵。
(73)『歴史総合　教師用指導書　研究編』山川出版社、二〇二二年、一六六頁。

(74) 張世胤「関東大震災時の韓人虐殺に関する『独立新聞』の報道と最近の研究動向」姜徳相ほか編『関東大震災と朝鮮人虐殺』論創社、二〇一六年、一八五—八頁。
(75) 山田昭次『関東大震災時の朝鮮人虐殺——その国家責任と民衆責任』創史社、二〇〇三年、一六五—七頁。
(76) 崔承萬「関東大震災の思い出（上）」『コリア評論』第一〇九号、一九七〇年四月、五二頁。
(77) 吉野作造「圧迫と虐殺」一九二四年、東京大学明治新聞雑誌文庫蔵。
(78) 山田昭次『関東大震災時の朝鮮人虐殺とその後——虐殺の国家責任と民衆責任』創史社、二〇一一年、一一四頁。
(79) 「敵에게虐殺된同胞　横浜에만一万五千」『独立新聞』一九二三年一二月二六日。
(80) 「大正十三年五月　在京朝鮮人状況」金正柱編『朝鮮統治史料』第七巻、八〇八—九頁。
(81) 성주현『관동대지진과　식민지　조선』선인、二〇二〇年、二〇八頁。その後、関東大震災に関わる行事として、一九二四年九月二七日に青年同盟会主催のもと、三一堂で追悼会が開かれたのが確認できる。
(82) 韓国行政安全部「国家記録院、「3・1運動被殺者名簿」など収集・分析結果公開」(https://mois.go.kr/synap/skin/doc.html?fn=20131119152432979063.pdf&rs=/synapFile/202304/&synapUrl=%2Fsynap%2Fskin%2Fdoc.html%3Ffn%3D20131119152432979063.pdf%26rs%3D%2FsynapFile%2F202304%2F&synapMessage= 정상)
(83) 西村直登「関東大震災朝鮮人犠牲者名簿の生成」『同志社コリア研究叢書』第四巻、二〇二二年三月、二九—三二頁。
(84) 「当地仮寓中ナル自称大統領李承晩渡米ニ関シ報告ノ件　大正十三年一月二十五日」『不逞団関係雑件　朝鮮人ノ部　在欧米』第七巻、分類番号4.3.2.2-1-5、外務省外交史料館蔵。
(85) 任永信博士回甲記念事業推進委員会『任永信博士　빛나는生涯』任永信博士回甲記念事業推進委員会、一九五九年、一〇七—一三頁。
(86) "Syngman Rhee ⇒ KC" in the Institute for Modern Korean Studies ed., *The Syngman Rhee Telegrams*, vol. IV, Seoul: Kukhak charyowŏn, 2000, p507.
(87) 「在米李承晩ノ発シタル不穏印刷物ニ関スル件　大正十三年九月十一日」『不逞団関係雑件　朝鮮人ノ部　在欧米』第七巻、分類番号4.3.2.2-1-5、外務省外交史料館蔵。

おわりに

（1）「謠言切勿軽信之勧告」『申報』一九一九年六月一六日。
（2）「勵志愛国宣講団来函」『申報』一九一九年六月一九日。「公共公廨訊断日人被毆案彙誌」『申報』一九一九年六月二九日。
（3）馮筱才「上海下層民衆対五四運動的反応――以〝日人置毒〟風潮為中心」『社会科学研究』二〇〇五年第三期、二〇〇五年三月、一四三―四頁。
（4）「支那人水道に毒薬を流さんとす」『読売新聞』一八九四年八月四日。「水道へ毒薬を投じたる件」『読売新聞』一八九四年八月六日。

図版写真出典一覧（筆者所蔵・撮影などをのぞく）

図1―8　王中秀『王一亭年譜長編』上海書画出版社、二〇一〇年。
図1―9　浅井誠一編『日清汽船株式会社三十年史及追補』日清汽船、一九四一年。
図1―10　鮑永安主編、蘇克勤・余浩宇編『南洋勧業会図説』上海交通大学出版社、二〇一〇年。
図1―11　中国第二歴史檔案館編『中華民国歴史図片檔案』第一巻、団結出版社、二〇〇二年。
図1―12　蕭芬琪『王一亭』河北教育出版社、二〇〇二年。
図1―13　「上海・六三園にて呉昌碩と王一亭の合影（一九二七）」『書道グラフ』第三八巻第四号、一九九三年四月。
図1―14　大阪商船株式会社『村田省蔵追想録』大阪商船、一九五九年。
図1―15　「国境なき芸術より中日婦人の提携」『中日美術』第三巻第六号、一九二四年六月。
図1―16　「第一次連展紀念撮影」『中日美術』第三巻第六号、一九二四年六月。
図1―17　『一亭近画（復刻版）』丸孫商店株式会社、二〇一四年。
図1―18　「水野梅暁関係写真史料」鳥居観音蔵。
図1―19　「外国救援船の魁として民国「新銘号」入港す」『大阪朝日新聞』一九二三年九月一三日夕刊。
図1―21　東京震災記念事業協会『大正大震災記念建造物競技設計図集』公益財団法人後藤・安田記念東京都市研究所蔵。
図2―1　「譲我們向日本伸出温暖的手――100名中国学者的倡議書」『環境時報』二〇一一年三月一六日。
図2―2　「日本大地震 相信希望 fight & smile」『蘋果日報』二〇一一年三月一八日。
図2―3　「大阪地震横浜火災香港地塌」『時報』一九二三年九月二日。
図2―4　芳澤謙吉『外交六十年』自由アジア社、一九五八年。
図2―5　「支那劇界大立物梅蘭芳一行来」『写真通信』第一三〇号、一九二四年一二月。
図2―6　「北支那飢民救恤義捐金品募集」『東京朝日新聞』一九二〇年一一月一四日。

図2―7　日華実業協会『北支那旱災救済事業報告』日華実業協会、一九二一年。
図2―8　清水安三『朝陽門外』朝日新聞社、一九三九年。
図2―9　楊叔吉著『日本大震災実記』中国紅十字会西安分会、一九二三年。
図2―10　『日本赤十字社史続稿』第四巻、日本赤十字社、一九五七年。
図2―12　林出翁をしのぶ会編『東方君子』林出翁をしのぶ会、一九七三年。
図2―13　「蒙古平原をゆく王仁三郎」大本本部蔵。
図2―14　「聖師と二代教主はそろって朝鮮・満州で巡教の旅を続けた」大本本部蔵。
図2―15　「忍の国」『南方週末』二〇一一年三月一七日。
図2―16　「地乱了、心却不乱」『南方週末』二〇一一年三月一七日。
図2―18　「瓦解した駐横浜中華民国総領事館」(請求番号 Ac1-274-29)、横浜開港資料館蔵。
図2―20　砂田実編『日華学会二十年史』日華学会、一九三九年。
図2―21　「紐帯(Kizuna)」『人民日報』二〇一一年四月一一日。
図3―1　長春王希天研究会編『王希天研究文集』長春出版社、一九九六年。
図3―4　図1―11と同じ。
図3―7　謝介眉『王希天小史(再販本)』商務印書館、一九二五年、上海図書館蔵。
図3―8　横山春一『賀川豊彦・人と業績』新約書房、一九六〇年。
図3―9　吉林省檔案館編『王希天檔案史料選編』長春出版社、一九九六年。
図3―10　図3―7と同じ。
図3―11　山室軍平選集刊行会編『山室軍平選集』第一〇巻、山室軍平選集刊行会、一九五五年。
図3―12　図3―7と同じ。
図3―13　「巷のニュース」『実業時代』第五巻第八号、一九二八年八月。
図3―14　図3―7と同じ。
図3―15　「我国被難僑民回国時在滬登陸」『東方雑誌』第二〇巻第一五号、一九二三年八月。
図3―16　「日人惨殺華工之鉄証」『民国日報』一九二三年一〇月一五日。

図3―17　「日人惨殺華工之調査」『民国日報』一九二三年一〇月一七日。
図3―18　『変災及救済関係雑件 関東地方震災之件　支那人ノ被害及救済ニ関スル件』、分類番号6・3・1・8―17―16、外務省外交史料館蔵。
図3―19　『読売新聞』一九二三年一一月七日。
図3―20　図3―7と同じ。
図3―22　『日本震災惨殺華僑案』第四冊抄檔、中央研究院近代史研究所蔵。
図3―23　長春王希天研究会編『王希天紀念文集』長春出版社、一九九六年。
図4―1　「不逞鮮人各所に放火し、帝都に戒厳令を布く」『東京日日新聞』一九二三年九月三日。
図4―2　「不逞鮮人跋扈」『新潟毎日新聞』一九二三年九月三日。
図4―3　上田会編『上田貞次郎先生の想い出』上田会、一九八三年。
図4―6　「日帝監視対象人物カード（일제감시대상인물카드）」(ia 4942)、韓国国史編纂委員会蔵。
図4―7　王徳滋主編、龔放・冒栄副主編『南京大学百年史』南京大学出版社、二〇〇二年。
図4―8　이종범『義烈団副将 李鍾岩伝』광복회、一九七〇年。
図4―9　「朝鮮総督府를 破壊하라든 爆発弾隊의 大検挙」『東亜日報』一九二〇年七月三〇日。
図4―10　김삼웅『의열지사 박재혁 평전』호밀밭、二〇一九年。
図4―14　『本邦人ノ外国訪問関係雑件　田中大将外遊及朝鮮人狙撃事件』、分類番号6.4.4.3-5、外務省外交史料館蔵。
図4―16　図4―14と同じ。
図4―17　「爆弾続け飛ぶ 田中大将狙撃刹那の光景」『大阪毎日新聞』一九二二年三月三〇日。
図4―18　「赤化의烽火、独立의猛炎、義烈団事件内容発表」『東亜日報』一九二三年四月一二日号外。
図4―20　図4―18と同じ。
図4―21　図4―18と同じ。
図4―22　『不逞団関係雑件　朝鮮人ノ部 鮮人ト過激派』、分類番号4.3.2.2-1-11、外務省外交史料館蔵。
図4―23　「信濃川を頻々と流れ下る鮮人の虐殺死体」『読売新聞』一九二二年七月二九日。
図4―24　『朴烈文子怪写真の真相』日本近代文学館蔵。

図4—27 「二重橋爆弾犯人은 義烈団員 金祉燮」『東亜日報』一九二四年四月二五日。

図5—2 謝俊美『図説 韓国独立運動在上海』大韓民国臨時政府旧址管理処。

図5—4 대한민국임시정부기념사업회・대한민국임시정부기념관 건립추진위원회 엮음『사진으로 보는 대한민국 임시정부 1919 ~ 1945』한울엠플러스、二〇一七年。

図5—5 呂運弘『夢陽 呂運亨』青廈閣、一九六七年。

図5—6 図5—4と同じ。

図5—8 図5—4と同じ。

図5—9 『変災及救済関係雑件 関東地方震災ノ件 朝鮮人問題及其影響』、分類番号6.3.1.8-17-15、外務省外交史料館蔵。

図5—10 図5—9と同じ。

図5—11 「震災時日政府虐殺韓僑之大陰謀発見」『独立新聞』中文版、一九二三年一一月一四日。

図5—12 「日本의大震災」『倍達公論』第二号、一九二三年一〇月。

図5—13 「一万의犠牲者」『独立新聞』一九二三年一二月五日。

図5—14 「日本震災時被殺者名簿（일본진재시피살자명부）」韓国国家記録院蔵。

あとがき

私はこれまで、日本の大正デモクラシー期に活躍したオピニオン・リーダーについて研究を進めてきた。その成果の一端が二〇二〇年に公刊した『大正デモクラットの精神史――東アジアにおける「知識人」の誕生』（慶應義塾大学出版会）である。『大正デモクラットの精神史』の第一部では、大正デモクラシーと中国の五四新文化運動を東アジアで同時期に起こった一つの思想運動（intellectual movement）としてとらえ、日中両国知識人の間でみられた交流の実態を明らかにした。

この『大正デモクラットの精神史』をまとめる過程で、私の脳裏に浮かんできた新たな研究テーマが、ほかならぬ関東大震災であった。というのも、大正デモクラットたちにとって、関東大震災はその学問的真価が試された大きな出来事だったからである。ここでは、その一例として福田徳三の震災経験を簡単にとりあげたい。

東京商科大学（現在の一橋大学）教授であった経済学者の福田徳三（一八七四―一九三〇）は地震発生時、箱根の強羅館にいた。二階の部屋で『流通経済講話』（一九二五）を執筆していたという。すぐに建物を抜け出し、難をのがれた福田は、交通機関が完全にマヒする中、箱根路を徒歩で東行した。東京中野本郷にある自宅へとたどり着くのに、丸四日を要した。小田原、横浜、東京と、被害がとくに甚大であった地域を目の当たりにした福田は、その惨状が第一次世界大戦にみまわれたヨーロッパに匹敵すると語った。生粋の江戸っ子であった福田にとって、生まれ育った東京の焼きつくされた光景は筆舌に尽くしがたいものがあった。

帰京後、福田は東京市政調査会の依頼をうけ、勤務した東京商科大学の学生らを率い、罹災者実地調査に着手した。他の大学調査隊とともに、夜を徹して各地の避難所を回り、罹災者カードを作成した。こうして集めた数十万人におよぶデータを集計し、九月一五・一六日付の『東京日日新聞』に、避難者の氏名と避難先を公表した。当時、携帯電話やSNSなどの通信手段はもちろんのこと、ラジオやテレビといったメディアもまだ存在しなかった。この短期間での人海戦術による調査は、散り散りとなった被災民の安否確認に大いに役立った。福田はその後も、バラックやテント村の状況など、被災地の実地調査を精力的に継続した。これら地道なフィールドワークにもとづき、震災復興の指針を示したのが、『復興経済の原理及若干問題』(一九二四)である。

一〇月、大蔵省は震災にともなう損害額を官民合わせて一〇一億円と見積もった。これは、大正一二(一九二三)年度分として成立した国家予算一三億四六〇〇万円の約七・五倍にあたる。この損害額はあくまで概算であるが、莫大な数字である。ただ、福田は損害の大部分が「再生産物(reproducible goods)」であり、十分に回復可能であることを強調した。いわく、第一次世界大戦におけるヨーロッパ諸国の経験をみても、数年で立ち直れるであろう。それも単なる原状回復でなく、震災前よりも望ましい方向に改善・再生できれば、損失を上回る利益をうることが可能である、と。

取り返しのつかない重大な損失にあたるのは、貨幣価値に表れない失われた人命である。また、復興政策は幸いに生き延びた人々を、何よりも活かすものでなければならない。こう考えた福田がスローガンとして掲げたのが、「人間の復興」であった。その上で、福田は半倒壊した建物をすみやかに撤去するため、私法の一部適用を停止する勅令「生存権擁護令」の発令や、被災者救済に主眼を置いた職業紹介事業の国営化など、ユニークな政策提言をおこなった。この福田が説いた「人間の復興」は、東日本大震災復興の際にあらためて注目された。まさに福田の面目躍如たる活躍であった。

このように福田ら大正デモクラットにも大きな影響をおよぼした関東大震災。思想運動と同じく、関東大震災がもたらしたさまざまな社会的インパクトも、国内に限定せずに、ひろく東アジアの枠組みでとらえて考える必要があるのではないか。こうした問題意識から関東大震災にとりくんだのが、本書『中国・朝鮮人の関東大震災』である。

本書はほぼ書き下ろしであるが、過去に公表した左の論文・報告書がもととなっている。

①「東日本大震災と関東大震災からみえる日中関係」御厨貴・飯尾潤編『「災後」の文明』CCCメディアハウス、二〇一四年。

②「近代日中企業家間における事業展開と公益活動——渋沢栄一と王一亭を中心に」JFE21世紀財団『2016年度アジア歴史研究報告書』、二〇一六年。

③「関東大震災をめぐる日中関係——王一亭と王希天を中心に」川口浩編『日本の経済思想——時間と空間の中で』ぺりかん社、二〇一六年。

①はサントリー文化財団が主催した「震災後の日本に関する研究会」の成果論文集に寄稿したものである。御厨貴先生が代表をつとめたこの研究会は、東日本大震災が起きた二〇一一年の末よりはじまった。

上海を放浪し、日本に戻ってきたばかりの私に、幸いにも参加の声をかけていただいた。研究会では、多くの碩学から震災研究に関する貴重な知見やアドバイスを賜った。とくに、苅部直先生からは、横網町公園の幽冥鐘が中国人から寄贈されたものであることをご教示いただいた。これがもととなり、本書第一章「菩薩と呼ばれた中国人」の着想へといたった。

②はJFE21世紀財団の二〇一五年度「アジア歴史研究助成」にもとづく成果報告書である。報告書はインターネット上で公開されている。本書のような研究テーマにとりくむには、海外での資料収集・現地調査が欠かせない。学内の研究費だけでは、渡航費などを十分にまかなえなかった。当時、他の外部資金獲得がみこめない中、このアジア歴史研究助成はたいへんありがたかった。おかげで、思う存分に研究にとりくむことができた。遅くなったが、こうして研究助成の成果が一書として実を結んだことを報告したい。

本書の出版にあたっては、前著『大正デモクラットの精神史』にひきつづき、慶應義塾大学出版会の奥田詠二さんより甚大なサポートをいただいた。慶應義塾大学の三田キャンパスではじめて本書の打ち合わせをした際、本論は全四章からなっていた。これを奥田さんのアドバイスをもとに、大きく五章立てへと修正した。元の草稿と比べると、構成はもちろん、論旨を格段に明確化することができた。プロフェッショナルな編集者の助言が、いかに有益であるかを感じ入った次第である。

本書で参考とした資料文献、および掲載画像の収集に際しては、愛知大学東亜同文書院大学記念センター、大本本部、鳥居観音、横浜開港資料館、国会図書館、外務省外交史料館、新潟大学図書館より、多くの協力を賜った。また、新潟大学経済学会からは出版助成をうけた。ほかにも、本書執筆には数多くの方々よりさまざまな支援をいただいた。ここに記して感謝の意を表したい。

本年二〇二三年は、関東大震災発生からちょうど一〇〇周年にあたる。本書が関東大震災についてあらためて考える一助となればと願っている。

二〇二三年八月

武藤秀太郎

その他

中国人

人 名 索 引

日本人

た行

事 項 索 引

【著　者】
武藤秀太郎（むとう・しゅうたろう）
新潟大学経済科学部教授。
早稲田大学政治経済学部卒業。総合研究大学院大学文化科学研究科博士課程修了。学術博士。専門は社会思想史、東アジア近代史。著書に『島田三郎――判決は国民の輿論に在り』（ミネルヴァ書房、2022年）、『大正デモクラットの精神史――東アジアにおける「知識人」の誕生』（慶應義塾大学出版会、2020年）、『「抗日」中国の起源――五四運動と日本』（筑摩選書、2019年）など。

中国・朝鮮人の関東大震災
――共助・虐殺・独立運動

2023年8月25日　初版第1刷発行

著　者――――武藤秀太郎
発行者――――大野友寛
発行所――――慶應義塾大学出版会株式会社
〒108-8346　東京都港区三田2-19-30
TEL〔編集部〕03-3451-0931
〔営業部〕03-3451-3584〈ご注文〉
〔　〃　〕03-3451-6926
FAX〔営業部〕03-3451-3122
振替　00190-8-155497
https://www.keio-up.co.jp/
装　丁――――鈴木　衛
組　版――――キャップス
印刷・製本――中央精版印刷株式会社
カバー印刷――株式会社太平印刷社

Printed in Japan ISBN 978-4-7664-2909-1